Yogi Hari

Hatha Yoga Pradipika

Urprung und Quelle des Hatha Yoga

vianova
Verlag Via Nova

Yogi Hari

Hatha Yoga Pradipika

Ursprung und Quelle des Hatha Yoga

vianova
Verlag Via Nova

Zum Titelbild

Der Künstler Klaus Holitzka hat im Stile der Tuschekalligraphie das Ziel des Hatha-Yoga-Weges dargestellt. Der Yogaweg, der sich gleichsam aus der Kraft eines Berges mit dem verborgenen Teil der Einheit (kleiner roter Punkt) der Welt mitteilt, teilt sich in den 2 Tuschestrichen in die Grundenergien der Schöpfung Ha (Sonnenenergie) Tha (Mondenergie). Die 2 Tuscheformen, von unten wie die Wurzel eines Baumes breit angelegt verjüngen sich in eine spitze Form, die sich mit dem Urphänomen der Schöpfung der Spirale verbindet. Der rote Punkt in der Mitte bringt das Ziel aller Yogawege zum Ausdruck: Die Erfahrung der Einheit.

Übersetzung aus dem Englischen:
Vyasa Schlesier, Brahmadev Anders-Hoepgen

Für weitere Informationen wenden Sie sich bitte an:
Nada Productions Inc., 12750 SW 33rd. St., Miramar, FL 33027, USA
Tel. +1-954-843-0319.

www.yogihari.com
www.yoga-sampoorna.org
shriyogihari@aol.com

3. Auflage 2020

Verlag Via Nova, Alte Landstraße 12, 36100 Petersberg
Telefon: (06 61) 6 29 73
Fax: (06 61) 9 67 95 60
E-Mail: info@verlag-vianova.de

Internet:
www.verlag-vianova.de

Umschlaggestaltung: Klaus Holitzka, 64756 Mossautal
Satz: typo-service kliem, 97647 Neustädtles
Druck und Verarbeitung: Appel & Klinger, 96277 Schneckenlohe

ISBN 978-3-86616-083-5

Widmung

Dieses Buch ist allen meinen Gurus von alten Zeiten bis hin zu meiner jetzigen Inkarnation gewidmet.

Danksagungen

Meine Gebete, mein Segen und mein tiefer Dank richten sich an die folgenden Menschen, die dieses Projekt mit ihren selbstlosen Beiträgen in Form von Wissen und finanziellen Mitteln ermöglicht haben.

Isabel Riesco für Design und Layout von Text und Cover der englischen Ausgabe;

Beth Rosen (Bhagavati) für unermüdliches Korrekturlesen;

Elizabeth Chene für ihre Unterstützung und ihr liebevolles Vorwort;

Sybille und Gopala für das Tippen;

Vinu Patel aus Zimbabwe, der, ohne zu zögern oder Bedingungen zu stellen, die Mittel für diese Veröffentlichung bereitgestellt hat.

Inhaltsverzeichnis

Vorwort 11

Warum dieses Buch? 15

Kapitel I: Asanas 21

Herkunft der Lehre 27
Einsiedelei – Ort 31
Einsiedelei – Beschreibung 33
Sechs Ursachen für Misserfolg 36
Sechs Ursachen von Erfolg 42
Yamas 47
Niyamas 55
Asanas 62
Yogische Ernähung 90
Nahrungsmittel, die schädlich für einen Yogi sind 97
Nahrungsmittel, die nutzbringend für einen Yogi sind 99

Kapitel II: Pranayama 103

Anuloma Viloma 113
Zuträgliche Ernährung für Pranayama 118
Shatkriyas 123
Dhauti 127
Bhasti 129
Neti 133
Trataka 136
Nauli 138
Kapalabhati 141
Gaja Karani 144
Manonmani 147
Kumbhakas 147
Mula Bandha 148
Jalandhara Bandha 148
Uddiyana Bandha 149
Suryabheda 150
Ujjayi 151

Sitkari 152
Sitali 155
Bhastrika 156
Bhramari 159
Murchha 160
Plavini 160

Kapitel III: Mudras 167
Bezeichnungen der Mudras 171
Maha Mudra 173
Maha Bandha 176
Maha Vedha Mudra 177
Khechari Mudra 180
Uddiyana Bandha 186
Mula Bandha 188
Jalandhara Bandha 190
Viparita Karani Mudra 193
Vajroli Mudra 195
Sahajoli Mudra 201
Amaroli Mudra 202
Shakti Chalana Mudra 206

Kapitel IV: Samadhi 211
Shambhavi Mudra 225
Unmani 226
Khechari Mudra 228
Nada Yoga 233
Shambhavi Mudra 241
Arambha Avastha 243
Ghata Avastha 244
Parichaya Avastha 244

Glossar 253
Index 261
Sri Yogi Hari 266

Vorwort

Schon viele Menschen sind Sri Yogi Hari begegnet. Die meisten von ihnen haben wahrscheinlich seine bezaubernde Stimme, seine belebenden Kirtans, seinen friedvollen Charme, seine Gelassenheit, seine unglaubliche Gelenkigkeit und seine wundervollen Yogastellungen erfahren. Dennoch wird der Großteil dieser Menschen nach der Begegnung mit ihm wieder von weltlichen Angelegenheiten wie Beruf und materiellen Belangen vereinnahmt und abgelenkt. Sie versäumen etwas sehr Heiliges.

Diejenigen, die sich glücklich schätzen können, nicht nur dieses äußere Erscheinungsbild genossen zu haben und unter Sri Yogi Haris Führung zu studieren, wurden mit dem Wesen eines liebevollen Heiligen, eines ehrwürdigen Rishis beehrt. Ich habe viele Jahre mit ihm studiert und kann seine Hingabe und seinen selbstlosen Dienst an der Menschheit bestätigen. Trotz all unserer Fehler und unserem Unverständnis ist Sri Yogi Hari in seinem unermesslichen Mitgefühl und seiner Weisheit stets gewillt, uns seine helfende Hand zu reichen und uns sanft auf den rechten Weg zur Selbstverwirklichung zurückzuführen. Er ist nicht allein ein in Sadhana erfahrener Meister, sondern lebt darüber hinaus sein Leben gemäß den Schriften und wahren yogischen Werten und dient uns somit als Vorbild als göttlicher und hingebungsvoller Ehemann, Vater und Guru. Sein hauptsächliches Bestreben in den letzten 30 Jahren war es, den Schatz der Wissenschaft Yoga mit seinen Schülern und ernsthaften Aspiranten zu teilen.

Alles, was Sri Yogi Hari bis heute geschaffen hat, ist im Sinne des Dienens entstanden. Mit Hilfe moderner Technik hat er seine göttlichen Gaben und Mittel eingesetzt, um die traditionellen Werkzeuge des Yoga in ihrer ganzen Reinheit leicht verfügbar zu machen. Ohne seine Hingabe, seinen ernsthaften Enthusiasmus und sein Interesse daran, die Menschheit zu erheben, würden die uralten Geheimnisse des Yoga und der Reichtum der Schätze, die er geschaffen hat, verloren gehen, im Verborgenen bleiben oder in Vergessenheit geraten. Bei der Vielzahl der CDs, DVDs, Videos und Bücher über Nada Yoga und Hatha Yoga, die von Nada Productions Inc. herausgegeben worden sind, handelt es sich um unschätzbare Hilfsmittel für diejenigen, die ernstlich darauf aus sind, ihr körperliches und geistiges Gleichgewicht wieder herzustellen, ihre Konzentration zu verbessern, sich von negativen Emotionen zu befreien, ihr Verständnis der yogischen Werte zu erweitern und ein sinnvolles, erfülltes Leben zu führen.

Sri Yogi Hari ist unerschütterlich in seinen Überzeugungen und weicht niemals von dem ab, was er aus tiefstem Herzen und aus eigener Erfahrung als absolute Wahrheit erkannt hat. Entgegen den derzeitigen Strömungen, die aufsehenerregende, angeblich neue und verbesserte spirituelle Wege und Techniken hervorzaubern, die sogar die yogische Welt verpesten, lehrt Sri Yogi Hari Yoga in seiner reinen Form, so wie es vom Guru an den spirituellen Schüler seit alters her weitergereicht wird. Erstarrtes Wissen und Aberglauben haben keinen Einfluß auf ihn, weil er tatsächlich im gegenwärtigen Augenblick lebt.

Der vorliegende Kommentar über die Hatha Yoga Pradipika ist der jüngste Beweis seiner Hingabe an Dienen und Wahrheit. Mit ihm stellt er eine leicht lesbare und anwendbare Fassung dieser alten Schrift vor, die dazu geschaffen ist, Yoga wieder ins rechte Licht zu rücken, so dass Aspiranten dieses göttliche Geschenk für ihre höchste spirituelle Entwicklung verwenden können. Dieser Kommentar gründet auf seiner tiefgreifenden Erfahrung und seinem gesunden Menschenverstand. Dadurch, dass er an der absoluten Wahrheit festhält und sich weigert, sich von Fehlinterpretationen in die Irre führen zu lassen, die über lange Zeit aufrecht erhalten wurden, handelt es sich um ein kühnes und wahrlich göttliches Unterfangen. Dieser Kommentar führt den Aspiranten zurück auf seinen Weg. Von Zeit zu Zeit kommen Meister, um die Menschheit zu lehren und den Weg erneut zu beleuchten, damit die Menschen ihren Weg zurück nach Hause finden können. Dieser Kommentar ist ein Leuchtturm, der die Schiffe, die sich auf hoher See verirrt haben, zurück ans Land führt. Bringen Sie den Mut auf, sich von den halben und unvollständigen Wahrheiten abzuwenden, die heutzutage das kommerzielle Gebiet des Hatha Yoga überschwemmen, und lesen Sie dieses wahrlich gesegnete Buch.

Ich praktiziere nun seit 30 Jahren Yoga und unterrichte es seit 23 Jahren. In den letzten acht Jahren durfte ich Sri Yogi Hari als seine spirituelle Schülerin folgen. Aus tiefster Seele kann ich Ihnen versichern, dass dieses Buch ein wertvolles Geschenk ist, der lebendige Beweis für Gurujis permanente Unterstützung und Liebe, die es uns ermöglicht, weiterhin in die richtige Richtung zu gehen. Um den Wert dieses göttlichen Kommentars jedoch wirklich schätzen zu können, müssen wir uns vor Augen halten, dass die Schriften und Lehren der Meister keineswegs bloße Geistesnahrung sind. Sie müssen geschmeckt, verdaut und aufgenommen werden. Eine Blume gibt ihren Duft preis, wenn man ihr näher und näher kommt, und das Gleiche gilt für die Techniken, die in diesem Buch dargelegt werden. Wenn sie Schritt für Schritt angegangen, aufgenommen und in die Praxis umgesetzt werden, werden sie sich in ihrer ganzen Fülle zeigen, und mit der Zeit wird sich Ihnen eine ganz neue Dimension eröffnen.

Im Gegensatz zu einem gewöhnlichen Buch, das Sie wahrscheinlich einmal lesen und dann wieder ins Regal stellen und vergessen, stellt dieses Buch eine tägliche Quelle dar, aus der Sie wieder und wieder schöpfen können. Es ist dazu da, die Seele zu nähren und uns mit vielerlei Wegen der Reflexion und Meditation zu versorgen. Es leitet uns wahrheitsgetreu über unsere Beschränkungen hinaus, bis wir letztlich das Ziel der Befreiung erreichen und die absolute Wahrheit erfahren. Mögen wir alle mit Gottes und Gurus Segen dieses Ziel erreichen.

Elizabeth Chene

Warum dieses Buch?

Zu allen Zeiten haben erleuchtete Meister vollkommene Lehren dargelegt, die spirituellen Aspiranten als Landkarte dienen und sie zum Ziel der Erleuchtung führen. Selbst wenn Meister die absolute Wahrheit erläutern, können die Schüler nur das Wissen aufnehmen, das ihrem Bewusstseinsstand entspricht. Solange der Meister präsent ist, kann er die Aspiranten in die richtige Richtung führen. Während wahrscheinlich so mancher in der Lage ist, sein Bewusstsein zu erheben, wird nur eine Handvoll von ihnen das letzte Ziel der Erleuchtung und Befreiung erreichen. Daher degenerieren die Lehren mit der Zeit. Kompromisse werden gemacht. Die Menschen passen die Lehren an ihre Belange an.

Das geschah mit den Lehren von Buddha, Jesus, Shankaracharya und denen der anderen großen Meister. Mit dem Wissen über Hatha Yoga geschah das Gleiche. Obwohl nach einem alten indischen Mythos Shiva selbst diese Wissenschaft des Hatha Yoga geschenkt hat, um die Menschen in den Zustand der Vollkommenheit zu erheben, entstand im Laufe der Zeit eine große Verwirrung bezüglich der wahren Natur dieser Lehre. Deshalb beschloss der große Meister Swatmarama, die Menschheit und die Aspiranten durch eine systematische Abhandlung der Praxis wieder auf den rechten Weg zu führen, welche er *Hatha Yoga Pradipika* nannte, was „Licht auf Hatha Yoga“ bedeutet.

Da es die Natur und das Schicksal von Lehren ist zu degenerieren, finden wir uns heutzutage in derselben Situation wieder, die Swatmarama dazu veranlasste, etwas Licht auf diese Wissenschaft zu werfen. Wegen sich widersprechender Interpretationen der Schriften über die Praxis, die Swatmarama beschreibt, haben wir abermals einen Zustand der Verwirrung über das wahre Wesen des Hatha Yoga erreicht.

Trotz der massiven Verbreitung von Informationen über Hatha Yoga in Form von Büchern und andere Kommunikationsmedien haben die Menschen, die Kommentare über die *Hatha Yoga Pradipika* geschrieben haben, zum größten Teil die Praxis von Hatha Yoga nicht tief genug erfahren. Es handelt sich um Sanskritgelehrte, die nur die Worte übersetzen und diesen Bedeutungen zuschreiben, die ihnen sinnvoll erscheinen, die aber nicht notwendigerweise die Wahrheit über die Wissenschaft vermitteln. Einige von ihnen praktizieren vielleicht ein wenig Hatha Yoga, doch geben sie sich nicht völlig der eigentlichen Praxis hin. Hier ist jemand mit tiefem Verständnis und umfassender Erfahrung in diesem Gebiet vonnöten, um es den Menschen in heutiger Sprache verständlich zu machen.

Hatha Yoga ist eine Wissenschaft, die dazu da ist, den Aspiranten zur Ebene der Vollkommenheit zu führen. Die Wahrheit, die Swatmarama seinerzeit dargelegt hat, ist heute noch genauso gültig. Diese Wahrheit wird direkt zu Beginn der *Hatha Yoga Pradipika* festgehalten, wo der Zweck von Hatha Yoga erklärt wird. Der erste Vers oder Sloka legt dar, dass es Adinath oder Shiva, der erste Gott und Guru war, der uns das Wissen in Form eines schrittweisen Prozesses gab, um den höchsten Zustand der Verwirklichung, den höchsten Zustand der Einheit, den höchsten Zustand von Yoga zu erlangen, der Raja Yoga genannt wird. Aufgrund dieses Slokas haben die meisten der Kommentatoren, deren Werke ich untersucht habe, irrtümlich geschlussfolgert, dass es sich bei Hatha Yoga um nicht mehr als eine Vorbereitung für Raja Yoga handelt. Dieses Missverständnis rührt von der Verwendung des Begriffs „Raja Yoga" her. Um diesbezüglich mögliche Unklarheiten zu beseitigen, stellen die Verse 3 und 4 des vierten Kapitels eindeutig fest, dass „Raja Yoga, Samadhi, Unmani, Manonmani, Amaratwa, Laya, Sahaja, Tattva, Shunyashunya, Parampadam, Amanaskam, Advaitam, Niralamba, Niranjana, Jivanmukti und Turiya synonyme Begriffe sind". Daher ist in diesem Zusammenhang der Ausdruck „Raja Yoga" eindeutig deswegen verwendet worden, um einen Zustand der Transzendenz oder Vollkommenheit zu bezeichnen und nicht ein Übungssystem.

Natürlich muss einiges an Vorarbeit geleistet werden, bis ein Punkt erreicht ist, an dem jemand in der Lage ist, Yoga so zu praktizieren, wie es in der *Hatha Yoga Pradipika* beschrieben ist. In dieser Form ist es für Menschen mit ganz bestimmten Voraussetzungen gedacht: solche, die ihre Pflichten gegenüber Familie und Gesellschaft erfüllt haben und bereit sind, sich aus der Welt zurückzuziehen. Dies schließt andere Menschen jedoch nicht davon aus, Hatha Yoga zu praktizieren. Bis jener Punkt erreicht ist, kann man bestimmte Übungen machen, die einem dabei helfen, gesund zu bleiben. In Hatha-Yoga-Stunden kann man körperliche Übungen, Atemtechniken und Entspannung erfahren, was bei richtiger Ausführung den Stress beseitigt, den das alltägliche Leben mit sich bringt. Wenn diese Komponenten mit richtiger Ernährung und positivem Denken verbunden werden, führen sie zu guter Gesundheit und einem friedvollen Geist, was einige Menschen dazu ermuntern kann, weitere yogische Disziplinen zu verfolgen und ihr Bewusstsein weiter zu erheben.

Es ist von großer Bedeutung, im Auge zu behalten, dass die Wissenschaft der Befreiung nicht nur dafür gedacht ist, körperlich und geistig gesund zu bleiben, sondern dass die Gesundheit vielmehr die nötige Voraussetzung darstellt. Diese Lehren richten sich insbesondere an diejenigen, die ihren Verpflichtungen in der Gesellschaft nachgekommen sind, genügend ökonomische Freiheit errungen haben, ihren Geist vollständig von der äußeren Welt abgewendet haben und sich in einen Ashram zurückziehen können, um das Leben eines Yogis in Abgeschiedenheit zu führen. In dieser Phase wünschen sich diese Menschen nichts anderes, als sich vollständig auf ihr Sadhana, ihre spirituelle Praxis, zu konzentrieren, die ihnen von einem Guru mit richtigem Verständnis der Wissenschaft unterbreitet wurde, wie sie in der *Hatha Yoga Pradipika* dargelegt wird.

Jemand, der einer derartigen Disziplin würdig bzw. fähig ist, ist ein Mensch, der ein dharmisches Leben geführt hat, ein Leben, das auf moralischer und ethischer Disziplin beruht, jemand, der nicht mit den moralischen und ethischen Gesetzen zu kämpfen braucht, die Yamas und Niyamas genannt werden. Wenn die *Hatha Yoga Pradipika* erklärt, dass Asana, Yogastellungen, die erste Praxis darstellen, setzt sie voraus, dass der oder die Übende bereits fest in Yamas und Niyamas verankert ist, die stets den Ausgangspunkt und die Grundlage einer jeden spirituellen Disziplin darstellen.

Ein Beispiel: Wenn Sie singen lernen möchten, müssen Sie als erstes die Noten der Tonleiter lernen. Es ist überflüssig zu erwähnen, dass Sie eine Stimme und Stimmbänder haben müssen, um zu singen; das wird als selbstverständlich vorausgesetzt. Ebenso ist die erste Übung, die jemand angehen muss, wenn er die Ebene erreicht hat, auf der er Hatha Yoga mit dem Ziel der Erleuchtung praktiziert, Asana. Das setzt voraus, dass er Werte wie Aufrichtigkeit, Wahrhaftigkeit, Ehrlichkeit, Reinheit, Liebe, Mitgefühl, Freizügigkeit, Vergebung, Toleranz usw. in seinem Leben bereits verwirklicht hat. Nur jemand mit diesen Eigenschaften strebt Höheres an und möchte Disziplin üben, um Selbstverwirklichung und Befreiung zu erreichen. Wenn Sie kein dharmisches Leben geführt haben, nicht aufrichtig, ehrlich, liebevoll und freundlich gelebt haben, wie es in den Schriften steht, werden Sie nicht das Verlangen spüren, Yoga um der Erleuchtung willen zu üben.

Die bloße Tatsache, dass Sie Ihre Verpflichtungen erfüllt haben, bedeutet, dass Sie vermutlich durch die normalen Stufen des Lebens gegangen sind – Ausbildung, Heirat und berufliche Karriere. In diesem Zusammenhang werden Sie nicht ausschließlich weltliches Wissen angesammelt, sondern außerdem während Ihres ganzen Lebens spirituelle Weisung und Führung von einem Guru genossen und einen integralen Yoga mit einer besonderen Vorliebe für Hatha Yoga praktiziert haben. Weil Sie Ihr Leben auf diese Weise gelebt haben, sind Sie zu dem Zeitpunkt, an dem Sie sich aus der Welt zurückziehen, mit strahlender körperlicher und geistiger Gesundheit gesegnet. Sie haben sich nicht Ihren Reichtum mit Gesundheit erkauft und haben dadurch einer körperlichen und psychischen Therapie vorgebeugt. Die meisten Menschen interessieren sich für Yoga, weil sie dem Leid, das durch eine ausschweifende Lebensführung und aufgrund eines fehlenden Verständnisses für den höheren Sinn des Lebens entstanden ist, entkommen möchten. Wenn Sie jedoch mit rechtem Verständnis und Bewusstsein für das wirkliche Ziel des Lebens durch diese Abschnitte des Lebens gegangen sind, werden Sie den brennenden Wunsch nach Befreiung verspüren.

Wenn Sie sich zurückziehen (dieser Lebensabschnitt wird Vanaprastha genannt), ist Ihr Geist von allen weltlichen Belangen und Verwicklungen befreit. Dann sind Sie ökonomisch unabhängig oder können sich auf wohlwollende Menschen, Familienangehörige oder spirituelle Schüler verlassen, so dass Sie Ihr Leben zurückgezogen führen können, ohne sich darum sorgen zu müssen, woher Sie Ihr Essen bekommen.

Wenn Sie die Disziplin begriffen haben, die in der *Hatha Yoga Pradipika* beschrieben wird, werden Sie feststellen, dass Ihre gesamte Zeit auf Sadhana verwendet werden wird. Und in einer Gesellschaft wie der unsrigen ist es nicht angemessen, um Nahrung zu betteln, anders als früher und in gewissem Maße auch noch heute in Indien, wo es zur Tradition spiritueller Menschen gehört.

Natürlich gibt es in jeder Gesellschaft und Religion Menschen, die ein klösterliches Leben wählen, ohne durch die natürlichen Lebensstufen zu gehen. Dies sind Menschen mit starken klösterlichen Samskaras aus früheren Leben, in denen sie Sadhana praktiziert und eine starke Loslösung von der Welt entwickelt haben. Sie verspüren nicht den Drang, durch jene Abschnitte des Lebens zu gehen, eine Familie zu haben und Karriere zu machen, und können sich direkt nach der Schule in einen Ashram zurückziehen und ihr Sadhana fortführen, um das Ziel der Erleuchtung zu erlangen.

In diesem Zusammenhang gibt es auch einen praktischen Grund dafür, dass die *Hatha Yoga Pradipika* aus heutiger Sicht erläutert werden muss. Es wäre heutzutage nicht praktikabel, sich einfach irgendwo in irgendeinem Land niederzulassen und gemäß Swatmaramas Anweisungen eine Einsiedelei mit Kuhdung zu errichten. Die Besitzer des Grundstücks und die Landschafts-, Bau- und Gesundheitsbehörden würden Ihnen die Tür einrennen. Sie würden nicht die nötige Einsamkeit und den nötigen geistigen Frieden haben, um Ihr Sadhana zu praktizieren.

Aufgrund der Verwirrung, die heutzutage auf dem Gebiet des Yoga und insbesondere auf dem des Hatha Yoga herrscht, habe ich mich dazu entschlossen, klärendes Licht auf die *Hatha Yoga Pradipika* zu werfen. Wegen der Verwirrung und der Missverständnisse über das Ziel von Yoga und der Fehlinterpretation der Lehren habe ich die Notwendigkeit gesehen, diese heilige und bedeutsame Schrift für diejenigen, die die Befreiung ersehnen, zeitgemäß zu interpretieren.

Von Anfang an muss deutlich sein, dass Hatha Yoga ein vollständiges Schritt-für-Schritt-System ist, um Vollkommenheit zu erreichen. Es ist eine wissenschaftliche und systematische Methode der Veredelung und Reinigung auf allen Ebenen, körperlich, energetisch, emotional, geistig und intellektuell, die in die völlige Identifikation mit dem höheren Selbst mündet.

Dennoch können einzelne Aspekte von Hatha Yoga wie Asanas, Pranayama und richtige Ernährung als Vorbereitung für Raja Yoga, Karma Yoga, Bhakti Yoga oder irgendeine andere Form von Yoga praktiziert werden, wenn es einem an der nötigen Gesundheit mangelt, um Sadhana zu machen. Hatha Yoga kann ausschließlich zu diesem Zwecke angegangen werden; dann schafft es eine Grundlage für die Praxis eines anderen Systems. Doch nur wegen dieser eingeschränkten Betrachtungsweise sollte man die Nützlichkeit von Hatha Yoga nicht fälschlicherweise auf jene bestimmten Komponenten beschränken. In Wirklichkeit ist Hatha Yoga ein vollständiges System, das dazu geschaffen wurde, zum Ziel der Befreiung zu führen.

Wenn die Slokas wortwörtlich genommen werden, können sie allerdings zu großem Aberglauben führen, wie es die Praxis von Hatha Yoga als Heilmittel für alle Krankheiten zeigt. Menschen bitten Yogalehrer wie einen Arzt um ein Rezept und möchten ein spezielles Asana haben, das Diabetes, Bluthochdruck, Asthma usw. heilt. Die meisten Menschen haben nicht verstanden, dass der Yogaweg eine Lebensweise ist, die das Werkzeug (Körper, Geist usw.) auf das höhere Erwachen des Bewusstseins vorbereitet und darauf abzielt, Vollkommenheit zu erreichen. Er ist eine systematische Methode, Ihre Göttlichkeit, Ihr Selbst zu erkennen – mit anderen Worten, die Antwort auf die Frage „Wer bin ich?" zu erfahren.

Von diesem Standpunkt aus werde ich diese heilige Schrift erläutern. Die Übersetzung der Slokas ist größtenteils klar und geradeheraus. Darum werde ich in einigen Fällen einige Slokas zur Kommentierung zu Gruppen zusammenfassen, insbesondere dann, wenn sie von einem gemeinsamen Gedanken oder einer einzigen Praxis handeln. Die gesamte vorliegende Abhandlung stellt ein vollständiges Übungssystem dar, das sich in die Philosophie von Sampoorna Yoga einfügt, einer ganzheitlichen Methode, die auf jeden Aspekt der Persönlichkeit wirkt und mit den Lehren von Meister Sivananda übereinstimmt. Ich werde die Notwendigkeit und positiven Auswirkungen von Asanas, richtiger Einstellung, richtiger Ernährung, Kriyas, Pranayama, Kumbhakas, Mudras und Bandhas erläutern, das Lösen der Knoten, um Kundalini Shakti zu befreien, die Erfahrung des Anahata-Klangs und letztlich das Erreichen der Befreiung oder Raja Yoga durch Samadhi. Mit diesem Prozess im Hinterkopf wird Ihnen das Studium der *Hatha Yoga Pradipika* ein völlig neues Verständnis der Praxis von Hatha Yoga schenken.

Kapitel I
ASANAS

1

EHRE SEI DEM ERSTEN GOTT UND GURU SRI ADINATH, DER UNS DAS WISSEN UM HATHA YOGA ALS EINE SCHRITTWEISE METHODE GESCHENKT HAT, UM DEN HÖCHSTEN ZUSTAND DER VOLLKOMMENHEIT ZU ERREICHEN, DER RAJA YOGA GENANNT WIRD.

Der erste Gott und Guru ist Shiva. Shiva wird Adinath genannt, was „erster Herr" bedeutet. Er ist es, der der Menschheit dieses Wissen um Hatha Yoga gegeben hat. Dieses Wissen wurde uns von Gott selbst als Treppe gegeben, um zum allerhöchsten Entwicklungsstand emporzusteigen, zum höchsten Verwirklichungsgrad, dem höchsten Zustand des Yoga, der Erfahrung des Göttlichen Selbst, die Raja Yoga genannt wird.

Raja Yoga bezeichnet hier kein Übungssystem, sondern vielmehr einen Zustand, den man durch die systematische, schrittweise Praxis erreicht, die Hatha Yoga genannt wird. Tatsächlich heißt es in den Versen 3 und 4 des vierten Kapitels eindeutig, dass „Raja Yoga, Samadhi, Unmani, Manonmani, Amaratwa, Laya, Sahaja, Tattva, Shunyashunya, Parampadam, Amanaskam, Advaitam, Niralamba, Niranjana, Jivanmukti und Turiya alles synonyme Begriffe sind", was bedeutet, dass der Begriff „Raja Yoga" in diesem Zusammenhang den Zustand der Vollkommenheit meint.

Lassen Sie uns nun einen Augenblick verweilen und vernünftig und logisch über diese schrittweise Praxis des Hatha Yoga, die zu Raja Yoga, also dem Zustand der Perfektion, führt, nachdenken. Wenn Gott selbst eine Übungsmethode darlegt, was für ein System wird das wohl sein? Doch sicher eines, das perfekt ist! Es wird nichts Weiteres brauchen, um es zu vervollständigen. Gott wird Ihnen nichts Unvollständiges beibringen. Es wird „sampoorna" sein, ein vollständiges System, das Sie zur höchsten Stufe von Yoga führen wird, der Erfahrung Ihres Göttlichen Selbst.

Hatha Yoga wurde uns nicht bloß als Mittel gegeben, um die Praxis einer anderen systematischen yogischen Methode zu beginnen, die Raja Yoga genannt wird. Hatha Yoga ist ein vollständiges, in sich abgeschlossenes Übungssystem. An diesem Punkt unterlief allen Kommentatoren der *Hatha Yoga Pradipika*, die ich untersucht habe, der erste Fehler in der Interpretation. Sie deuten „Raja Yoga" gleich am Anfang falsch und folgern somit irrtümlicherweise, dass Hatha Yoga lediglich eine Vorbereitung für Raja Yoga ist. Wegen dieses anfänglichen Fehlers entsteht Verwirrung, die sich im Laufe des Kommentars nicht wieder ausbügeln lässt. Dies führt die Leser und spirituellen Aspiranten leider in die Irre.

Was ist Yoga? Yoga ist die Erfahrung des Einsseins, dass Sie „Das" sind, so wie eine Welle mit dem Meer identisch und niemals von ihm getrennt ist. Der Zustand von Yoga kann nur erreicht werden, wenn der Geist vollständig gereinigt und von allen Fehlern befreit ist. In diesem Zustand werden alle Beschränkungen von Körper, Geist, Intellekt und dem relativen weltlichen Bewusstsein überschritten und Sie erfahren Ihr Göttliches Selbst.

Dieses System, das Hatha Yoga genannt wird, ist ein bewusster, schrittweiser Weg, der Sie zum höchsten Entwicklungs- oder Erfahrungszustand führt. Deshalb ist Hatha Yoga so effektiv. Wenn Sie es richtig, unter rechter Führung und rechtem Verständnis praktizieren, werden Sie feststellen, dass Sie allmählich von einer zur nächsten Ebene aufsteigen. Wenn man nicht begreift, dass es sich um ein perfektes System handelt, das zur Vollkommenheit führt, reduziert man die Übung von Hatha Yoga auf bloße körperliche Übungen und Stellungen. Das ist der größte Irrtum, den die meisten Menschen, die heutzutage Hatha Yoga praktizieren, begehen. Und so wird es bleiben, bis jemand dieses Thema beleuchtet, um zurückzugewinnen, was in Übersetzung und Kommentar verloren gegangen ist. Hatha Yoga fehlt es an nichts. Es muss durch nichts vervollständigt oder ergänzt werden. Es ist ein in sich geschlossenes, perfektes System, das in der Lage ist, Sie in den Zustand der Erleuchtung und Befreiung zu führen.

2

SWATMARAMA HAT, NACH DER ANRUFUNG DES SEGENS DES GURUS, DAS WISSEN UM HATHA YOGA ZUR ERLANGUNG DER VOLLKOMMENHEIT WEITERGEREICHT.

Ein wirklich kultivierter Mensch beginnt ein Projekt stets damit, den Segen von Gott und Guru für Inspiration und Erfolg anzurufen. Swatmarama erweist als erleuchteter Meister als erstes Shiva, der Quelle dieses Wissens, und seinem Guru, durch den dieses Wissen geflossen ist, Respekt und Ehre.

Diese Inspiration fließt vom Guru, welcher der Herr selbst ist, weil er in Kontakt mit dem Kosmischen Geist steht. Ohne Hochachtung und Hingabe für diesen Guru, der Ihre Dunkelheit und Unwissenheit beseitigt, bleiben Sie mit einem blockierten und verschleierten Geist zurück. Dann stammt alles, was Sie äußern, von Ihrem Ego. Wenn jedoch wahre Ehrerbietung und Hingabe für den Guru vorherrschen, den Sie als Gott persönlich betrachten, der in jener Gestalt gekommen ist, um Sie zu lehren, Licht zu verbreiten und Dunkelheit zu beseitigen, dann schaffen Sie die notwendige Voraussetzung dafür, sich mit dem Kosmischen Geist zu verbinden.

Darum wird es als so wichtig erachtet, den Guru zu ehren und ihm Achtung entgegenzubringen, bevor ein beliebiges Projekt des Lernens und Lehrens begonnen wird. Wenn Sie den Guru als das menschliche Wesen sehen, der vor Ihnen sitzt, dann wird er dies sein. In diesem Falle werden Sie Informationen und Anweisungen von einem Menschen bekommen. Wenn Sie diesen Guru jedoch als Gott betrachten, der dazu da ist, Ihre Unwissenheit zu beseitigen, dann werden Sie die Hingabe und das Vertrauen haben, die nötig sind, um durch jedes einzelne Wort, das durch ihn hindurchfließt, transformiert zu werden.

Spirituelles Wissen und Erleuchtung sind nicht ohne einen Guru möglich. Alle Schriften und erleuchteten Meister bestätigen dies. Nur unwissende Leute und gewisse Boulevardblätter behaupten das Gegenteil. Natürlich benötigen Sie keinen Guru, wenn Sie nichts weiter als einen Waschbrettbauch und einen knackigen Hintern anstreben.

Swatmarama hat bereits zweimal erklärt, dass es das Ziel von Hatha Yoga ist, Sie zum höchsten Zustand der Vollkommenheit zu führen.

3

SWATMARAMA HAT AUFGRUND DER VERWIRRUNG UND DER MISSVERSTÄNDNISSE, DIE BEZÜGLICH HATHA YOGA HERRSCHEN, BESCHLOSSEN, LICHT AUF DIESES THEMA ZU WERFEN.

Leider prägen Verwirrung und Missverständnisse den Zustand der Menschen. Gleich, wie erhaben und vollkommen die Lehre eines Meisters ist – in dem Augenblick, in dem er nicht mehr da ist, fängt jeder an, diese nach seinen eigenen Umständen und dem eigenen Bewusstseinsstand zu interpretieren. Dadurch verkommt sie mehr und mehr und wird immer verwirrender. Selbst heutzutage streiten sich spirituelle Schüler desselben Meisters, zanken und kämpfen darum, wer die richtigen Anweisungen des Meisters lehrt. Das hat es in alten Zeiten gegeben, das gibt es heute und das wird auch weiterhin in der Zukunft geschehen. In der Geschichte finden sich durchweg dieselben falschen Vorstellungen, Missverständnisse und Fehlinterpretationen. Deshalb wird von Zeit zu Zeit jemand erscheinen, der den Prozess durchlebt und das Wissen erfahren hat, um für klare Verhältnisse zu sorgen, die falschen Vorstellungen zu beseitigen und den Weg erneut zu beleuchten.

Die Wahrheit wird nicht erfunden, sondern bloß nacherzählt und neu verfasst. Zu unterschiedlichen Zeiten, Umständen und Zeitaltern wird sie auf verschiedene Weisen neu beschrieben, um dem Verständnis der Menschen zu entsprechen, d.h. mit solchen Begriffen, die sie zu verstehen in der Lage sind. Wenn Sie mit einem Wissenschaftler sprechen, verwenden Sie wissenschaftliches Vokabular. Dann sprechen Sie vielleicht über Atome, Moleküle, Protonen, Neutronen und Elektronen. Wenn Sie mit einem Bauern sprechen, sprechen Sie darüber, die Erde zu pflügen und Samen zu säen. Dennoch ist es dieselbe Wahrheit, die Sie vermitteln. Nun können Sie dieselbe Wahrheit äußern, die dieselbe Bedeutung trägt, oder Sie missverstehen sie – und vermitteln dann das genaue Gegenteil von dieser Wahrheit oder etwas, was ihr widerspricht.

In jedem Zeitalter erscheinen Meister, um die Wahrheit neu zu fassen und falsche Vorstellungen und Missverständnisse zu beseitigen. Die absolute Wahrheit ist die gleiche. Sie war es immer, sie ist es und sie wird es auch weiterhin immer sein. Heutzutage befinden wir uns bezüglich Hatha Yoga in derselben Misere, und deshalb ist dieses Buch so notwendig und wichtig.

4

MATSYENDRANATH, GORAKHNATH UND ANDERE VERFÜGTEN ÜBER EIN UMFASSENDES WISSEN ÜBER HATHA YOGA. DANK IHRER GNADE HAT YOGI SWATMARAMA ES ERLERNT.

Wie wir aus den Puranas wissen, war Matsyendranath der erste, der dieses Wissen empfangen hat. Als sich Shiva und Parvati in ihrer Bergresidenz auf dem Gipfel Kailas aufhielten, sah Parvati aufgrund ihres mitfühlenden, mütterlichen Wesens, sich stets um ihren Nachwuchs sorgend, ihre Kinder in dieser Schöpfung leiden, und sie fragte: „Vater, gibt es nicht etwas, was wir tun können, um das Leiden unserer Kinder, der Menschheit, zu lindern?“ Shiva antwortete: „Ja! Setz dich und höre.“

Shiva schloss die Augen und aus dem Zustand der Intuition heraus floss das vollkommene Wissen des Hatha Yoga. Als er seine Augen öffnete, fand er Parvati schlafend vor und dachte: „Was für eine Verschwendung!“ Doch dann schaute er in den See und erblickte einen äußerst aufmerksamen Fisch, der das ganze Wissen aufgenommen hatte. Er lächelte, segnete den Fisch und dieser wurde zu Matsyendranath. Auf diese Weise empfing Matsyendranath als erster dieses Wissen und gab es an Gorakhnath und andere weiter.

Die mystische Bedeutung dieser Geschichte ist wichtig. Shiva ist reines Bewusstsein, welches „Sat-Chit-Ananda“ ist, absolutes Sein, absolutes Wissen und absolute Wonne. Parvati steht für Prakriti, die Göttliche Mutter, die Natur. Jemand, der sich mit Körper, Geist und Intellekt im wachen, träumenden oder tief schlafenden Zustand identifiziert, befindet sich in Wirklichkeit in einem Schlafzustand. Wenn das Individuum jedoch nach Selbsterkenntnis verlangt, die es aus diesem relativen und dualistischen Zustand befreien wird, der Leiden und Gefangenschaft bedeutet, entwickelt es Hingabe und gezielte Konzentration. Das wird durch den Fisch repräsentiert. Er schläft oder zwinkert nie. Diese durchdringende Konzentration ermöglicht es ihm, einen Zustand der Intuition zu erreichen, in dem sich ihm absolutes Wissen aus dem Kosmischen Geist offenbart. Mit anderen Worten, er wurde von Shiva gesegnet und vom niederen Bewusstsein in ein göttliches Wesen, Matsyendranath, verwandelt.

Herkunft der Lehre

5–9

SHIVA, MATSYENDRA, SHABARA, ANANDABHAIRAVA, CHAURANGI, MINA, GORAKSHA, VIRUPAKSHA, BILESHAYA, MANTHANA, BHAIRAVA, SIDDHI, BUDDHA, KANTHADI, KORANTAKA, SURANANDA, SIDDHIPADA, CHARAPATI, KANERI, PUJYAPADA, NITYANATH, NIRANJAN, KAPALI, BINDUNATH, KAKACHANDISHWARA, ALLAMA, PRABHUDEVA, GHODACHOLI, TINTINI, BHANUKI, NARADEVA, KHANDA, KAPALIKA UND ANDERE SIND VOLLENDETE MEISTER, DIE DEN TOD DURCH DIE PRAXIS VON HATHA YOGA BESIEGT HABEN UND NUN DAS UNIVERSUM DURCHKREUZEN.

Dies ist die Linie der Gurus, Siddhas oder vollendeten Meister, durch die das vollkommene Wissen über Hatha Yoga geflossen ist, bis es Swatmarama erreichte. Durch die Praxis von Hatha Yoga konnten sie die Unsterblichkeit erlangen und durchkreuzen nun das Universum. Können Sie mir jemanden nennen, der durch einfache Asanapraxis den Tod bezwingen konnte? Wie wollen Sie dadurch unsterblich werden, dass Sie Asanas üben? Diese Slokas behaupten keineswegs, dass man zuerst mit Hatha Yoga beginnen müsste, als handle es sich um die bloße Asanapraxis, um dann zu einer anderen Praxis überzugehen, die Raja Yoga genannt wird, um die Unsterblichkeit zu erlangen. Sie stellen schlicht fest, dass das Mittel zur Erlangung der Unsterblichkeit Hatha Yoga ist, was zeigt, dass es sich um ein vollständiges System handelt, um das Einssein mit dem Höchsten Bewusstsein zu verwirklichen.

Haben Sie erst einmal den höchsten Zustand der Vollkommenheit erreicht, identifizieren sich also vollständig mit Ihrem Göttlichen, unsterblichen Selbst, so sind Sie über den Tod hinausgegangen. Der Ausdruck „sie durchkreuzen das Universum“ beschreibt, dass sie allgegenwärtig sind. Sie werden feststellen, dass die Art der Energie, mit der Sie in Kontakt kommen, abhängig von Ihrem Bewusstseinsstand ist. Wenn Sie die Stufe erreichen, auf der Sie das Wissen der gewöhnlichen Lehrer erschöpft haben, können Sie sich mit dem Kosmischen Geist verbinden und Inspiration und Wissen von den Meistern erlangen, die das Universum durchkreuzen und den Menschen helfen. So, wie Einstein nicht in den Kindergarten ging, um den Kindern Mathematik beizubringen, bringen diese Meister den Menschen nicht bei, ihre Beine zu heben! Dafür brauchen Sie Yogi Swatmarama nicht.

10

SO WIE EIN HAUS JEMANDEN VOR DER SENGENDEN HITZE DER SONNE BESCHÜTZT, SO BESCHÜTZT HATHA YOGA VOR DEN DREI TAPAS. FÜR DIEJENIGEN, DIE INTENSIV PRAKTIZIEREN, WIRKT HATHA YOGA WIE EINE SCHILDKRÖTE, WELCHE DIE WELT TRÄGT.

Die Tapas oder Leiden, die hier angesprochen werden, sind dreierlei: Adibhautika, Leiden, das durch andere Wesen verursacht wird; Adhidevika, Leiden, das von der Natur verursacht wird, und Adhyatmika, Leiden, das von einem selbst verursacht wird.

Jedes Wesen in dieser Welt erfährt Leid, das durch andere Wesen wie bösartige Menschen, Tiere, Insekten, Reptilien, Viren, Bakterien usw. verursacht wird. Gleich, ob Sie sich draußen oder drinnen aufhalten, bringen Insekten ständig Krankheiten verschiedenster Art mit sich. Ihre Haustiere verbreiten nicht nur alle möglichen Krankheiten, sondern Sie selbst nehmen diese auch auf. Schädliche Bakterien und Viren existieren überall und sind bereit, Leiden und Schmerzen zu entfesseln. Dies wird Adibhautika, Leid, das durch andere Wesen verursacht wird, genannt.

Adhidevika bezeichnet Leiden, das von der Natur, die von unseren Ahnen als Devatas (Gottheiten) bezeichnet werden, verursacht wird. Flutkatastrophen, Hurrikane, Tornados, Erdbeben und extreme Hitze und Kälte sind Beispiele für die Devatas. Menschen im Norden leiden häufig unter extremer Kälte und manche sterben sogar daran. Sie können Leid dieser Art überall finden. Ich habe noch nie jemanden getroffen, der gesagt hat, er habe bittere Kälte oder sengende Hitze genossen. Oft muss man sich, wenn raues Wetter herrscht, vor ihm schützen.

Als Letztes wäre da Adhyatmika, Leiden, das durch einen selbst aufgrund von Unwissenheit, Mangel an Wissen, falscher Konditionierung, falscher Identifikation und Unkenntnis über das wahre Ziel und den wahren Zweck des Lebens verursacht wird. So missbrauchen Sie ahnungslos und auch bewusst das Geschenk Gottes an Sie – Ihren Körper. Sie missbrauchen Ihre Emotionen, Ihre Sinne und Ihren Geist. Oftmals setzen Sie Ihren Intellekt für falsche Zwecke ein, z.B. um sich noch tiefer in Lust, Hass und Eifersucht zu stürzen. Darum leiden Sie permanent.

Die Wissenschaft des Hatha Yoga kann Ihnen dabei behilflich sein, ein ausgeglichenes Leben inmitten dieser ganzen Widrigkeiten zu führen. Sie schenkt Ihnen Wissen und hält eine bessere Art zu leben für Sie bereit, die Sie mit sich selbst, anderen, der Umwelt und dem Universum in Einklang bringt, so dass Sie nicht länger durch Schmerzen und Leiden verwundbar sind.

Sie können zum Beispiel mit Hilfe von Hatha Yoga Ihre Gesundheit, Ihre Widerstandskraft und Ihr Immunsystem verbessern. Es hilft dabei, den Geist und den Willen zu stärken, und so fallen Sie nicht länger der Grippe und den unzähligen körperlichen Unannehmlichkeiten und Gefühlsschwankungen, dem geistigen Aufruhr, Unausgeglichenheiten und anderen medizinischen Problemen, die die Menschen erleben, zum Opfer. Dadurch, dass Sie mit der Natur im Einklang leben, erleben Sie einen Zustand der Leichtigkeit und des Gleichgewichts.

Menschen, die intensiv praktizieren und alle möglichen Phänomene wie plötzliche Energiewallungen erleben, ohne zu wissen, wie sie damit umgehen sollen, verwenden die frei werdende Energie möglicherweise für die falschen Zwecke, was weitere Probleme nach sich ziehen wird. In diesen Fällen wirkt diese Wissenschaft als Schildkröte, mit anderen Worten: als Unterstützung.

Diese Analogie stammt aus den Puranas, in denen die Dämonen und die Devas damit beschäftigt waren, das Milchmeer zu quirlen, um den Nektar der Unsterblichkeit zu erlangen. Die Götter befanden sich auf der einen und die Dämonen auf der anderen Seite, und sie verwendeten den Berg Meru als Quirl und die unsterbliche Schlange Vasuki als Quirlschnur. Als sie zu quirlen begannen, senkte sich der Berg tief ins Meer hinab. Wenn sie auf diese Weise weiter gequirlt hätten, hätten sie riskiert, das gesamte Universum zu verwüsten. Daher erschien Vishnu als Schildkröte, „Kurmavatar" genannt, bildete das Fundament, auf dem der Berg lagern konnte, und ermöglichte es dadurch den Dämonen und Devas, weiterzuquirlen und ihr Vorhaben erfolgreich zu beenden.

Das veranschaulicht, dass Ihre Praxis zu Verwüstung führen kann, wenn Sie Gott und Guru nicht als Stütze haben. Wenn Kundalini Shakti zu erwachen beginnt und Sie die Auswirkungen Ihrer Praxis zu spüren anfangen, sind Sie hilflos und verloren, wenn Sie nicht wissen, was zu tun ist, weil Sie dann tief in die Reiche des Geistes, der Emotionen und des Bewusstseins selbst tauchen und Energie entfesseln, die Sie nicht verstehen.

11

EIN YOGI, DER ERFOLGREICH IN HATHA YOGA SEIN MÖCHTE, SOLLTE SEINE PRAXIS VERBORGEN HALTEN. ZUR SCHAU GESTELLT VERLIERT SIE IHRE WIRKSAMKEIT.

Sie sollten stets danach streben, sich selbst und Ihre Persönlichkeit zu verbessern und Ihr Ego zu vermindern. Die meisten Menschen neigen dazu, ein Weilchen dem spirituellen Pfad zu folgen und dann vor ihren Freunden anzugeben, sobald sie ein bisschen Wissen und Verständnis erlangt haben. Sie streben nach Verehrung, Anerkennung, Lob und Bestätigung, wie stark sie sich verändert haben. Das ist die normale Tendenz der Menschen. Dadurch kann es jedoch leicht geschehen, dass das Ego des Betreffenden zu seinem größten Hindernis wird. So bleiben manche in bestimmten Gebieten stecken und machen keine weiteren Fortschritte. Die eigene Praxis verborgen zu halten hilft dabei, die natürliche Neigung, vor anderen anzugeben, zu unterbinden. Lassen Sie uns klarstellen: Jeder möchte ein Guru sein, nur wenige möchten ein spiritueller Schüler [engl.: disciple] sein und noch weniger möchten diszipliniert [engl.: disciplined] werden.

Wenn Sie reich sein wollen, müssen Sie sparen und ständig weiteren Reichtum ansammeln. Wenn Sie Ihr Geld ausgeben und verschwenden, werden Sie niemals Ihr Ziel, reich zu sein, erreichen. Genauso sollten Sie Ihre Zeit auf Sadhana verwenden, wenn Sie in der Praxis von Hatha Yoga erfolgreich sein möchten, und Ihre Zeit nicht in prahlerischen Vorführungen verschwenden. Das wird Ihrem Erfolg nicht zuträglich sein; vielmehr wird es bloß Ihr Ego aufplustern.

Einsiedelei – Ort

12

EIN YOGI SOLLTE ALLEIN LEBEN UND IN EINER EINSIEDELEI PRAKTIZIEREN, DIE NICHT VON STEINSCHLAG, WALDBRAND UND FLUTEN BEDROHT IST. DAS LAND, DER STAAT ODER DIE STADT SOLLTEN WOHLHABEND UND RELIGIÖS TOLERANT SEIN. DIE BÜRGER SOLLTEN EINSIEDLER UND MÖNCHE DURCH MILDE GABEN UND SPENDEN UNTERSTÜTZEN.

Natürlich haben die Yogapraktizierenden, die diese Stufe in ihrem Leben erreicht haben, all ihre gesellschaftlichen und familiären Verpflichtungen erfüllt. Als Schüler haben sie sich nicht nur mit weltlichem Wissen beschäftigt, sondern sind auch mit dem rechten Verständnis über das wahre Ziel und den wahren Sinn des Lebens aufgewachsen. Sie haben einen Guru, der sie Yoga und Sadhana gelehrt hat. Sie verstehen die vier Schätze des Lebens – Dharma, Artha, Kama und Moksha. Deshalb wenden sie in ihrer Grihasthazeit, ihrem Familienleben, diese Lehre an, leben ein dharmisches Leben und erfüllen all ihre familiären und sozialen Pflichten, während sie ihr Hatha Yoga Sadhana fortführen, um gesund und ausgeglichen im Leben zu bleiben. Diese Menschen, die all ihre Pflichten erfüllt und Gleichmut gegenüber der Welt entwickelt haben, können sich in eine Einsiedelei oder einen Ashram zurückziehen, um ihre Praxis des Hatha Yoga unter der Führung ihres Gurus zu intensivieren, so wie es in der *Hatha Yoga Pradipika* beschrieben wird.

Auf der anderen Seite gibt es junge Menschen, die aufgrund ihres Entwicklungsstandes wissen, dass sie nicht durch die normalen Stufen des Lebens wie Grihastha (Familienleben) usw. zu gehen brauchen, und in ihrem Sadhana aufgehen. Sie wissen, dass sie kein Opfer und keine Marionette ihrer Emotionen und Sinne sind. Sie sehnen sich von ganzem Herzen nach Befreiung und wollen die Wahrheit wissen. Auch diese Menschen können sich zurückziehen.

Die Menschen, die so weit entwickelt sind, dass sie Stärke und Festigkeit des Geistes, Gleichmut der Welt gegenüber und Verlangen nach Freiheit erreicht haben, können sich zurückziehen und allein leben. In einer Einsiedelei zu leben bedeutet, allein für sich zu leben, um Sadhana zu machen. Sie werden feststellen, dass mit anderen zusammenzuleben immer eine Ablenkung darstellt, auch wenn es sich nur um einen einzigen anderen Menschen handelt.

Auch in diesem Falle müssen Sie Ihr Leben anpassen. Sie werden von Zeit und Tagesablauf gelenkt oder bestimmt sein und bei jeder Handlung den anderen berücksichtigen. Sie müssen sich fragen, ob Sie stören. Auch wenn die Beziehung harmonisch ist, bleibt eine leichte psychische Behinderung bestehen.

Allein zu leben hilft Ihnen dabei, Ihren Geist vollständig zurückzuziehen und auf Ihr Sadhana zu konzentrieren. Sie sollten dort leben, wo keine Katastrophen drohen, Sie also keine herabstürzende Steine oder Bäume, gefährliche Insekten oder Schlangen fürchten müssen, denn wenn Sie ständig an mögliche Katastrophen oder Bedrohungen denken, können Sie sich nicht auf Ihre Praxis konzentrieren. Das Ziel ist, die Unruhe des Geistes zu beseitigen.

Heutzutage und besonders in westlichen Ländern kann dieser Sloka so ausgelegt werden, dass Sie fern vom Lärm, der Verschmutzung und der ständigen Unruhe des Stadtlebens wohnen sollten, da diese sehr stark ablenken. Es handelt sich um etwas Praktisches und ist keineswegs geheimnisvoll oder mystisch.

Auch werden Sie in einem Land leben wollen, in dem Sie nicht aufgrund Ihrer Praxis verfolgt oder als Terrorist oder potentielle Gefahr angesehen werden. Es gibt Länder, in denen Sie kein Yoga praktizieren können, ohne eingesperrt zu werden. Wie können Sie an einem solchen Ort praktizieren? Ihr Geist würde sich ständig in einem Zustand der Angst befinden.

An diesem Punkt Ihres Lebens haben Sie aufgehört, in Ihrem Beruf oder Ihrem Gewerbe zu arbeiten. Deshalb sind Sie auf Almosen angewiesen. Sie werden Ihre Zeit nicht darauf verschwenden, zu kochen oder auf dem Markt einkaufen zu gehen. Um einkaufen zu gehen, brauchen Sie Geld und Arbeit usw. Es würde keine Zeit für die Art von Sadhana bleiben, wie sie in dieser Schrift beschrieben wird.

Wenn Sie darüber nachdenken, Almosen anzunehmen, scheint das vielleicht der sattvigen Ernährung zu widersprechen, die Swatmarama später beschreibt, weil Sie dann die Nahrung annehmen müssen, die Ihnen gegeben wird. Was hier jedoch vorausgesetzt wird, ist, dass Sie an einem Ort leben sollten, an dem von Seiten der Kultur bzw. Tradition gute Almosen leicht zu bekommen sind, da es für Sie nicht genügen würde, beliebige Almosen zu erhalten. Sie würden sicherlich nicht gerne die Reste von jemandem essen, der diese nicht einmal an seinen Hund verfüttern würde. Wenn Sie Ihre Pflichten ordnungsgemäß erfüllt haben, werden sehr wahrscheinlich ihre Familienangehörigen für Sie aufkommen, oder, wenn Sie ein Guru sind, werden sich Ihre spirituellen Schüler liebevoll und sorgfältig um Sie kümmern. Diese werden dafür sorgen, dass Sie das richtige Essen zur richtigen Zeit bekommen; dann müssen Sie nicht betteln. In Indien bringen die Menschen selbst heutzutage einem Sadhu, von dem sie wissen, dass er Tapas übt, etwas zu essen, damit er nicht betteln muss. Wenn Sie diese Details nicht beachten, werden Sie Ihr Leben und Ihre Zeit mit nichtigen Dingen verschwenden.

Einsiedelei – Beschreibung

13

DIE BESCHREIBUNG DER EINSIEDELEI DURCH DIE SIDDHAS LAUTET WIE FOLGT: EINE KLEINE TÜR ALS EINGANG UND KEINE FENSTER ODER ÖFFNUNGEN. SIE SOLLTE NICHT ZU GROSS UND NICHT ZU KLEIN SEIN. SIE SOLLTE TADELLOS SAUBER SEIN, MIT KUHDUNG EINGERIEBEN UND FREI VON TIEREN UND INSEKTEN. SIE SOLLTE EINE VERANDA HABEN, EINEN BRUNNEN UND VON EINER MAUER ODER EINEM ZAUN UMGEBEN SEIN. IHR ANBLICK SOLLTE ANGENEHM SEIN.

Alles, was hier erwähnt wird, hat einen praktischen Nutzen. Diese Anweisungen richten sich an die damalige Zeit und ärmere Länder, denen es am westlichen Wohlstand fehlt. Tatsächlich lebt immer noch die Mehrheit der Menschen auf diese Weise. Sie bauen mit Stroh gedeckte Häuser und verwenden Kuhdung und Lehm für die Wände. Um zu verhindern, dass sich Schmutz ansammelt, verwenden sie eine Mischung aus Kuhdung, Lehm und Wasser, mit der sie den Boden einreiben und die allen Staub bindet. Der Kuhdung wirkt darüber hinaus als Insektizid und verhindert den Befall von Insekten und Ameisen. Es handelt sich nicht um die Art Kuhdung, die man im Westen oder anderen wohlhabenden Ländern findet, in denen das Kuhfutter aus künstlichen Produkten mit tierischen Komponenten besteht. Diese machen den Dung giftig und geben ihm einen beißenden Geruch. In armen Ländern fressen die Kühe Gras, was dem Dung einen angenehmen Geruch verleiht. Nehmen Sie diesen Sloka trotz allem nicht wörtlich. Sie brauchen keinen Kuhdung aus Indien zu importieren, um das Gefühl zu bekommen, authentisch Yoga zu praktizieren.

Im Hinblick auf wohlhabendere Länder kann dieser Sloka so interpretiert werden, dass Sie an einem gefälligen und praktischen Ort leben sollten, an dem Sie ungestört sein können, mit einem schönen Teppichboden und Sichtschutz an den Fenstern. Der Grund, warum die Einsiedelei keine Fenster und keine Öffnungen haben sollte, ist, Ihren Geist davor zu bewahren, zu der permanenten Ablenkung des äußeren Geschehens abzuschweifen. Sie würden aus dem Fenster schauen, die Sonne bemerken, denken, wie schön das Wetter ist, und nach draußen gehen wollen, um es zu genießen.

Ihr Haus muss frei von Tieren und Insekten sein. Manche üben Yoga mit ihrer Katze oder ihrem Hund und denken, dass es so schön ist, wenn ihr Haustier Yoga mit ihnen macht! Katzen und Hunde machen aber kein Yoga. Sie lenken Sie nur von Ihrer Praxis ab.

Und natürlich brauchen Sie nicht hinauszugehen und Brunnenwasser zu trinken, wenn Sie schönes, fließendes Wasser haben! Alle Bequemlichkeiten der modernen Technik stehen Ihnen zur Verfügung. Daher sollte es keine Ausrede geben, Ihr Sadhana nicht zu machen.

Letztlich sollte der Anblick der Einsiedelei angenehm sein. Die Leute sollten sie nicht für einen gruseligen, spukenden Ort halten, in der eine zwielichtige Person fragwürdigen Praktiken nachgeht.

14

IN DIESER EINSIEDELEI LEBEND SOLLTE DER YOGI UNERSCHROCKEN YOGA PRAKTIZIEREN, SO WIE ES IHN SEIN GURU GELEHRT HAT.

Wenn Sie sich in Abgeschiedenheit befinden, nicht abgelenkt werden und der Geist nach innen gerichtet ist, kein Fernseher im Hintergrund läuft und keine Menschen da sind, die Sie stören, können Sie Ihr Sadhana so üben, wie Sie es von Ihrem Guru gelernt haben. Das bedeutet nicht, dass der Guru ständig da sein muss, um Sie zu unterrichten.

Mein Guru hat mir beispielsweise eine Unmenge an Musik beigebracht. Ich könnte den Rest meines Lebens damit verbringen, sie zu vervollkommnen. Als ich erst einmal die Grundlage hatte und alle Regeln und Übungen kannte, brauchte er nicht mehr ständig bei mir zu sein. Natürlich konnte ich ihn um

Rat bitten, wenn ich Fragen hatte. Der Guru ist erreichbar, wenn Sie Klärung benötigen.

Es ist äußerst wichtig, so zu üben, wie es Ihr Guru Sie gelehrt hat. Heutzutage, wenn Sie den Menschen etwas Asana und Pranayama beibringen, fehlt es ihnen an Vertrauen, genau das zu tun, was Sie sagen. Stattdessen wollen sie schon zu Beginn ihrer Praxis ihr eigenes Ding mit ihren eigenen Variationen machen, weil sie selber Guru sein möchten. Solche Menschen kommen nicht weit, weil es ihnen am nötigen Vertrauen in den Guru und die Weisheit fehlt, die hinter allem steckt, was er lehrt. Wenn Sie die Weisheit hinter seinen Lehren verstehen, haben Sie das Vertrauen, genau nach seinen Anweisungen zu praktizieren. Sie werden in dieser Praxis gefestigt, und dann, wenn die Dinge ins Fließen kommen und Sie die Praxis an irgendwelche Zwecke, Bedingungen oder Situationen anpassen müssen, ist es richtig und gut, sie abzuwandeln. Wenn Sie fortfahren, eine Weile nach den Anweisungen Ihres Gurus zu üben und Ihr Bewusstsein zu erheben, werden Sie tatsächlich feststellen, dass Ihre Asanapraxis schließlich ein Eigenleben bekommt und Sie spontan in verschiedene Stellungen fließen, die Ihren gegenwärtigen Bedürfnissen entsprechen. Deshalb sollten Sie sich in Ihrer Praxis an die Anweisungen Ihres Gurus halten. Wenn Sie sich entwickeln und Vollkommenheit erlangen möchten, dann müssen Sie den Regeln gemäß praktizieren, die auch der Meister verwendet und für diesen Prozess vervollkommnet hat.

Ein Yogi sollte für seine Praxis furchtlos und ruhigen Geistes sein. Abgeschieden und fern von den Menschen an einem sauberen Ort in einem gut regierten Land zu leben vermindert die Unruhe des Geistes. Insekten, Tiere und andere Ablenkungen sollten ausgeschlossen werden. Mit anderen Worten: Sie sollten in der Lage sein, mit gebündelter Intensität für den alleinigen Zweck der Befreiung zu praktizieren, um den höchsten Gipfel der Entwicklung zu erreichen. Und um mit dieser Intensität praktizieren zu können, müssen Sie einen Entwicklungsstand erreicht haben, auf dem Sie frei von Ängsten und unsteten Gedanken sind.

Sechs Ursachen für Misserfolg

15

DIE SECHS GRÜNDE FÜR MISSERFOLG IN YOGA SIND VÖLLEREI, ERSCHÖPFUNG, REDSELIGKEIT, FESTHALTEN AN REGELN, FALSCHE GESELLSCHAFT UND RUHELOSIGKEIT.

Das ist von äußerster Wichtigkeit. Wenn Sie feststellen, dass Sie mehrere Jahre praktizieren und keine Fortschritte machen, sollten Sie Ihre Praxis unter die Lupe nehmen und untersuchen, ob einer dieser Gründe auf Sie zutrifft.

Völlerei

Völlerei ist eines der größten Hindernisse, das sich den Menschen entgegenstellt. Es wurde Ihnen schon in ihrer Kindheit eingepflanzt, als sie Ihre ersten Erfahrungen mit undisziplinierter Ernährung gemacht haben. Die Menschen essen fortwährend, weil sie ihrem Überlebenstrieb folgen, einer Samskara, die sehr stark ist und uns von unserem niederen Tierdasein vererbt wurde. In unserer niederen Existenz mussten wir hart kämpfen, um etwas zu essen zu erlangen. Dennoch gehört es nicht zum Wesen niederer Arten, sich zu überessen. Sie essen einfach, wenn sie hungrig sind, und hören auf, wenn sie satt sind. Dennoch müssen sie sich ihre Nahrung schwer erkämpfen.

Wenn Sie die Ebene eines menschlichen Wesens erreichen, besitzen Sie einen Geist und einen Verstand, die dazu benutzt werden können, sehr viel Nahrung anzusammeln. Sie fühlen sich befreit und möchten das genießen. Problematisch wird es dann, wenn Sie mit dem Genießen fortfahren, wenn Sie bereits genug gehabt haben.

Meister Sivanadas erste Richtlinie im Bezug auf die Ernährung ist im Grunde sehr schlicht und treffend: Ernähren Sie sich mäßig und ausgewogen. Ernährung sollte niemals kompliziert sein. Er empfahl auch, nur dann zu essen, wenn man hungrig ist. Das Geheimnis guter Gesundheit ist, stets ein bisschen hungrig zu sein. Magenverstimmungen und Verstopfung resultieren aus schlechten Essgewohnheiten. Der Magen gleicht einem Ballon. Er erweitert sich, wenn Sie zu viel essen. Beim nächsten Essen müssen Sie denselben Raum wieder füllen. Sie werden feststellen, dass Sie nicht mehr so viel zu sich nehmen können, wenn Sie eine Zeitlang weniger gegessen oder gefastet haben, weil Ihr Magen geschrumpft ist.

Was geschieht, wenn Sie zu viel essen? Sie empfinden Trägheit. Tamas ist eines der größten Hindernisse im Sadhana, und zu viel essen ist eine der Hauptursachen dafür. Wenn Sie zu viel essen, blockieren Sie die Systeme des Körpers. Gifte sammeln sich an, alle Systeme werden überfordert und alle Organe gezwungen, übermäßig viel zu arbeiten, was dazu führt, dass die meiste Energie aus der Nahrung darauf verwendet werden muss, eben diese zu verdauen, aufzunehmen und die Abfälle zu entsorgen. Darum sagte Meister Sivananda, dass man sein Grab mit seinen Zähnen gräbt.

Der Körper braucht Nährstoffe. Wenn er jedoch bereits genährt ist, benötigt er keine weitere Nahrung. Dann scheidet er sie entweder aus oder speichert sie in Form von Fett. Im letzteren Falle braucht man noch zusätzliche Nahrung, um die Fettzellen zu ernähren. Auch Bodybuilder müssen mehr essen, um das „Mehr“ ihres Körpers zu erhalten. Sie machen es sich zur Gewohnheit, sechs bis achtmal täglich zu essen. Solche Menschen werden zu Sklaven ihres Körpers. Ihr Geist kreist die meiste Zeit um Nahrung, was keinem höheren Zwecke dient. Es ist eine Energieverschwendung, eine Verschwendung des Lebens und eine Verschwendung von Gottes Geschenk.

Durch schlechte Gewohnheiten, falsches Essen, falsches Verständnis und falsche Konditionierung bringt man sich selbst um. Wenn Sie maßvoll essen, fühlen Sie sich ganz leicht, und die Energie des Körpers kann für Sadhana benutzt werden. Überladen Sie Ihren Magen nicht, wenn Sie essen. Füllen Sie ihn teils mit Nahrung, teils mit Wasser und lassen Sie etwas Platz für Gott. Auf diese Weise werden Sie nicht unter Trägheit leiden.

Erschöpfung

Sie möchten ihre komplette Zeit mit Sadhana verbringen. Wenn Sie Ihren Körper zu stark erschöpfen, werden Sie müde und möchten schlafen. Sie werden keine Klarheit und Energie haben, Ihr Sadhana fortzuführen, welches jetzt, wo Sie als Yogi in Zurückgezogenheit und nach den Schriften leben, an erster Stelle in Ihrem Leben steht.

Manche gehen Yoga an, als würden sie eine energische Form der Gymnastik ausüben. Wenn sie mit einer Übungseinheit fertig sind, sind sie so erschöpft, dass sie schlafen möchten. In diesem Falle können Sie sehen, wie es die Regeln von Yoga verletzt. Das ist eine Ursache für mangelnden Erfolg auf dem Weg zur Erleuchtung.

So, wie wir Asana in einer Sampoorna-Yoga-Stunde machen, wird der Körper energetisiert. Meister Sivananda sagte in seinem Kommentar über Yoga, dass das Prana nach außen fließt, wenn man eine zu forsche Praxis betreibt. In der Asanapraxis im Sampoorna Yoga System werden Sie feststellen, dass das Prana nach innen fließt und die inneren Organe, das endokrine Drüsensystem, das Nervensystem und alle anderen Systeme des Körpers energetisiert und heilt. Nach einer Übungseinheit fühlen Sie sich energiegeladen und gestärkt, so dass Sie in Ihrem Sadhana fortfahren können.

Redseligkeit

Redseligkeit ist ein weiteres Hindernis und eine der schädlichsten Gewohnheiten der meisten Menschen. Meister Sivananda nannte diesen Zustand „sprachlichen Durchfall". Sie reden die ganze Zeit über – über was? Nichts. Sie klatschen bloß und reden Unsinn. Das zehrt an Ihrer Energie, beunruhigt Ihren Geist und hält seine Schwingung auf einem sehr oberflächlichen Niveau. Sie haben dann nicht die Festigkeit und Stärke des Geistes, in tiefere Ebenen der Selbsterforschung vorzudringen. Vermeiden Sie also langes, breites, oberflächliches und eitles Reden. Was ist mit dem Yogi, der in seiner Einsiedelei in Einsamkeit lebt? Kann er für sich alleine redselig sein? Ja, weil der Geist dann immer noch schwatzen kann. Diese Anweisungen gelten für jeden Menschen, auch wenn wir hier sagen, dass sie für den Yogi bestimmt sind. Es handelt sich um die Gesetze von Erfolg und Versagen.

Redseligkeit beinhaltet auch, alle möglichen Informationen anzusammeln, ständig alle möglichen Bücher, Zeitungen und Magazine zu lesen und ständig die Nachrichten zu verfolgen. Das alles ist Redseligkeit, weil es den Geist schwatzen lässt. Warum lebt der Yogi in Einsamkeit? Um nach den Anweisungen seines Gurus zu praktizieren. Er braucht also nicht so viele verschiedene Sachen zu lesen. Er verbringt seine Zeit damit, Yoga zu üben. Menschen jedoch, die es gewohnt sind, sich zu unterhalten und zu klatschen, selbst wenn sie alleine sind, verspüren das Bedürfnis, irgendetwas zu lesen, fernzusehen oder irgendetwas anzuhören. Das ist eine fortwährende Gewohnheit, den Geist abzulenken.

Festhalten an Regeln

Entscheiden Sie richtig und seien Sie flexibel, um die meiste Zeit Ihrem Sadhana zu widmen. Streichen Sie unnötige Rituale, mit denen die meisten Menschen ihre Zeit vergeuden. Zeit ist sehr kostbar und sollte nicht verschwendet werden.

Manchmal ist es notwendig, Regeln zu befolgen, manchmal nicht. Wenn ich morgens aufstehe, putze ich mir schnell die Zähne, wasche mein Gesicht und eile sofort zur Meditation, weil ich diese wertvolle Zeit nicht vergeuden will. Besonders dann, wenn Sie allein leben, brauchen Sie sich nicht an alle möglichen Regeln zu halten. Dann brauchen Sie nicht zu befürchten, dass Sie andere Menschen belästigen. Sie brauchen keinem Zeitplan zu folgen. Daher können Sie so lange meditieren, wie Sie möchten, und Mantras singen, so lang, so laut und wo Sie möchten. Sie brauchen nicht darüber nachzudenken, ob Sie womöglich andere Leute stören. Sie essen, wenn Sie hungrig sind, was bedeutet, dass Sie um 13 oder 14 Uhr frühstücken können. Es gibt wirklich keine Regeln. Sie fahren einfach weiter in Ihrem Sadhana fort. Tag und Nacht sind gleichbedeutend für Sie.

Swami Nada-Brahmananda erzählte mir, dass er in seinem Sadhana aufstand, wann er wollte, selbst wenn es mitten in der Nacht oder um 2 Uhr morgens war. Dann sang er, solange er wollte, ging wieder schlafen, stand wieder auf usw. Es gibt keine bestimmte Zeit für irgendetwas. Diese Regeln gelten nicht mehr für Sie. Sie hören auf, Dinge zu denken wie „Ich muss um 6 Uhr morgens zur Meditation aufstehen“ oder „Die Glocke läutet, und darum muss ich essen gehen“.

Unter Umständen werden Sie auch feststellen, dass Sie bestimmten Regeln und Konventionen bereits so lange gefolgt sind, dass Ihr Geist sehr eingefahren ist und kein Raum zum Erforschen und Entdecken neuer Dinge bleibt. Ich glaube, dass dies das Dilemma ist, dem der Mensch heutzutage gegenübersteht. Man liest ein Buch, das bestimmte Gedanken und Ideen enthält, und nimmt sie für bare Münze und macht sie sich zu eigen, ohne den Mut zu haben, sie zu hinterfragen oder etwas anderes darin zu erkennen, so, wie ein Samen, der gesetzt wird und wachsen soll. Jeder nimmt die Dinge durch seine eigene Konditionierung hindurch wahr. Nur deshalb, weil etwas in einem Buch steht oder jemand anderes es kommentiert hat, heißt das nicht zwangsläufig, dass es richtig oder maßgeblich ist. Genau das passierte mit den verschiedenen Kommentaren der *Hatha Yoga Pradipika*. Jeder kommentierte, indem er den Vorstellungen anderer Kommentatoren folgte, doch niemand hatte den Mut, es anders zu sehen.

Falsche Gesellschaft

Falsche Gesellschaft ist einer der Hauptgründe für Versagen. Als spiritueller Aspirant ist Ihr Weg sehr klar umrissen, und wenn Sie sich mit Menschen umgeben, die in Ihre Art der Disziplin verwickelt sind, ermutigt und inspiriert Sie das dazu, sich zu entwickeln. Wenn Sie jedoch mit Menschen umgeben sind, die nicht an ihrem Weg interessiert sind, wird Sie das nicht ermutigen und es wird Ihnen nicht helfen, und vielleicht kann es sogar Ihr Bewusstsein herabsetzen.

Wenn Sie beispielsweise mit sogenannten Intellektuellen verkehren, deren Guru vielleicht etwas anderes lehrt, als Sie praktizieren, kann es sein, dass Sie womöglich in einen Streit darüber geraten, was richtig und was falsch ist – ein nutzloses Unterfangen.

Ruhelosigkeit

Ruhelosigkeit, mit anderen Worten ein schwankender und abschweifender Geist, ist eine andere Falle. Was ist die Hauptursache für einen schwankenden Geist? Wünsche. Der Geist erzeugt Gedanken aufgrund von Wünschen. Wie kann man jenen wunschlosen Zustand erreichen? Zunächst dadurch, die Wünsche zu spiritualisieren, was ein Yogi dadurch tut, indem er nach Erleuchtung und Befreiung strebt.

Wünsche, die Selbstsucht, Gier oder Lust entspringen und nur dazu dienen, das Ego, das kleine Selbst, zu befriedigen, sind Wünsche, die Sie binden und negatives Karma erzeugen. Das versetzt den Geist in Unruhe.

So kann man sagen, dass die eigentlichen Gründe für Unruhe und Unstetigkeit des Geistes Lust, Gier, Hass, Eifersucht, Neid und Angst sind. Nach Macht, Reichtum, Rang und Namen zu lechzen wirbelt den Geist auf und beunruhigt ihn sehr. Der Lösung liegt darin, Ihre Wünsche zu spiritualisieren. Erlauben Sie Ihren Wünschen, sich auf das Höchste auszurichten, also auf Gott. Deshalb sagte der Heilige Kabir: „Loslösen und anhaften!“ Lösen Sie sich von der Welt und weltlichen Gedanken und haften Sie sich an Gott. Die

Loslösung von der Welt wird nur dann stattfinden, wenn Sie ihre Unvollkommenheit und ihre Vergänglichkeit erkennen.

Sadhana ist intensive Aktivität, intensive eigene Anstrengung. Ohne eigene Anstrengung wird gar nichts erreicht. In dem Maße, in dem Sie eigene Anstrengung aufbringen, werden Sie sich entwickeln, wachsen und verändern. Es ist kein passiver Zustand. Es ist kein Zustand, in dem Sie nichts tun, bloß herumsitzen und die ganze Zeit über faul und nutzlos sind. Die Leute fragen: „Wie lange dauert es, das Ziel zu erreichen?" Das ist eine unsinnige Frage. Der Erfolg hängt davon ab, wie viel Aufwand Sie hineinstecken, nicht davon, wie stark ein Guru Sie berührt. Das aber glauben die meisten Menschen. Wenn man sie berührt, erhalten sie Shaktipat und sind erleuchtet. Dabei wissen sie noch nicht einmal, was Shaktipat ist. Erfolg steht in direktem Verhältnis zur Arbeit, die Sie hineinstecken. Am wichtigsten jedoch ist, dass Sie von richtigen Anweisungen geführt werden müssen. Sie können jede Menge eigene Anstrengung aufbringen, doch wenn diese nicht in die richtige Richtung gelenkt wird, verschwenden Sie ihre Zeit und Energie. Es ist von großer Bedeutung, das zu verstehen.

Sie haben ein bestimmtes Ziel, das Sie erreichen möchten, doch anstatt das Ziel zu verfolgen, werden Sie von anderen Dingen abgelenkt, die Ihrem Geist seine Stärke und Konzentrationsfähigkeit nehmen. Darum empfahl Meister Sivananda, „am Ball bleiben" [engl.: stick-to-itiveness] zu praktizieren – bleiben Sie am Ball, bis das Ziel erreicht ist. Es gehört zum Wesen des Geistes zu zögern, ständig das auf morgen zu verschieben, was eigentlich heute erledigt werden müsste. Was auch immer Sie jetzt tun sollten, der Geist wird immer etwas anderes finden, was anstelle dessen getan werden könnte. Sie reden sich ein, dass Sie die erste Aufgabe später erledigen werden. Angenommen, Sie haben einen Monat Zeit dafür, sie zu erledigen. Wenn sich dieser Monat dem Ende zuneigt, ohne dass das Projekt abgeschlossen ist, entsteht in Ihrem Geist unverhältnismäßig viel Stress. Bei einer Aufgabe zu bleiben, stärkt Ihren Geist und Ihren Willen. Das sind Wege, den Geist zu disziplinieren.

Mangelnde Zufriedenheit und mangelnde Anerkennung der Geschenke und Segnungen, die Gott Ihnen gegeben hat, führen zu Ruhelosigkeit. Schätzen und genießen Sie, was Sie haben. Wenn Sie „innehalten und an den Rosen riechen", wird Ihre Unruhe schwinden.

Sechs Ursachen von Erfolg

16

DIE SECHS URSACHEN FÜR ERFOLG IM YOGA SIND BEGEISTERUNG, AUSDAUER, RECHTES URTEILSVERMÖGEN, UNERSCHÜTTERLICHER GLAUBE, MUT UND RICHTIGE GESELLSCHAFT.

Diese sechs Punkte beziehen sich nicht nur auf Yoga, sondern auf alle Vorhaben.

Begeisterung

Was müssen Sie als Praktizierender, spiritueller Schüler und Student als Erstes haben? Begeisterung. Wenn die nicht vorhanden ist, gleichen Sie einer Leiche. Stellen Sie sich einen Toten vor, der vor einem Lehrer sitzt; nichts wird von dem Lehrer fließen. Der Guru fragt dann: „Was willst du? Willst du einen Kaffee?" Sie geben ihm Kaffee, Kekse und Ihren Segen, und dann ist er auf und davon. Solche Leute sind höchstens für Kaffee, Kuchen und Segen zu begeistern. Menschen jedoch, die begeistert sind und den brennenden Wunsch haben, zu lernen und sich zu verändern, bewirken, dass das Wissen, das auf dem spirituellen Weg notwendig ist, vom Guru fließt. Sie sollten also begeistert sein. Das ermutigt und inspiriert den Lehrer, Sie zu unterrichten. Der Lehrer wird bemerken, dass Sie unbedingt lernen wollen. Das Gleiche gilt für alle anderen Bereiche. Nehmen Sie z. B. ein Kind. Wenn das Kind nicht begeistert ist, spielt es alleine mit seinem Spielzeug, während die Eltern ihre Arbeit erledigen, ohne ihm Beachtung zu schenken. In dem Augenblick jedoch, in dem das Kind begeistert aufspringt und seinen Eltern etwas zeigt und damit ein ernsthaftes Interesse zu lernen bekundet, sind die Eltern erfreut und verbringen den ganzen Tag mit dem Kind.

Manche Menschen erscheinen auf den ersten Blick begeistert, doch wenn Sie diese unterrichten, stellen Sie fest, dass Sie in Wirklichkeit nur Ihre Zeit vergeuden, weil sie nur gekommen sind, um unterhalten zu werden. Sie sind äußerst begeistert, aber nur, wenn es um Unterhaltung geht. Viele Menschen gehen zu Vorträgen mit einer vorgefertigten Fragenliste; sie stellen jedem Lehrer und jedem spirituellen Menschen die gleichen Fragen. Die Motivation, die dem zugrunde liegt, ist jedoch, den Lehrer und andere mit schön arrangierten Fragen zu beeindrucken. Sie verstehen die Antworten nicht wirklich und setzen sie nicht in die Praxis um, weil sie nicht ernstlich daran interessiert sind, etwas zu lernen. Daher ist wirkliche Begeisterung eine äußerst wichtige Eigenschaft für einen spirituellen Schüler.

Ausdauer

Sie müssen das, was Sie gelernt haben, in die Praxis umsetzen, und durchhalten, bis das Ziel erreicht ist. Was ist Praxis? Maharishi Patanjali stellt in einem seiner Sutras fest: „Praxis ist die wiederholte Anstrengung, den Disziplinen zu folgen, die einem ständige Kontrolle über die Gedankenwellen des Geistes geben." Mit anderen Worten ist Praxis die wiederholte, ununterbrochene Anstrengung, das zu meistern, was Sie gelernt haben.

Rechtes Urteilsvermögen

Auch rechtes Urteilsvermögen ist wichtig. Sie müssen die Fähigkeit kultivieren, richtig zu unterscheiden. Wissen Sie, wie viel Energie die Menschen in ihre Dummheit stecken? Wenn Sie mal Student waren, dann wissen Sie, wovon ich rede. Wie viel Schnäpse schaffen Sie zu trinken? Wie viele Hotdogs und Hamburger können Sie auf einmal essen? Wie viele Zigaretten können Sie rauchen? Wie lange können Sie inhalieren? Wie lang können Sie Sex haben? Wie viele Sexpartner können Sie haben? Diese Liste ist endlos lang. Stellen Sie sich die Energie vor, die für diese unsinnigen Dinge vergeudet wird. Die Menschen versuchen tatsächlich, diese Dinge zu meistern! Sie sollten also rechtes Urteilsvermögen haben. Ohne rechtes Urteilsvermögen verschwenden Sie bloß Ihr Leben mit sinnlosem Tun.

Das Gleiche gilt für alles andere auch, selbst für Singen und Musik. Sie können Musik spielen – doch welche Musik wählen Sie sich zum Spielen aus? Sie können sehr viel Arbeit in Musik investieren, die Sie herunterzieht. Das erhebt Ihr Bewusstsein nicht. Schauen Sie sich einen Konzertpianisten, Gitarristen oder Popkünstler an. Es bedarf so viel Energie, das zu tun, was sie tun. Doch wo führt sie das hin? Zu Reichtum, Berühmtheit, Vermögen, Egoismus usw. Es führt sie nicht zur Erleuchtung. Ich sage nicht, dass das generell schlecht ist. Durch das, was sie erreichen, erlernen sie möglicherweise wichtige Eigenschaften, die auf dem Weg zur Erleuchtung nötig sind wie z. B. die Disziplin, zu üben, Anstrengung, Ausdauer und Konzentration. An einem bestimmten Punkt ist es jedoch notwendig, die Reise fortzusetzen; anderenfalls bleiben Sie stecken oder Sie erniedrigen Ihr Bewusstsein sogar. Das gilt sogar für Asanas. Manche Menschen verbringen ihr ganzes Leben damit, Asanas zu üben, ohne über den körperlichen Aspekt der Praxis hinauszukommen. In diesem Falle sind sie vom Yogaweg abgewichen.

Unerschütterliches Vertrauen

Sie müssen unerschütterliches Vertrauen haben. In was? In die Lehren Ihres Gurus und die Schriften. Die Menschen haben unerschütterliches Vertrauen in so viele verschiedene Dinge. Sie fahren fort, das zu tun, worin Sie unerschütterliches Vertrauen haben, weil Sie genau davon begeistert sind. Wenn Sie kein unerschütterliches Vertrauen haben, werden Sie auch keine wirkliche Begeisterung empfinden. Ohne Begeisterung halten Sie nicht lange genug durch, um etwas zu erreichen. Wenn Ihr Interesse nur halbherzig ist und Sie denken: „Och, mal sehen, wie das wirkt, und dann …“, dann lassen Sie es dabei.

Mut

Ohne Mut fehlt es Ihnen an der Kühnheit, die Sie benötigen, um durchzuhalten, weil Sie dann einfach aufgeben, sobald Sie auf ein Hindernis, eine schwierige Zeit oder einen Zweifel stoßen, und den einfachen Ausweg nehmen. Sie haben dann nicht den Mut weiterzumachen. Sobald Ihr Körper ein wenig schmerzt, geben Sie auf. Dennoch halten die Menschen in so vielen Dingen durch, die sehr hinunterziehend und zerstörerisch sind. Manche schnupfen Kokain, obwohl sie wissen, dass es das Gehirn zerstört. Wenn Sie jedoch dieselben Leute fragen, ob sie nicht ein wenig Yoga machen wollen, fürchten sie, sie könnten sich einen Muskel zerren oder sogar sterben. Die Menschen studieren alle Nebenwirkungen des Yoga.Daraus schließen sie, dass es einfach sein muss, Yoga zu praktizieren. Sie üben jahrelang Yoga, doch sie machen keine Fortschritte. Sie verwenden Begriffe wie „Gewaltlosigkeit“ und rechtfertigen sich damit, Gewaltlosigkeit in ihrem Yoga zu praktizieren. Sie gehen nie über das hinaus, was sich bequem anfühlt, weil es ihnen an Mut fehlt, die Grenzen zu überschreiten, die sie sich selbst gesetzt haben. Das hemmt ihr Wachstum auf allen Ebenen.

Sie müssen den Mut haben, wirklich zu erforschen. Spirituelle Praxis ist die Erforschung des Unbekannten; die Erforschung dessen, was Sie nicht kennen, nicht sehen, nicht hören usw. Dennoch haben Sie das Vertrauen und den Wunsch, sich zu verbessern und sich von allen Abhängigkeiten, Konditionierungen und Begrenzungen zu befreien. Und dann sehen Sie jemanden, der das getan hat und den Weg kennt, und daher haben Sie unerschütterliches Vertrauen in Ihren Guru, die Schriften und alle Rishis, die Ihnen vom Glanz der Gottverwirklichung und der Kontrolle über Geist, Sinne, Emotionen usw. berichten. Sie müssen jedoch mutig sein.

Ich erfuhr in meiner Praxis viele merkwürdige Dinge, z. B. das Gefühl, dass meine Hand gelähmt war. Da ich aber vom Weg des Yoga überzeugt war, hatte ich den Mut weiterzumachen. Ich hatte einen Nerv eingeklemmt, doch wusste ich das damals nicht. Ich rate Ihnen nicht, die Warnsignale Ihres Körpers zu ignorieren. Doch in dem Moment, als ich das erlebte, war es mir egal, ob ich sterben würde, während ich Yoga übte. Die Menschen sterben an so vielen Dingen, einschließlich der Einnahme solcher Drogen wie Kokain, Angel Dust, Ecstasy usw., obgleich sie die negativen Folgen davon sehen. Ungeachtet der Tatsache, dass sie sehen, dass andere Menschen am Drogenkonsum sterben, sind sie davon überzeugt, dass sie selbst eine Ausnahme sind. Das ist blanker Unsinn! Andererseits haben Sie noch nie jemanden gesehen, der beim Yogaüben tot umgefallen ist!

Die Körper mancher Menschen sind so vergiftet, dass jede Bewegung Muskelkrämpfe auslöst. Warum sollte das beim Yoga anders sein? Sobald sie eine Bewegung machen und etwas anderes als Frieden fühlen, schieben sie die Schuld auf die Yogapraxis. Es liegt nicht an der Yogapraxis! Es ist die Verfassung ihres Körpers. Sie sollten also mutig sein.

Richtige Gesellschaft

Vermeiden Sie die Gesellschaft gewöhnlicher Menschen. Das bedeutet: Vermeiden Sie falsche und suchen Sie richtige Gesellschaft! Wir haben das bereits im letzten Sloka besprochen. Die Gesellschaft muss mit dem Weg, dem Sie folgen, in Einklang stehen. Das gilt auch für die Bücher, die Sie lesen, die Filme, die Sie sehen, die Musik, die Sie hören usw. Das alles ist Gesellschaft. Wenn Sie diese Dinge genau untersuchen, können Sie sehen, wie wichtig das für Erfolg in Ihrem Leben und in Ihrem Sadhana ist.

Zusammenfassend lässt sich sagen:

Für den spirituellen Aspiranten bedeutet richtige Gesellschaft, mit Wahrheits- bzw. Gottsuchern zusammen zu sein. Das fördert richtiges Urteilsvermögen und bringt Sie dazu, das wahre Ziel des Lebens, die Erleuchtung, anzustreben. Eine derart edle Zielsetzung führt Sie auf mystische Weise zu Ihrem Guru. Anfangs werden Sie sich allerdings fragen, ob der Guru, dem Sie folgen, der richtige für Sie ist und ob er fähig ist, Sie zu Ihrem Ziel zu führen. Hier hilft Ihnen das rechte Urteilsvermögen. Sie haben unerschütterliches Vertrauen in Ihren Guru und seine Lehren, wenn Sie davon überzeugt sind, dass diese mit denen der Schriften und Meister übereinstimmen, wenn sie logisch und vernünftig sind, wenn er selbst das lebt, was er lehrt, und wenn Sie die positiven Auswirkungen seiner Praxis in seinem Leben erkennen können. Dieses unerschütterliche Vertrauen ist äußerst wichtig, damit Sie begeistert in Ihrem Sadhana fortfahren. Wenn Sie das tun, tauchen zweifellos viele Hindernisse auf, die überwunden werden müssen, da der spirituelle Weg mit unzähligen Straßensperren versehen ist. Die wichtigsten Hindernisse sind die oben erläuterten sechs Gründe für Misserfolg, vor denen Sie sich gut schützen sollten. Familienmitglieder und alte Freunde, die ein weltliches Leben führen und nicht die Befreiung anstreben, werden zweifellos versuchen, Sie zu entmutigen und Ihr Vertrauen zu brechen unter dem Vorwand, sich um Sie und Ihr Wohlergehen zu sorgen. Dann beweist Ihr rechtes Urteilsvermögen, dass es Ihr wahrer Freund ist. Sie werden aus tiefstem Herzen wissen, dass die Lehren und Weisungen Ihres Gurus richtig sind. Das schenkt Ihnen den Mut, Ihr Sadhana zu verfolgen, bis das Ziel erreicht ist.

Yamas

17

DIE ZEHN YAMAS DES HATHA YOGA LAUTEN: GEWALTLOSIGKEIT, WAHRHAFTIGKEIT, NICHTSTEHLEN, MÄSSIGUNG, VERGEBUNG, AUSDAUER, MITGEFÜHL, DEMUT, MASSVOLLE ERNÄHRUNG UND REINHEIT.

Im Hatha Yoga gibt es zehn Yamas, Regeln des moralischen Umgangs, und zehn Niyamas, ethische Grundsätze, während es im Raja Yoga fünf Yamas und fünf Niyamas gibt. Hier sind sie genauer aufgeschlüsselt, so dass Sie Ihr Verständnis vertiefen können. Die fünf Yamas und Niyamas im System des Raja Yoga sind nicht unzulänglich, weil sie weniger sind. Sie sind vielmehr stärker komprimiert.

Die fünf Yamas im Raja Yoga lauten: Gewaltlosigkeit, Wahrhaftigkeit, Nichtstehlen, Nichtbegehren und sexuelle Reinheit.

Gewaltlosigkeit und Wahrhaftigkeit

Auf einer höheren Ebene des Verständnisses bedeutet Gewaltlosigkeit, keinem anderen Wesen in Gedanken, Worten und Taten Schaden zuzufügen. Ehrlichkeit bedeutet, unter keinen Umständen zu lügen. Wann sollten Sie die Wahrheit sprechen, wenn Sie niemanden mit Worten verletzen sollen? Wenn Sie wissen, dass es jemanden verletzen würde, wenn Sie die Wahrheit aussprächen, schweigen Sie einfach. Wenn zum Beispiel ein Mörder auf der Jagd nach jemandem in Ihr Haus kommt, der sich in Ihrem Schrank versteckt, und der Mörder Sie dann fragt, wo derjenige ist, sollten Sie ihm nicht die Wahrheit sagen, weil er ihn dann umbringen würde. In diesem Falle sollten Sie schweigen. Wenn Sie jemanden wissentlich mit der Wahrheit zu verletzen versuchen, üben Sie Gewalt aus. Das bedeutet aber nicht, dass Sie niemals die Wahrheit sagen sollten, wenn Sie wissen, dass Gefühle von jemandem verletzt sein werden. Ein Guru beispielsweise handelt so geradeheraus wie möglich, weil er versucht, seine Schüler zu lehren, auch wenn das ihr Ego trifft. Manchmal reagieren die Schüler emotional darauf, doch müssen sie die Wahrheit erkennen und der Wirklichkeit ins Gesicht blicken. Das fällt nicht unter „jemanden mit Worten verletzen". In Wirklichkeit hilft der Guru den Schülern.

Nichtstehlen

Nichtstehlen bedeutet, nicht das zu begehren, was andere Leute haben, und nicht das zu nehmen, was Ihnen nicht gehört. Im weiteren Sinne lässt die Tatsache, dass Sie mehr haben, als Sie brauchen, darauf schließen, dass Sie den Rest der Menschheit berauben.

Mäßigung

Zurückhaltung oder Brahmacharya ist Mäßigkeit in allen sinnlichen Vergnügen, nicht bloß sexuelle Enthaltsamkeit. Um zu überleben, ist es nicht nötig, in sexuellem Vergnügen zu schwelgen. Stattdessen kann diese Energie umgewandelt und dazu benutzt werden, Ihre Entwicklung zu beschleunigen.

Yoga ist ein Mittel, Sie zu dem Punkt der Transzendenz zu führen, an dem Sie das Göttliche Selbst direkt erfahren können. Diesen erreichen Sie, wenn Ihr Geist ruhig, fest und friedlich wie ein See ist. Wir benötigen unsere Sinne, um in dieser Welt zu funktionieren; darum hat Gott sie uns gegeben. Die Sinne helfen uns dabei, effizient zu sein, wenn sie richtig arbeiten. Wenn diese Sinne jedoch übermäßig angeregt werden, wird der Geist geschwächt und zerstückelt. Der Geist bewegt sich durch die Sinne nach außen, und deshalb wird er umso zerstückelter und schwächer, je stärker die Sinne stimuliert werden. Darum ist Brahmacharya in Wirklichkeit die Disziplinierung der Sinne. Es ist nicht bloß die Einschränkung sexueller Aktivität. Weil viele Menschen diesen Zusammenhang missverstehen, denken sie, dass Brahmacharya lediglich die Unterdrückung sexueller Aktivität sei. Dann schwelgen sie in anderen sinnlichen Vergnügungen, sie essen beispielsweise zu viel, was ebenfalls ihre Energie verbraucht und viele gesundheitliche Probleme nach sich zieht. Dadurch, dass Sie ein diszipliniertes Leben führen, können Sie sich guter Gesundheit und eines friedvollen Geistes erfreuen.

Lassen Sie uns nun die sexuelle Aktivität untersuchen. Sie werden nicht sterben, wenn Sie keinen Sex haben, weil Sie ihn zum Überleben nicht brauchen. Sie können diese Energie also bewahren und für Ihr Sadhana einsetzen. In vielen religiösen Vereinigungen ist die Einhaltung des Zölibats eine Regel, die eingehalten werden muss. Häufig werden die Menschen, die solchen Regeln folgen, nicht über den Grund des Zölibats und darüber, wie sie die Energie auf ihr Sadhana umlenken können, aufgeklärt. Sie wissen lediglich, dass es sich um ein Gesetz oder eine Regel dieser religiösen Vereinigung handelt. Im Yoga unterdrückt man sexuelle Aktivität nicht. Sie lernen, Sexualität umzuwandeln oder sich maßvoll in ihr zu betätigen. Wenn Sie Ihre Sexualität nicht ausdrücken und auch nicht wissen, wie Sie diese umwandeln können, ist es sehr wahrscheinlich, dass Sie unter vielerlei Schwierigkeiten wie Stress, Ängsten und emotionaler Verwirrung leiden werden.

Sie sind es, der oder die Ihren Geist unter Kontrolle bringen möchte; es wurde Ihnen nicht von außen aufgezwungen. Sie stellen fest, dass Ihr Geist und Ihre Gefühle Sie beherrschen und verrückt machen. Trotzdem wissen Sie, dass Sie zu mehr fähig sind. Deshalb suchen Sie Wege, die Kontrolle über Ihren Geist zu erlangen.

Wenn Sie Yoga studieren und praktizieren, halten Sie das Zölibat ein. Das beschränkt sich jedoch nicht auf Yoga. Wenn z. B. ein Boxer die Weltmeisterschaft im Boxen gewinnen möchte, weisen ihn seine Trainer an, ein diszipliniertes Leben zu führen, zu trainieren und während des Trainings für gewisse Zeit von sexueller Aktivität Abstand zu nehmen. Warum sollte ein Boxer dazu angehalten werden, keinen Sex zu haben? Wenn Sex nicht sein Durchhaltevermögen und seine Konzentration beeinträchtigen würde, würden seine Trainer ihm nicht diese Anweisung geben. Der Boxer, der gewinnen will, beachtet diese Regeln. Das Gleiche gilt im Yoga. Alle Meister sagen Ihnen, dass es bestimmte Regeln und Gesetze gibt, denen Sie folgen müssen, wenn Sie die Kontrolle über Ihren Geist erlangen und den transzendentalen Zustand erreichen wollen. Mäßigkeit in sexuellem Vergnügen ist eine dieser Regeln. Es ist nicht so, dass sie irgendetwas gegen Sex hätten, doch sie wissen, dass Sie durch Sex Ihre Energie unnötig vergeuden.

Wie wird Ihre Energie durch sexuelle Aktivität verschwendet? – Wenn beispielsweise zwei Menschen Sex miteinander haben und ihn genießen, was passiert dann? Sie beginnen, aneinander zu hängen, besonders derjenige, der mehr genießt. Möglicherweise entsteht der Wunsch, den anderen zu besitzen. Wenn die andere Person ein niedereres Bewusstsein besitzt, wird sie versuchen, Sie auf ihre Stufe herabzuziehen, um sich wohl zu fühlen. Nur sehr selten wird die andere Person versuchen, sich auf Ihre Bewusstseinsebene zu erheben. Sie sehen also, dass Sie nicht nur körperlich, sondern auch emotional und mit Ihrem Bewusstsein selbst involviert werden. Als Resultat erzeugt der sexuelle Akt Störungen in Ihrem Geist.

Im Gegensatz dazu können zwei Yogis, die sich auf der gleichen Bewusstseinsstufe befinden, Sex genießen, weil er in diesem Falle nicht mit Anhaftung und emotionaler Verwicklung verbunden ist. Wenn Sie etwas genießen möchten und es ohne irgendein Trauma oder irgendeine Anhaftung machen, führt das nicht zu einer Abhängigkeit. Sie sehen es als das, was es ist. Sie genießen es, doch Sie verhaften sich nicht daran. Wenn Sie es morgen nicht kriegen, werden Sie sich nicht danach sehnen. Somit verschwenden Sie Ihre Energie nicht. In dem obigen Bespiel würden die Yogis tantrisches Yoga praktizieren, was noch ausführlicher im dritten Kapitel unter dem Begriff „Vajroli Mudra" besprochen werden wird. Um diese Stufe zu erreichen, muss man jedoch die Yamas und Niyamas einhalten und eine hohe Bewusstseinsstufe erreicht haben.

Aus einer anderen Perspektive betrachtet wird die Nahrung, die Sie zu sich nehmen, verdaut und verarbeitet, um die Dhatus, unterschiedliche Zellen Ihres Körpers, zu bilden. Es gibt Rasa (Plasma-), Rakta (Blut-), Mamsa (Muskel-), Meda (Fett-), Asti (Knochen-), Majja (Mark- und Nerven-) und Shukra und Artav (Keimzellen). Die Nahrung wird zunächst in Plasma, dann weiter in Blut umgewandelt usw., bis sie schließlich zu Shukra Dhatu oder den Keimzellen wird, welche die subtilste Essenz der Nahrungsverdauung sind. Meister Sivananda, der Arzt und ein großer spiritueller Meister war, hat gesagt, dass es ungefähr 13 Tage braucht, bis genug Nahrung destilliert und in der feinsten Essenz gespeichert ist, um das Gefäß der sexuellen Energie zu füllen. Deshalb verspüren Menschen, die sich nicht exzessiv sexuell betätigen, zu einem gewissen Zeitpunkt im Monat plötzlich sexuelle Bedürfnisse. Wenn das geschieht, wollen sie mit ihrem Partner zusammen sein. Wenn Sie diese sexuelle Energie ausdrücken, wird das Gefäß sozusagen geleert und der Körper beginnt aufs Neue, Shukra Dhatu zu erzeugen. Dieser Kreislauf setzt sich während Ihres gesamten Lebens als gewöhnlicher Mensch fort. Sie werden erwachsen, werden alt und sterben.

Die Yogis haben herausgefunden, dass Shukra Dhatu nicht zwangsläufig das Endprodukt der Energie sein muss, sondern dass er in Ojas Shakti (geistige Energie), Tejas (inneren Glanz) und Prana (Lebensenergie) umgewandelt werden kann. Wenn diese sexuelle Energie destilliert wird, wird sie zu geistiger Energie, was bedeutet, dass dann Ihr Geist sehr fruchtbar wird. Ihr Gedächtnis verbessert sich und Sie erleben größere Ruhe. Wenn Sie andererseits Menschen beobachten, die sich sehr ausgiebig sexueller Aktivität hingeben, werden Sie feststellen, dass diese für gewöhnlich sehr unruhig sind. Es erschöpft ihre Energie und zerstreut ihren Geist. Ihre Aufmerksamkeit ist auf etwas anderes gerichtet. Wenn diese Energie umgewandelt wird, wird sie zu Ojas Shakti und Tejas. Sie können tatsächlich das Leuchten im Gesicht des oder der Betreffenden sehen. Er oder sie wird ein gewisses Strahlen bekommen. Das Prana, welches die eigentliche Lebensenergie darstellt, wird zusätzlich gestärkt und vermehrt. Deshalb besitzen diese Menschen pranische Kraft und geistige Klarheit.

Wenn Sie in einem Ashram leben, ist die Enthaltung von sexueller Aktivität nicht der einzige Grund dafür, dass sich ihre Energie vermehrt. Der Geist befindet sich in einem Zustand von Sattva, weil Sie sich in positiven Dingen betätigen und positive Gedanken hegen. Sie nehmen sattvige Nahrung zu sich, die sexuelle Gedanken und Hormone erst gar nicht anregt. Dadurch wird eine andere Ebene bezüglich Ihrer Denk- und Geisteskraft, Ihres Verhaltens und Handelns für Sie erfahrbar. Sie können selbst feststellen, wie sich Ihre Energie vermehrt.

Ich meine damit jedoch nicht, dass Sie niemals Sex haben sollten, insbesondere dann, wenn Sie verheiratet sind. Betrachten Sie das Ganze nicht als ein Problem, da es sonst nur zur Unterdrückung dieser Energie führt. Wenn Sie verheiratet sind und spüren, dass Sie Ihrer Liebe Ausdruck verleihen möchten, hat Sex nichts Mechanisches. Er ist dann ein Ausdruck Ihrer Liebe. Auf diese Weise zum Ausdruck gebracht, ist Sex etwas sehr Schönes und Erfüllendes. Sie werden sogar feststellen, dass Sie sehr viel Energie dadurch erhalten, wenn er mit dem richtigen Verständnis und als Ausdruck der Liebe durchgeführt wird. Trotzdem werden Sie feststellen, dass Ihr Bedürfnis, Ihre Liebe sinnlich auszudrücken, immer stärker schwindet, wenn Sie in Ihrem Sadhana fortfahren. Tatsächlich findet Sex oft nur aufgrund der Macht der Gewohnheit statt. Sie denken beispielsweise, dass Ihr Partner heute Abend Sex haben möchte, und darum verführen Sie ihn. Gleichzeitig denkt Ihr Partner wahrscheinlich, dass Sie selbst Sex haben möchten. Wenn zwischen Ihnen Offenheit, Ehrlichkeit und Verständigung herrschen, können Sie Ihre vorhandenen oder nicht vorhandenen Sehnsüchte direkt aussprechen. Dann werden Sie entdecken, dass es schöner und erfüllender ist, einfach so beieinander zu sein.

In einer Ehe sollte es beiden Partnern gleich wichtig sein, zum Wohlergehen und zum Glück des anderen beizutragen. Wenn das der Fall ist, herrscht Freude. Und wenn Sie beide spüren, dass Sie Ihre Liebe sexuell zum Ausdruck bringen möchten, so tun Sie dies ohne Zurückhaltung oder Hemmung. Wenn Sie feststellen, dass Ihr Partner oder Ihre Partnerin Schwierigkeiten in Form von Abhängigkeit bekommt, versuchen Sie ihm oder ihr zu helfen. In jeder Form der sinnlichen Aktivität besteht aufgrund der Lustverbundenheit die Gefahr, abhängig zu werden. Lust kann abhängig machen. Darum können Sie ihm oder ihr durch Liebe und Verständnis helfen. Helfen Sie ihm oder ihr zu verstehen, dass es etwas Höheres gibt.

Es gibt in der Gesellschaft bestimmte Dinge, die gewisse Wünsche oder Gelüste anfachen können. Deshalb ist Satsanga, richtige Gesellschaft, wichtig. Wenn Sie sich in Gesellschaft von Menschen befinden, die Sie nicht zu sexueller Aktivität anspornen und Sie nicht dazu bringen, daran zu denken, dann werden Ihre Geschlechtsdrüsen und sexuellen Gedanken nicht aktiviert. In Wirklichkeit besteht Sex aus Gedanken. Wenn Ihr Geist nicht darauf ausgerichtet ist, dann wird er ihn auch nicht anregen. Nahrungsmittel und Ernährung spielen ebenfalls eine wichtige Rolle. Essen Sie mäßig und meiden Sie es, erregende Nahrungsmittel wie Knoblauch, Zwiebeln und Gewürze zu sich zu nehmen. Auch sollten Sie keine Nahrungsmittel essen, die als Aphrodisiaka bekannt sind und die sexuelle Aktivität anregen.

Auch wenn einige Schriften und Meister Sie ermahnen, dass Sie Frauen völlig meiden und sie nicht einmal ansehen sollten, ist das Unwissenheit und eine sehr negative Denkweise. Sehen Sie Frauen als göttlich an, als wären sie Ihre Mutter oder Ihre Schwester. Frauen sind eine Verkörperung der Göttlichkeit. Sie personifizieren Schönheit, Sanftheit, Weichheit, Liebe, Mitgefühl und die Essenz der Dinge. Wenn Sie jede Frau mit sexuellen Gedanken ansehen, dann liegt das Problem bei Ihnen, nicht bei den Frauen. Versuchen Sie, diese göttliche Sichtweise zu kultivieren. Göttlichkeit steckt in jedem Aspekt der Schöpfung. Von alters her waren Gurus und Rishis verheiratet. Die Beziehung zu ihrer Frau war einfach die Verkörperung ihrer anderen Hälfte. Sie waren ohne den anderen nicht vollständig. Sie sehen das an Vishnu und Lakshmi, Shiva und Shakti und Brahma und Saraswati. Überall herrscht diese Beziehung. Es gibt nicht das Eine ohne das Andere. Jeder Aspekt der Natur spiegelt diese Beziehung zwischen dem Weiblichen und Männlichen wider. Der weibliche Aspekt ist Schönheit, Weichheit und die Essenz der Dinge.

Manche suchen ständig ihre andere Hälfte, um vollständig zu sein, und es geht ihnen schlecht, weil sie diese nicht finden können. Das kommt daher, dass sie den Sinn der anderen Hälfte nicht verstehen oder kennen. Die Beziehung zu einer anderen Person kann Ihnen dabei helfen, Ihren wirklichen Liebsten zu erreichen – Gott, Ihr wahres Selbst. Im Yoga sagen wir, dass Shakti von Shiva getrennt ist. Aufgrund dieser Trennung fühlen wir uns leer, fehlerhaft und nicht vollständig. Darum suchen wir diese Ganzheit und Vollständigkeit in Beziehungen. Durch rechtes Verständnis und eine gute Beziehung können Sie die Göttlichkeit und Vollständigkeit erfahren.

Wenn Sie nun etwas von einer höheren Ebene der Vollständigkeit erfahren, fehlt es Ihnen an nichts. Sie brauchen keine Beziehungen. Sie brauchen keine Dinge. Sie brauchen keine spirituellen Schüler. Sie brauchen nichts. In diesem Falle werden Sie ganz alleine Ihre Sinne mäßigen.

Vergebung

Das nächste Yama, Vergebung, kommt ist Spiel, wenn Sie der Meinung sind, dass jemand Sie falsch behandelt hat und Sie Groll oder Hass gegen ihn hegen oder sich an ihm rächen wollen. All das resultiert aus der Unfähigkeit zu vergeben. Dadurch, dass Sie diese Dinge nicht loslassen und an ihnen festhalten, erzeugen Sie nur noch mehr Gift, Krankheit und Unruhe in Ihrem eigenen Geist. In Wirklichkeit machen Sie nichts mit dem anderen Menschen. Dieser ist schon lange fort und hat Sie mit Ihrem Trauma und Gift zurückgelassen. Sie quälen sich nur selbst. Warum vergeben Sie also nicht einfach?

Ausdauer

Ausdauer ist wesentlich auf dem spirituellen Weg. Haben Sie einmal den Beschluss gefasst, Sadhana zu machen, ist dafür eine Menge Ausdauer erforderlich. Manche Leute geben auf, sobald es ein bisschen ungemütlich wird. Wenn Sie damit beginnen, Sadhana wie Asana und Pranayama zu machen, fangen Sie an, Ihren Körper zu reinigen, und es könnte sein, dass Sie eine Menge Schmerz und Unwohlsein zu spüren kriegen. Erinnern Sie sich, dass es ein Prozess ist, Ihre nach außen gerichtete Natur und Ihrer Undiszipliniertheit umzukehren. Das braucht Energie, Stärke, Mut und Aufwand. Geben Sie nicht auf.

Mitgefühl

Mitgefühl ist notwendig. Wenn Sie kein Mitgefühl haben, werden Sie ständig irritiert sein. Vielleicht sehen Sie, wie jemand leidet, und Sie wenden den Blick ab oder gehen einen anderen Weg. Alles, was Sie in die Welt hinausschicken, kehrt zum Lernen zu Ihnen zurück. Wenn Sie versuchen, diese Eigenschaften in sich zu kultivieren, hilft das dabei, Ihren eigenen Geist zu reinigen und Sie von Hass, Eifersucht, Neid usw. zu befreien.

Demut

Demut ist ein weiteres Gelübde. Wenn Sie keine Demut haben, dann haben Sie auch kein Mitgefühl. Sie fühlen sich größer als alle anderen und sind nicht tolerant oder mitfühlend. Demut ist notwendig, um Ihr Ego zu vermindern. Wenn Sie keine Demut haben, wird Ihr Ego immer größer. Demut ist ein Maß für die Bereitschaft zu höherer Entwicklung. Demut löst den Kokon der negativen Konditionierung auf und macht Sie bereit und empfänglich, so dass der Guru sein Wissen in Sie gießen kann.

Maßvolle Ernährung

Maßvolle Ernährung ist eine der Grundregeln des Erfolgs. Maßvolle Ernährung bedeutet, dass Sie Ihren Magen nicht überladen und zu viel essen sollten. Zuviel zu essen belastet das Verdauungssystem und behindert Verdauung, Nährstoffaufnahme und Ausscheidung. Das erzeugt eine Menge Giftstoffe in Ihrem Körper, die wiederum stark zum Unwohlsein beitragen. Letztendlich werden Sie nicht in der Lage sein, zu meditieren oder Sadhana zu machen.

Reinheit

Reinheit bezieht sich auf Gedanken, Worte und Taten. Reinheit steht direkt neben Göttlichkeit. Sie hilft Ihnen, den Zustand von Sattva in Ihrem Geist und in Ihrer Persönlichkeit zu festigen. Jemand, der sich nicht wäscht, badet oder seine Zähne putzt, wird zu einer Plage für die Gesellschaft. Wenn Sie so zum Satsang kommen, werden alle Menschen fortlaufen, weil Sie sie stören und ablenken. Selbst äußerliche Reinheit ist eine Praxis, die dabei hilft, sich in Richtung Sattva, den Zustand der Reinheit, zu bewegen. Das schließt den Verzicht auf Parfums, Haarspray oder Deodorants ein, die den Geruchssinn der anderen stören, insbesondere den der Yogis und Gurus, die sehr geruchsempfindlich sind.

Die Yamas gleichen Vorsätzen, die Sie treffen. Sie möchten diese Eigenschaften verkörpern. Streben Sie an, wahrhaftig und gewaltlos zu sein und diese Eigenschaften in Ihrer Persönlichkeit zu entwickeln. Sie sind Ihre Bestrebungen und Ihr wahrer Reichtum. Wie können Sie diese jedoch erreichen? Mit Hilfe der zehn Niyamas.

Niyamas

18

DIE ZEHN NIYAMAS SIND TAPAS, DANA, ZUFRIEDENHEIT, GLAUBE AN GOTT, VEREHRUNG VON GOTT, JAPA, HÖREN UND STUDIEREN DER SCHRIFTEN, ANSTAND, EIN KRITISCHER VERSTAND UND YAJNA.

Dies sind die zehn Niyamas, Praktiken, die Ihnen dabei helfen, die Eigenschaften zu erwerben, die Yamas genannt werden.

Tapas

Tapas bedeutet, ein diszipliniertes Leben zu führen, was dabei behilflich ist, das Individuum im Gleichgewicht zu halten. Das wird durch verschiedene Bestandteile des Sadhana, der spirituellen Praktiken wie Yogastellungen, Atemübungen, Meditation, richtige Ernährung, positives Denken, gute Gesellschaft und Studium der Schriften erreicht.

Um Sattva im Individuum zu unterstützen, schreiben die Schriften die Disziplinierung von Körper, Sprache und Geist vor, die auf folgende Weise praktiziert werden sollte: a) Disziplinierung des Körpers: Verehren Sie Gott, achten Sie die Seher, Heiligen und Gurus und seien Sie aufrichtig, gewaltlos und sexuell enthaltsam; b) Disziplinierung der Sprache: Reden Sie freundlich, ehrlich und wohltuend, ohne andere zu verletzen, und studieren Sie regelmäßig die Schriften; c) Disziplinierung des Geistes: Seien Sie gelassen, mitfühlend, ruhig, selbstbeherrscht und rein.

Dana

Spenden und milde Gaben befreien von Selbstsucht und Gier, welche große Hindernisse zur Erleuchtung sind. Es ist das Anerkennen unserer sozialen Verantwortung gegenüber Familie, Gemeinschaft und dem Land und das Erkennen, dass wir alle Bürger der einen Welt sind. Das geschieht nicht allein durch die Abgabe von Steuern, sondern auch durch die Unterstützung von Ashrams, Sanyasins usw., den eigenen Mitteln entsprechend. Dana hilft dabei, die Gesellschaft im Gleichgewicht zu halten.

Zufriedenheit

Zufriedenheit ist eine notwendige Praxis, weil Sie sich anderenfalls ständig nach allem Möglichen sehnen und das suchen, was jeder andere auch hat. Ohne Zufriedenheit sind Sie im ständigen Konkurrenzkampf [engl.: rat race] gefangen und schätzen womöglich Ihre Eltern, Lehrer, Ihre Frau, Ihren Mann, Ihre Kinder oder Freunde nicht wert.

Sie denken vielleicht, dass Sie, wenn Sie mit Ihrem derzeitigen Leben und dem, was Sie haben, zufrieden sind, keine Fortschritte machen werden. Wenn Sie jedoch nicht das anerkennen, was Sie haben, ist Ihr Geist ständig beunruhigt, weil er denkt, dass das Gras auf der anderen Seite grüner ist. Dann glauben Sie, dass Sie noch mehr Dinge anhäufen müssen, um glücklich zu werden. Wenn Sie aber wertschätzen, was Sie haben, dann können Sie es genießen und trotzdem nach Größerem streben. Weil die meisten Menschen nicht das anerkennen, was sie haben, fehlt es ihnen an Vertrauen und sie fühlen sich unzulänglich. Da die meisten Menschen auf materieller Ebene nicht glücklich sind, egal, wie viel sie besitzen, verspüren sie ständig das Verlangen nach etwas anderem, das sie glücklich macht. Sie schätzen oder genießen niemals, was sie bereits haben. Das gilt auf allen Ebenen, körperlich, emotional, geistig und intellektuell.

Halten Sie inne und schnuppern Sie an den Rosen! Lernen Sie, das anzuerkennen, was Sie haben. Seien Sie dankbar dafür. Das bedeutet nicht, dass Sie dort stecken bleiben. Wenn Sie die Fähigkeit und den Wunsch haben, mehr zu erreichen, dann tun Sie es. Man könnte sagen, dass die Unfähigkeit zur Zufriedenheit ein Ausdruck der Undankbarkeit ist. Zufriedenheit behindert Sie nicht. In Wirklichkeit schafft es die Voraussetzung für größere Errungenschaften, wenn Sie das anerkennen und mit dem arbeiten, was Sie haben. Wenn manche nicht das von ihnen erwartete Werkzeug bekommen, das sie zur Erledigung einer bestimmten Aufgabe für angemessen oder richtig halten, sind sie unfähig, ihre Arbeit zu machen. Sie können nicht improvisieren. Ihnen fehlt es an Zufriedenheit. Mit Zufriedenheit kommen Einfallsreichtum und Kreativität. Zufriedenheit ist nicht tamasige Resignation. Zufriedenheit ist vielmehr mit Anerkennung verwandt.

Es gibt eine alte Geschichte über einen Mann ohne Schuhe. Er jammerte, dass er keine Schuhe hatte. Eines Tages ging er die Straße hinunter und sah einen anderen Mann, der keine Füße hatte. Er war zutiefst beschämt und rief:

„Mein Gott, ich habe wenigstens Füße! Hallelujah! Gelobt sei der Herr! Vielen, vielen Dank, o Herr!" Das ist Zufriedenheit.

Auf einer tiefergehenden Ebene bedeutet Zufriedenheit, dass Sie aufhören, Glück und Vollkommenheit draußen in der materiellen Welt oder in anderen Menschen zu suchen. Sie richtet Ihre Aufmerksamkeit darauf, was gerade hier und jetzt in Ihrem Leben geschieht, und lenkt sogar Ihre Konzentration nach innen auf das Selbst, um Ihre Vollkommenheit zu erkennen.

Glaube an Gott

Als Nächstes sollten Sie Glauben und Vertrauen in den Höchsten Gott, die Lehren Ihres Gurus und die Schriften haben. Wiederum handelt es sich um unerschütterliches Vertrauen. Sie sollten außerdem Gott durch Rituale, Gebete, Chanting, Gesang, Puja, Satsanga und das Hören von Rezitationen der heiligen Schriften und Abhandlungen ehren. All das trägt dazu bei, den Geist zu reinigen und ihn in einem sattvigen, positiven und göttlichen Zustand zu halten.

Japa

Japa oder die Rezitation von Mantras ist eine Möglichkeit, ständiges Gottesbewusstsein zu entwickeln. Es ist darüber hinaus einer der effizientesten und positivsten Wege, den Geist zu konzentrieren und ihn von Unreinheiten zu befreien. Genauso, wie man ein Gefäß reinigen kann, indem man permanent sauberes Wasser hineingießt, bis alle Verunreinigungen hinausgeflossen sind, wäscht die Rezitation von Mantras alle Unreinheiten des Geistes fort und lässt sein Geschwätz in den Hintergrund treten. Letztlich bleibt nur noch die göttliche Schwingung übrig. Das Mantra verwurzelt sich derartig in Ihrem Geist, dass es Tag und Nacht im Hintergrund bleibt. Es durchtränkt den Geist zutiefst mit dem Namen Gottes. Das ist der Zweck dieser Praxis. Es entsteht eine Verbindung zu der spezifischen Verkörperung Gottes, des Ishta Devata, des gewählten Ideals. Da Gottes Kraft in Seinem Namen verborgen ist, wird das Mantra zu einer ständigen Unterstützung, einem ständigen Schutz. Es verwandelt die Persönlichkeit auf subtile Weise und bringt wahre Freude mit sich. Zu Anfang wird Japa laut gemacht. Mit der Zeit stimmen Sie sich mehr und mehr auf die feineren Schwingungen ein, und die Wahrnehmung richtet sich immer stärker nach innen. Das führt in den transzendentalen Zustand, bis schließlich die Verbindung mit der Quelle hergestellt ist.

Hören und Studieren der Schriften

Satsanga bedeutet, sich in die Gesellschaft von Menschen zu begeben, die Selbsterkenntnis anstreben. Darum sollten Sie jede Gelegenheit nutzen, in der Gesellschaft erleuchteter Wesen zu sein. Wenn diese Gelegenheit nicht besteht, ist das Studieren der Schriften das Nächstbeste, was Sie tun können. Noch besser ist es natürlich, die Schriften mit Ihrem Guru zu studieren, weil Sie Gefahr laufen, genau das Gegenteil von dem zu verstehen, was gemeint ist, wenn sie alleine studieren. Schriften können auf sieben verschiedenen Ebenen interpretiert werden, und nur ein Guru mit tiefer Einsicht und Intuition ist in der Lage, Ihnen die Wahrheit zu enthüllen. Er versteht die verschiedenen Ebenen der Lehren und wird sie Ihnen gemäß Ihrem Bewusstseinsstand erläutern. Den Erläuterungen zu folgen, die Ihr Guru zu den Schriften gibt, verstärkt Ihre Hingabe an Gott und inspiriert Sie, in Ihrem Sadhana in Richtung Befreiung voranzuschreiten. Das ist die beste Gesellschaft, die Sie haben können. Erläuterung der Schriften durch einen Guru bedeutet im Grunde genommen, sich mit erleuchteten Rishis zu verbinden, die die absolute Wahrheit erfahren haben. Ihrer bedingungslosen Liebe und ihrem Wunsch folgend, das Leiden der Menschheit zu lindern, haben diese Rishis ihre Erfahrung niedergeschrieben, um den sich mühenden und ernsthaften Aspiranten eine Karte zur Verfügung zu stellen und sie sicher an den unzähligen Fallen vorbei auf dem Weg ihres Sadhana vorwärtszuführen.

Anstand

Anstand ist ein Ausdruck von Demut und Verfeinerung. Ein kultivierter Mensch kleidet sich passend zum jeweiligen Anlass. Anstand bedeutet ebenfalls, nicht anzugeben und sein Wissen und seine Kräfte nicht vor anderen zur Schau zu stellen, sondern bescheiden zu sein.

Kritischer Verstand

Sie sollten rechtes Urteilsvermögen kultivieren, wie bereits unter den sechs Ursachen für Erfolg im Sadhana (Sloka 16) erläutert.

Yajna

Yajna bedeutet Opfer, was die Allgegenwart des Göttlichen und die Tatsache, dass Ihre gesamte Nahrung von Gott stammt, anerkennt. Diese Praxis entwickelt Achtung und Dankbarkeit, die sich automatisch in Respekt für und Sorge um die Natur widerspiegelt. Verehrung, Hingabe, Rituale und Gebete sind andere Mittel, Dankbarkeit auszudrücken und sich mit den Göttlichen zu verbinden. Unsere Ahnen sahen hinter jedem einzelnen Aspekt der Natur eine innewohnende „Devata", die genährt werden muss. Zu nehmen, ohne etwas zurückzugeben, kommt einem Diebstahl gleich. Deshalb wurde stets ein Teil der Ernte für wohltätige Zwecke gespendet und in Opferfeuern verbrannt. Aus Erfahrung wissen wir, dass sich der Ertrag eines Baumes verringert, wenn wir seine Früchte nehmen, ohne ihn zu gießen und für ihn zu sorgen. Yajna hilft dabei, ein Gleichgewicht in der Natur zu erzeugen. Heutzutage haben wir die selbstsüchtige Angewohnheit, so viel wie möglich von der Natur zu nehmen, ohne auf die Konsequenzen zu achten. Deshalb gibt es so viele Naturkatastrophen.

Auf einer anderen Ebene bedeutet opfern, dass man fähig ist, seine negativen Neigungen und materielle Dinge aufzugeben, die die Ursache seiner Gier und Selbstsucht sind. Dieses ganze Universum basiert auf dem Prinzip des Opferns. Um etwas zu bekommen, müssen Sie etwas anderes hergeben. Von nichts kommt nichts. Wenn Sie keinen kritischen Verstand haben und unvorsichtig sind, werden Sie feststellen, dass Sie für Sie wichtige Dinge für unwichtigere opfern. Ohne rechtes Urteilsvermögen geben Sie womöglich Ihr gesamtes Erbe für einen Teller Suppe her.

In der Bibel finden Sie eine klassische Geschichte. Es ist die Geschichte der beiden Brüder Esau und Jakob. Eines Tages kam Esau sehr hungrig heim und bat seinen Bruder Jakob um einen Teller Suppe. Jakob willigte unter der Bedingung ein, dass Esau ihm dafür seinen Erbteil gäbe. Ohne nachzudenken stimmte Esau zu und aß seinen Teller Suppe. Als es für ihren Vater an der Zeit war, ihr Grundstück aufzuteilen, sagte Jakob zu Esau: „Du hast dein Erbteil bereits verwirkt!"

Für manche ist das bloß eine Geschichte. Sie hat jedoch eine tiefe spirituelle und mystische Bedeutung. Der Kern der Geschichte erfasst das Wesen der Welt. Menschen, die sich in einem Zustand der Unbewusstheit und Niedergeschlagenheit befinden, denken nicht nach und können leicht ausgebeutet werden. In einem Moment der Unbedachtheit oder des Verlusts des rechten Urteilsvermögens können Sie Ihr ganzes Leben gegen etwas Unwichtiges eintauschen. Ein Augenblick des Vergnügens kann Ihr ganzes Leben ruinieren. Sie nehmen Drogen und kriegen AIDS oder werden abhängig oder Sie haben Sex mit jemandem und es ändert Ihr ganzes Leben. Es ist so leicht, in die Hölle abzurutschen.

Als spiritueller Aspirant müssen Sie also sehr wachsam sein, weil Sie etwas geben müssen, um etwas zu bekommen. Das ist das Gesetz des Universums. Stellen Sie stets sicher, dass Sie etwas Wertvolleres erhalten, als Sie abgeben. Das bedeutet natürlich nicht, dass Sie jemanden bestehlen sollen.

Wenn Sie Weisheit erlangen möchten, müssen Sie Ihre Unwissenheit opfern. Die Menschen hängen an ihrer Dummheit und wollen trotzdem weise erscheinen. Es ist ganz einfach. Wenn Sie gesund sein wollen, müssen Sie Ihre Krankheit opfern. Wenn Sie Geisteskraft haben wollen, müssen Sie Ihre Schwäche und Undiszipliniertheit opfern. Wenn Sie Befreiung wollen, müssen Sie die Unruhe Ihres Geistes opfern. Darum sagte Jesus, dass Sie nicht gleichzeitig Gott und dem Mammon dienen können. Sie können nicht an der Welt festhalten wollen und trotzdem Gott erreichen. Praktizieren Sie Loslösung und Anhaftung. Lösen Sie sich von der Welt und verbinden Sie sich mit Gott oder Ihrem Ideal. Das ist Opfern. Durch Opfern bringen Sie außerdem die Gesellschaft, die Natur und das Individuum ins Gleichgewicht.

Diese Regeln und Gesetze werden hier direkt am Anfang vorgestellt, weil sie die Grundlage für höhere Transformation darstellen. Das bedeutet nicht, dass Sie in ihnen bereits gefestigt sein müssen, bevor Sie mit Asanas beginnen, doch seien Sie sich ihrer wenigstens bewusst und verstehen Sie ihre Wichtigkeit, da sie die Grundlage jeder bedeutsamen Praxis darstellen, die Sie in Ihrer Entwicklung weiterbringt. Verstehen Sie die Wichtigkeit richtigen Umgangs und richtiger Zielsetzung. Begreifen Sie die Dinge, die Ihren Erfolg untergraben, und die, die ihn herbeiführen. Begreifen Sie, dass es das Ziel Ihrer Praxis ist, Gott zu erreichen, Vollkommenheit zu erreichen, den höchsten Zustand der Entwicklung zu erreichen, der Raja Yoga genannt wird. Wenn Ihnen das erst einmal klar ist, werden Sie feststellen, wie alles in dieses große Schema, in diese große Zielsetzung passt, wenn Sie mit Ihrer Praxis von Asanas und Pranayama fortfahren, und Sie werden nicht auf der oberflächlichen Ebene der Asanapraxis stecken bleiben.

Yamas und Niyamas stellen einen wesentlichen Bestandteil der spirituellen Disziplin dar. Ganz gleich, welche Praxis Sie ausüben, versuchen Sie, die Yamas und Niyamas zu befolgen, so dass Sie Ihre negativen Gedanken beseitigen können. Wenn der Geist sorglos ist, werden Sie mehr Raum für Sadhana haben.

Es ist nicht nötig, wirklich hart daran zu arbeiten, dies zu erreichen. Erkennen Sie einfach die Weisheit darin; beobachten Sie, wie es Sie aus Ihrer eigenen Gefangenschaft und Ihrer eigenen Hölle befreit. Verstehen Sie, was diese negativen Eigenschaften wie Hass, die Unfähigkeit zu vergeben, Eifersucht usw. mit Ihrem Geist anstellen! Sie halten Sie gefangen, fesseln Sie und halten Sie in der Hölle fest. Wollen Sie sich nicht selbst befreien? Nur Sie selbst allein können das bewerkstelligen. Wenn Sie fortfahren, zu stehlen, zu betrügen, zu lügen und andere zu verletzen, kommt vielleicht die Polizei und sperrt Sie ins Gefängnis, um Sie aus dieser Hölle zu befreien.

Die Wahrheit sprechen zu können, geradeheraus und ehrlich zu sein, ist höchst befreiend. Nur Feiglinge wollen nicht aufrichtig sein. Die Menschen glauben, dass sie jemanden verletzen, wenn sie die Wahrheit sprechen. Wenn die Wahrheit Sie verletzt, dann haben Sie ein großes Problem. Das bedeutet nicht, dass Sie jemanden die ganze Zeit anlügen müssen. Wenn Sie das tun, dann zeigt das, dass Sie nicht die Kraft oder den Mut haben, die Wahrheit zu sprechen. Dann verletzen Sie die Grundgesetze des Erfolgs. Es ist besser, geradeheraus und ehrlich zu sein, weil das Ihren Geist beruhigt und stabilisiert. Wahrheit sollte nicht der Logik, den Schriften oder der Erfahrung der erleuchteten Meister widersprechen.

Diese Regeln sind Kriyas für den Geist; sie reinigen den Geist. Wenn Sie diese untersuchen, können Sie sehen, wie wichtig sie sind, um den Geist von seinen Unreinheiten zu befreien. Was heißt eigentlich Reinigung des Geistes? Es bedeutet, Stress, Erregung, Ruhelosigkeit und Traumata in Ihrem Geist zu verringern. Wenn der Geist traumatisch, erregt, ruhelos und mit allen möglichen Gefühlen und Gedanken kontaminiert ist, ist er unfähig, irgendetwas, geschweige denn etwas Höheres, zu erreichen. Tatsächlich ist er in einem solchen Zustand zu nichts zu gebrauchen.

Darum geht es im Yoga. Yoga dient dazu, die Fehler des Geistes zu korrigieren und die Unreinheiten zu beseitigen, damit der Geist standfest, ruhig und friedlich werden kann und seine Kraft zurückerhält, die Tiefen und Mysterien des Lebens wie die Frage „Wer bin ich?“ zu erforschen. Dann ist der Geist bereit, das Selbst, die Wahrheit und Gott zu erkennen. Nur Menschen mit dieser Grundlage haben die Zielsetzung und die Fähigkeit, in Einsamkeit ihr Sadhana für die Befreiung zu leben.

Asanas

19

DIE ERSTE DISZIPLIN IN HATHA YOGA IST DIE PRAXIS VON ASANA. SIE REINIGT DEN KÖRPER UND FÜHRT ZU GUTER GESUNDHEIT, RUHE UND FESTIGKEIT.

Viele Kommentatoren interpretieren diesen Sloka, indem sie sagen, dass Asana vor allem anderen kommt, auch vor Yama und Niyama. Diese sind jedoch Praktiken, die Sie schon jetzt auf dem Weg des Hatha Yoga ausüben.

Genau wie der erste Sloka ist auch dieser die Quelle großer Verwirrung unter den Kommentatoren und Lehrern, die von vielen Menschen auf der ganzen Welt als große Hatha Yoga-Meister angesehen werden. Wenn man die Zielsetzung der *Hatha Yoga Pradipika* außer Acht lässt und diesen Sloka aus dem Kontext reißt, kann man behaupten, dass die Asanapraxis einen geeigneten Startpunkt für die meisten Menschen darstellt, die mit der Praxis von Yoga beginnen möchten. Deshalb lassen viele Lehrer ihre Schüler jahrelang Asana üben, ohne auch nur daran zu denken, Yamas, Niyamas oder Atemübungen einzuführen.

Selbst dann, wenn sich jemand lediglich aus gesundheitlichen Gründen auf den Weg des Hatha Yoga begibt und dessen fünf Prinzipien anwendet, wie sie von meinem Guru Swami Vishnudevananda gelehrt wurden – richtige Übung (Asana), richtige Atmung, richtige Entspannung, richtige Ernährung und positives Denken –, beschleunigt sich der Heilungsprozess desjenigen enorm. Sich auf Asana allein zu konzentrieren ist eine enorme Zeit- und Lebensverschwendung, da die aufgewendete Zeit höchst einträglich dadurch genutzt werden kann, auch Atemübungen, Entspannungstechniken und ein Bewusstsein für richtige Ernährung und positives Denken (Yamas und Niyamas) in die Praxis einzubinden, wie es im Sampoorna Hatha Yoga unterrichtet wird. Durch diesen Ansatz wird der Fortschritt des Praktizierenden erheblich verbessert und beschleunigt.

Diese Schrift richtet sich an einen Übenden, der zu der bereits besprochenen Art des intensiven Sadhana bereit ist. Ein derartiger Mensch ist bereits ein Hatha Yoga-Praktizierender, der in Dharma gefestigt ist. Worauf bezieht sich dieser Sloka also? Er sagt aus, dass Sie Ihre Praxis von Asana jetzt intensiver fortsetzen, um den Reinigungsprozess der körperlichen Systeme abzuschließen, bei guter Gesundheit zu bleiben und die Stetigkeit des Körpers zu erhöhen, damit der Körper keine Ablenkung für die fortgeschritteneren Praktiken der Kumbhakas, Bandhas und Mudras darstellt. Das wird zusätzlich durch die folgende Beschreibung der Asanas deutlich, die offensichtlich nicht für Anfänger gedacht ist.

20

HIER WERDEN EINIGE DER ASANAS BESCHRIEBEN, DIE VON HEILIGEN WIE VASISTHA UND YOGIS WIE MATSYENDRANATH GELEHRT WURDEN.

Es folgen einige der Asanas. Den Schriften zufolge gibt es 84 000 Stellungen, was wahrscheinlich darauf hinweist, dass es unendlich viele Möglichkeiten für Asanas gibt. Im Grunde ist jede Stellung und jede Bewegung eine Asana.

Jemand, der die Stufe seines Lebens erreicht hat, wo er sich von der Welt zurückzieht und seine gesamte Zeit auf Hatha Yoga Sadhana verwendet, muss schon eine ganze Zeitlang Yoga praktiziert haben und sehr weit in Asana fortgeschritten sein. Wir reden nicht über jemanden, der gerade mit Yoga und der Asanapraxis beginnt und dann systematisch fortschreiten muss, um den Körper beweglich und entspannt zu machen. Wie Sie feststellen werden, kann kein Anfänger die Stellungen einnehmen, die im Folgenden beschrieben werden.

Einige Asanas, die für den entschlossenen Sadhaka nützlich und wichtig sind, werden hier beschrieben. Sie sind von Munis wie Vasistha und Yogis wie Matsyendranath praktiziert worden. Matsyendranath wird nachgesagt, dass er als erster dieses Wissen von Shiva selbst erhalten hat.

SWASTIKASANA

Heilbringende Stellung

21

DIE SOHLEN BEIDER FÜSSE AN DIE INNENSEITE DER OBERSCHENKEL ZU LEGEN UND FEST UND AUFRECHT ZU SITZEN WIRD SWASTIKASANA GENANNT.

GOMUKHASANA

Kuhkopf-Stellung

22

BRINGEN SIE DAS RECHTE FUSSGELENK NEBEN DIE LINKE HÜFTE UND DAS LINKE FUSSGELENK NEBEN DIE RECHTE HÜFTE. DAS ERINNERT AN DAS GESICHT EINER KUH UND WIRD GOMUKHASANA GENANNT.

VIRASANA

Helden-Stellung

23

BRINGEN SIE EINEN FUSS NEBEN DEN ANDEREN OBERSCHENKEL UND DEN ANDEREN FUSS UNTER DENSELBEN OBERSCHENKEL. DAS IST VIRASANA.

KURMASANA

Schildkröten-Stellung

24

DRÜCKEN SIE DAS RECHTE FUSSGELENK FEST AN DIE LINKE SEITE DES ANUS UND DAS LINKE FUSSGELENK AN SEINE RECHTE SEITE. SITZEN SIE GELASSEN. DAS IST DEN YOGIS GEMÄSS KURMASANA.

Wenn Sie versuchen, Kurmasana nach diesem Sloka auszuführen, werden Sie nichts als Schmerzen erfahren.

Mein Guru hat mich gelehrt, Kurmasana mit gespreizten Beinen einzunehmen. Beugen Sie Ihre Knie leicht an und lassen Sie Ihre Arme unter Ihre Beine gleiten. Drücken Sie die Beine hinunter, während Sie die Stirn oder das Kinn auf den Boden bringen. In einer fortgeschritteneren Variante können Sie die Beine weiter zusammenbringen, bis Sie sie hinter dem Kopf verschränken können.

KUKKUTASANA

Hahn-Stellung

25

BRINGEN SIE IN PADMASANA DIE ARME ZWISCHEN UNTER- UND OBERSCHENKELN HINDURCH, STELLEN SIE DIE HANDFLÄCHEN FEST AUF DEM BODEN AUF UND DRÜCKEN SIE DEN KÖRPER HOCH. DAS IST KUKKUTASANA.

UTTANAKURMASANA

Gestreckte Schildkröten-Stellung

26

BRINGEN SIE IN PADMASANA DIE ARME ZWISCHEN UNTER- UND OBERSCHENKELN HINDURCH UND VERSCHRÄNKEN SIE DIE HÄNDE IM NACKEN, WÄHREND SIE WIE EINE SCHILDKRÖTE AUF DEM RÜCKEN LIEGEN. DAS IST UTTANAKURMASANA.

DHANURASANA

Bogen-Stellung

27

LEGEN SIE SICH AUF DEN BAUCH UND BEUGEN SIE IHRE KNIE. FASSEN SIE NACH HINTEN, ERGREIFEN SIE IHRE ZEHEN UND ZIEHEN SIE DIESE ZU IHREN OHREN, ALS SPANNTEN SIE EINEN BOGEN. DAS IST DHANURASANA.

MATSYENDRASANA

Drehsitz

28

LEGEN SIE DEN RECHTEN FUSS NEBEN DEN ANSATZ DES LINKEN OBERSCHENKELS UND DEN LINKEN FUSS AN DIE AUSSENSEITE DES RECHTEN KNIES. SCHLINGEN SIE DEN LINKEN ARM HINTEN UM IHRE TAILLE UND DREHEN SIE SICH NACH LINKS. DIESES ASANA WIRD NACH MATSYENDRANATH BENANNT.

29

DIE PRAXIS VON MATSYENDRASANA REGT DAS VERDAUUNGSFEUER IM MAGEN AN UND IST EINE WAFFE, DIE EINE VIELZAHL SCHRECKLICHER KRANKHEITEN BESIEGT. SIE ERWECKT KUNDALINI SHAKTI UND FESTIGT BINDU.

PASCHIMOTTANASANA

Vorwärtsbeuge

30

STRECKEN SIE IHRE BEINE VOR SICH WIE STÖCKE AUF DEM BODEN AUS UND LEGEN SIE DIE STIRN AUF DEN KNIEN AB. DAS IST PASCHIMOTTANASANA.

31

PASCHIMOTTANASANA IST SEHR WOHLTUEND. ES BEWIRKT, DASS DER PRANASTROM DURCH SUSHUMNA FLIESST, ERHÖHT DAS VERDAUUNGSFEUER, MACHT DEN BAUCH FLACH UND SCHENKT GUTE GESUNDHEIT.

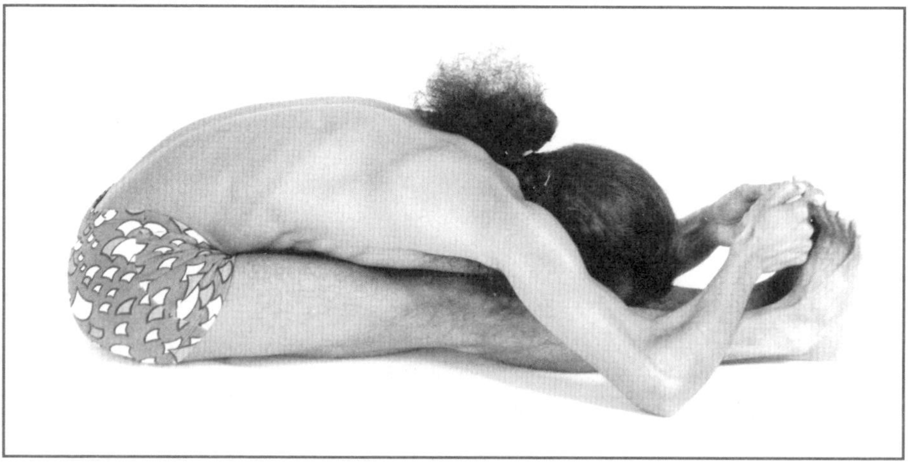

MAYURASANA

Pfauen-Stellung

32

STELLEN SIE IHRE HANDFLÄCHEN AUF DEM BODEN AUF, BRINGEN SIE DIE ELLBOGEN ZUSAMMEN UND SETZEN SIE DIESE BEIDSEITIG DES NABELS AUF. STRECKEN SIE DEN KÖRPER WAAGERECHT WIE EINEN STOCK AUS UND BALANCIEREN SIE IN DER LUFT. DAS IST MAYURASANA.

33

MAYURASANA VERTREIBT SCHNELL ALLE KRANKHEITEN DER MILZ UND DES MAGENS, GLEICHT DIE DOSHAS AUS, ERHÖHT DAS VERDAUUNGSFEUER, VERDAUT UNPÄSSLICHE NAHRUNG UND ZERSTÖRT SOGAR TÖDLICHES GIFT.

Einige dieser Asanas werden als Heilmittel für verschiedene Krankheiten beschrieben. Wenn die Leute das lesen, denken sie sogleich, dass Yoga Asana etwas Magisches ist und dass es jede Art von Erkrankung heilen kann. Wenn sie in den Ashram kommen, werde ich gefragt: „Yogi Hari, ich habe dieses und jenes Problem. Welche Asana kann ich gegen Diabetes machen? Und welches gegen Rückenschmerzen?“ Die Leute wollen sofortige Heilung, so etwas wie ein Rezept. Wenn sie solche Dinge lesen, verwirrt es sie und ihr Verhältnis zu Asanas nimmt abergläubische Züge an. Sie erwarten Wunder. Das hat aber nichts mit der Wirklichkeit zu tun. Wenn jemand Gift trinkt, wird es ihm nicht helfen, wenn Sie ihm sagen: „Mach Mayurasana!“ Das würde keinen Sinn ergeben.

Sie können Ihr ganzes Leben lang Paschimottanasana machen und gespannt darauf warten, dass Kundalini erwacht. Solche Verwirrung entsteht, wenn man ohne richtiges Verständnis etwas aus seinem Kontext reißt.

Im System von Raja Yoga benötigen Sie lediglich eine stabile Sitzhaltung für die Meditation. Das meint nicht irgendeine stabile Haltung, sondern eine stabile aufrechte Haltung. Anderenfalls legen sich die Leute auf den Rücken und denken, dass sie meditieren. Wenn Menschen das tun, machen sie nichts, als sich zu entspannen, in Savasana zu liegen. Jeder kann diese Stellung meistern. Doch ist das sicherlich nicht gemeint. Wenn Sie in einer stabilen, aufrechten Haltung sitzen und Ihre Wirbelsäule, Ihr Nacken und Ihr Kopf in einer senkrechten Geraden sind, werden Sie feststellen, dass das nicht so einfach ist. Sie müssen durch eine ganze Reihe von Disziplinen gehen, Asanas, richtige Ernährung usw. Es ist ein umfangreicher Prozess.

In diesem Zusammenhang wird Asana dazu verwendet, Sie darauf vorzubereiten, eine stabile, aufrechte Position halten zu können. Pranayama unterstützt Sie in Ihrer Atmung, weil der Atem unter Umständen zu einer Ablenkung werden kann. Tatsächlich werden Sie nach einer gewissen Zeit des

Übens bemerken, dass der Atem störend wirken kann. Deshalb bringen Sie Prana und Apana durch Atemübungen und Pranayama ins Gleichgewicht.

Nur weil Sie Hatha Yoga als Mittel verwenden, damit Sie eine stabile, aufrechte Position halten können, um meditieren zu können, heißt nicht, dass das der einzige Sinn von Hatha Yoga ist. Wie Sie sehen werden, leitet die fortgeführte Praxis von Hatha Yoga Sie systematisch zu Samadhi und Erleuchtung.

Genauso können Sie den Geist von Jnana Yoga in allem, was Sie tun, anwenden und auch den Geist von Bhakti Yoga in anderen Systemen wirken lassen. Das ist so, weil sich der Mensch aus all diesen Bestandteilen zusammensetzt. Sie sind eine aktive Person. Sie sind eine emotionale, liebende und fühlende Person. Sie sind ebenfalls eine intellektuelle, analytische und unterscheidende Person. Daher müssen all diese Aspekte Ihrer Persönlichkeit harmonisiert werden, wie in der Praxis von Sampoorna Yoga. Sie schließt die verschiedenen Systeme von Hatha Yoga, Jnana Yoga, Raja Yoga, Bhakti Yoga, Nada Yoga und Karma Yoga ein, die in ihrer Gesamtheit die Persönlichkeit harmonisieren und den Reinigungsprozess auf allen Ebenen drastisch beschleunigen.

SAVASANA

Totenstellung

34

AUF DEM RÜCKEN ZU LIEGEN WIE EINE LEICHE HEISST SAVASANA. ES BESEITIGT ERSCHÖPFUNG UND ENTSPANNT DEN GEIST.

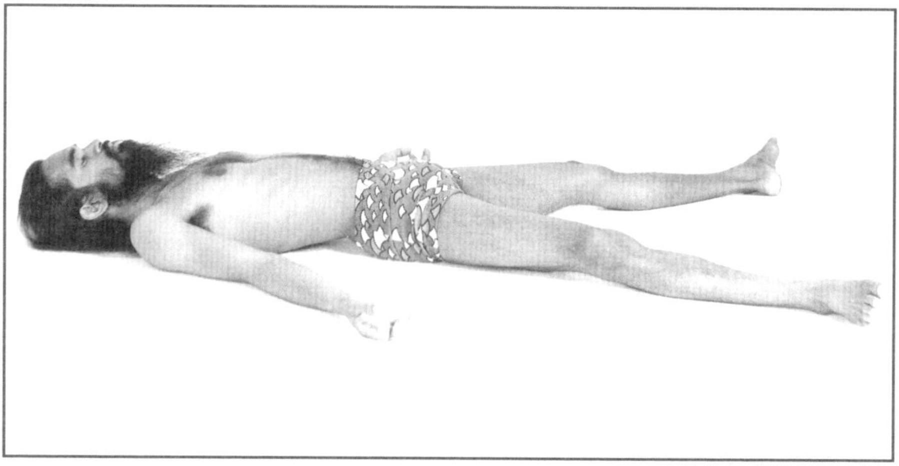

35

VON LORD SHIVA WURDEN 84 ASANAS GELEHRT. VON DIESEN WERDE ICH IM FOLGENDEN DIE 4 WICHTIGSTEN BESCHREIBEN.

Dieser Sloka sagt aus, dass 84 Asanas gelehrt wurden. Einige Quellen meinen jedoch, dass es 84 000 waren. Andere sprechen von 840 000. Hängen Sie einfach ein paar Nullen an 84 an und Sie erhalten 84 000, 840 000 usw.

36

DIESE VIER SIND SIDDHASANA, PADMASANA, SIMHASANA UND BHADRASANA. SIDDHASANA IST DIE BESTE UND BEQUEMSTE STELLUNG.

SIDDHASANA

Stellung des Meisters

37

DRÜCKEN SIE EINE FERSE GEGEN DAS PERINEUM UND BRINGEN SIE DIE ANDERE FERSE ÜBER IHR GESCHLECHTSORGAN. SITZEN SIE FEST UND AUFRECHT UND NEHMEN SIE JALANDHARA BANDHA EIN, WÄHREND SIE FEST AUF IHR AUGENBRAUENZENTRUM STARREN. DAS IST SIDDHASANA, WELCHES KRAFTVOLL DAS TOR ZUR FREIHEIT ÖFFNET.

Jalandhara Bandha wird in Kapitel 3, Sloka 70, beschrieben.

38

ANDERE ÜBEN SIDDHASANA, INDEM SIE EINE FERSE ÜBER DAS GESCHLECHTSORGAN UND DEN ANDEREN FUSS AUF DEN ERSTEN LEGEN.

39

MANCHE NENNEN DIESES ASANA SIDDHASANA, VAJRASANA, MUKTASANA ODER GUPTASANA.

40

SIDDHASANA WIRD ALS DIE WICHTIGSTE ASANA ANGESEHEN, SO WIE MASSVOLLE ERNÄHRUNG UND AHIMSA DIE WICHTIGSTEN YAMAS SIND.

Wer sich maßvoll ernährt, hat eine sehr hohe Stufe erreicht, weil der Geschmackssinn einer der am schwierigsten zu kontrollierenden Sinne ist. Ahimsa ist Gewaltlosigkeit. Um gewaltlos zu sein, müssen Sie liebevoll und freundlich sein und das Göttliche in der gesamten Schöpfung sehen. Gewaltlosigkeit bezieht sich nicht nur auf Menschen, sondern auf die gesamte Schöpfung einschließlich der Tiere, Pflanzen usw. Wenn Sie einer Kuh, einem Schaf, einem Huhn oder einer Ziege den Hals abschneiden, können Sie nicht von sich behaupten, gewaltlos zu sein.

Siddhasana ist die wichtigste Asana. Das bedeutet nicht, dass alle anderen Asanas unwichtig sind, doch werden Sie feststellen, dass Sie Ihren gesamten Körper verändern müssen, um in Siddhasana sitzen zu können. Wie Sie wissen, wandte Gandhi zwei Yamas an, Gewaltlosigkeit und Wahrhaftigkeit, und alle anderen wurden durch sie erfasst. Mit Siddhasana ist es dasselbe.

Siddhasana hat noch andere Auswirkungen wie z. B. die Anregung des Perineumsmuskels und das Einleiten von Mula Bandha. In der aufrechten Haltung von Siddhasana fließt das Prana sehr frei in Sushumna hinauf. Es führt auch zu Ruhe und Festigkeit im Geist. Sie werden mit Leichtigkeit sitzen können, wenn die Hüften und Leisten geöffnet sind und die Fußgelenke und Knie gebeugt sind.

41

VON DEN 84 ASANAS SOLLTE SIDDHASANA IMMER PRAKTIZIERT WERDEN, WEIL ES DIE 72 000 NADIS REINIGT.

Dieser Sloka kann unter Umständen irreführend sein, wenn Sie denken, dass es all Ihre Nadis reinigt, wenn Sie bloß in Siddhasana sitzen. Es ist nur eine Erleichterung von Praktiken wie Pranayama. Um die Nadis zu reinigen, müssen auch die Emotionen und der Geist gereinigt werden. Es ist nicht nur eine körperliche Angelegenheit.

Manche sind der Meinung, dass ihre Nadis schon ein bisschen gereinigt sind, wenn sie bequem in Siddhasana sitzen können. Es gibt sehr flexible Menschen wie z. B. Turner und Akrobaten, die jedoch nicht zwangsläufig gereinigte Nadis haben müssen. Yamas und Niyamas sind für den Prozess der Reinigung der Nadis unumgänglich.

42

DER YOGI, DER ÜBER DEN ATMAN MEDITIERT, SICH REIN UND MASSVOLL ERNÄHRT UND ZWÖLF JAHRE LANG SIDDHASANA PRAKTIZIERT, ERLANGT SIDDHI ODER VOLLKOMMENHEIT.

„Wer bin ich?“ – Sie sind die Seele, der Atman, Vollkommenheit. Sich mit der höheren Wirklichkeit zu identifizieren bedeutet, die Vollkommenheit, die Sie sind, zu erfahren. Das ist jedoch ein schrittweiser Prozess der Verfeinerung und Reinigung. Über den Atman zu meditieren bedeutet also, den Geist ständig vom Niederen zu lösen und ihn mit dem Höheren zu verbinden, bis alle Schleier entfernt sind und nur noch das Selbst übrig bleibt. Das ist der Zustand der Vollkommenheit.

Es gibt nur ein Yoga, eine Einheit. Um diesen Zustand zu erreichen, müssen Sie einen Prozess durchleben. Sie wenden womöglich verschiedene Disziplinen an, doch ist das Ziel letztlich das gleiche: Die Erkenntnis des Atman oder des Selbst, die Selbstverwirklichung. Das ist nicht ausschließlich das Ziel der Praxis des Jnana Yoga.

Genauso gibt es Meditation nicht ausschließlich in Raja Yoga. Meditation ist ein Zustand, den Sie erreichen, nicht etwas, was Sie tun, genauso, wie Schlaf nicht etwas ist, was Sie tun, sondern ein Zustand, in den Sie geraten. Ob Sie schöne Musik auflegen oder in einem riesigen Bett, einem Wasserbett oder auf dem Boden schlafen, Sie schlafen nur dann ein, wenn Geist und Körper entspannt sind. Sie können im tollsten Bett liegen, doch wenn Körper und Geist nicht entspannt sind, können Sie nicht einschlafen. Genauso können Sie alle möglichen Asanas machen, doch wenn Ihr Geist nicht gereinigt ist, erreichen Sie jenen Zustand der Ruhe und Festigkeit nicht. So werden Sie Ihre Vollkommenheit nicht erfahren.

Es besteht ein allgemeines Missverständnis über Hatha Yoga, Raja Yoga, Jnana Yoga, Bhakti Yoga, Nada Yoga und Karma Yoga. All diese Systeme dienen wirklich nur einem einzigen Zweck: Ihnen dabei zu helfen, sich zu verfeinern und zu reinigen. Reinigung muss auf allen Ebenen stattfinden. Es geht nicht nur um körperliche Reinheit. Auch der Geist muss gereinigt werden, damit er in einen ruhigen und festen Zustand gebracht werden kann.

Glauben Sie wirklich, dass zwölf Jahre eine lange Zeit sind, um Vollkommenheit zu erreichen, wenn Sie die gesamte Reinigung berücksichtigen, die Sie durchlaufen müssen? Wenn Sie Arzt werden wollen, dauert das 11 bis 14 Jahre. Trotzdem finden die Leute das nicht zu lang. Und was ist das schon, verglichen mit Vollkommenheit? Wie viel Disziplin und Tapas müssen Sie üben, um Arzt zu werden?

Wenn Sie die Disziplin des Yoga praktizieren, erleben Sie kein Elend und keine Unbequemlichkeit. Sie erfahren eine wunderbare Erweiterung des Geistes und des Bewusstseins. Die Menschen denken, dass man so viel Tapas, so viel Entbehrung auf sich nehmen muss, doch das ist nicht wahr. Was erleben Sie, wenn Sie erst einmal in maßvoller Ernährung gefestigt sind? Gesundheit, Leichtigkeit des Körpers und einen erweiterten, erhöhten Zustand des Bewusstseins – etwas Wundervolles also.

Über das Selbst zu meditieren heißt, sich mit Ihrem Göttlichen Selbst, Ihrem Höheren Selbst, dem Atman, zu identifizieren, was bedeutet, dass all Ihre Täuschungen aufhören. Sie werden Schritt für Schritt erleuchtet. Was erhalten Sie dann letztlich, wenn Sie die Erleuchtung oder Vollkommenheit erlangen? Vollkommenheit ist Vollkommenheit. Was wollen Sie mehr als Vollkommenheit? Es gibt dann nichts mehr zu erlangen. Sie sind voll. Es gibt keine Beschränkungen mehr in Ihnen. Sie haben alles erreicht, was es zu erreichen gibt.

Was ist jedoch, wenn Sie jahrelang studieren, um Arzt zu werden? Sie eignen sich einige Fähigkeiten an, doch mittlerweile sind Sie alt und müde geworden, haben zwei- oder dreihunderttausend Dollar Schulden und sind völlig gestresst. Sie fragen sich, wie Sie die ganzen Schulden zurückzahlen sollen. Also arbeiten Sie in einer riesigen Praxis, in der Sie den Leuten Unmengen an Geld abknöpfen und unzählige Rechnungen und Versicherungen zu bezahlen haben. Anfangs, als Sie beschlossen haben, Arzt zu werden, hatten Sie den ernsthaften Wunsch, den Menschen zu helfen. Als Nächstes stellen Sie fest, dass Sie in diese ganzen anderen Dinge verwickelt sind, die man „goldene Handschellen" nennt und die Gefangenschaft und weiteres negatives Karma schaffen. Die Aussicht auf Befreiung sollte verlockend und nicht entmutigend sein.

Viele Menschen werden sehr ablehnend oder zurückhaltend, wenn sie an Sadhana denken, weil sie es irrtümlich für etwas Unangenehmes halten. Die Aussicht, zwölf Jahre Ihres Lebens zu opfern, ist entmutigend! Doch was genau geben Sie auf? Zwölf Jahre der Ausschweifung, zwölf Jahre des Missbrauchs, zwölf Jahre der Anhäufung schlechten Karmas und der Gefangenschaft. Aber Sie sehen es anders. Sie sehen es irrtümlich als Opfer an, doch in Wirklichkeit ist es das gar nicht. Im Gegenteil; dadurch, dass Sie ein diszipliniertes Leben im Geiste von Sadhana führen, wie es in den Schriften beschrieben wird, erfüllen Sie in Wirklichkeit den höheren Sinn des Lebens. Sie erfahren Fülle, während Sie im Zustand der Ausschweifung lediglich Leere erleben. Sie müssen tatsächlich Ihren Blickwinkel verändern und ihn auf den Kopf stellen, weil Sie bis jetzt verkehrt herum gedacht haben.

43

DA VOLLKOMMENHEIT DURCH SIDDHASANA ERLANGT WERDEN KANN, IST ES UNNÖTIG, VIELE ANDERE ASANAS ZU ÜBEN. WENN DAS PRANA UNTER KONTROLLE IST, TRETEN KEVALA KUMBHAKA UND UNMANI SPONTAN AUF.

Der vorangehende Sloka sagt Ihnen, dass Sie Vollkommenheit erreichen werden, wenn Sie über das Selbst meditieren, sich maßvoll ernähren und zwölf Jahre Siddhasana praktizieren. Das wird hier weiter ausgeführt; wenn Vollkommenheit durch Siddhasana erlangt werden kann, ist es nutzlos, viele andere Asanas zu üben.

Unmani ist der Zustand von „keinem Geist“. Wie kommt es zu diesem Zustand der Freiheit im Geist? Zunächst einmal bedeutet „Zustand der Freiheit im Geist“, dass der Geist fest, ruhig und frei von Gedankenwellen wird. Was ist der Geist? Der Geist ist nichts als Gedanken. Ohne Gedanken gibt es auch keinen Geist. Dann erreichen Sie einen Zustand der Freiheit im Geist. Dieser Zustand wird erreicht, wenn die Schwankungen des Pranas aufhören. Labilität und Schwankungen des Pranas führen zu Bewegung des Geistes. Das ist die Beziehung zwischen Prana und Geist.

Im Hatha Yoga versuchen Sie, Kontrolle über das Prana zu erlangen, was automatisch zur Kontrolle des Geistes führt. Wenn dieser Zustand erreicht ist, steht der Atem spontan still. Das wird Kevala Kumbhaka genannt. Dann geraten Sie in den Zustand von Unmani oder „keinem Geist“. Sie treten in einen Zustand der Geistesstille ein, und dann erfahren Sie Ihr Einssein mit dem Göttlichen, mit dem Selbst. Das ist das Ideal, das Ziel.

Siddhasana ist die Asana, die Ihnen Ruhe und Festigkeit verleiht. Es hilft auch dabei, Kundalini Shakti zu erwecken und die Energie durch Sushumna zur Vereinigung mit Shiva, dem Höchsten Bewusstsein, zu lenken. Ist das Ziel erreicht, benötigen Sie keine Hilfsmittel mehr. Alle Asanas sind aus dem Grunde entworfen worden, den Körper in jenen Zustand der Leichtigkeit und Bequemlichkeit zu bringen. Wenn Sie stabil in Siddhasana sitzen können, können Sie Ihre anderen Praktiken von Pranayama, Mudras und Bandhas fortsetzen, um Sie in jenen Zustand der Stille zu bringen. Das ist der Prozess.

44

WENN SIDDHASANA GEMEISTERT IST, TRETEN DIE DREI BANDHAS AUTOMATISCH UND SPONTAN AUF.

Wenn Sie diese Stufe erreichen, ist das ganz natürlich. Wenn Sie aufrecht sitzen, beginnt die Energie automatisch nach oben zu fließen. Wenn Sie eine gewisse Reinheit und Verfeinerung in Ihrer Praxis erreicht haben, treten Bandhas und Mudras spontan auf.

Manche erwarten, dass etwas Magisches passiert, wenn sie Mudras praktizieren, weil sie Filme gesehen haben, in denen Leute plötzlich wundersame Dinge tun wie Objekte zu materialisieren und zu fliegen. Ich könnte Ihnen alle möglichen Rezepte geben, doch wenn Ihr Geist schwach ist, wird nichts dergleichen passieren. Andererseits wird ein Geist, der durch Sadhana gereinigt ist, sehr stark. Ein solcher Geist ist in der Lage, alles Mögliche zu erreichen. Es ist nun einmal so, dass der spirituelle Aspirant, der von rechtem Urteilsvermögen gelenkt ist, Befreiung ersehnt.

Dieser Sloka gibt einen Hinweis darauf, was passieren kann, wenn Sie Siddhasana gemeistert haben. Bandhas sind Verschlüsse. Mit anderen Worten Techniken, die Energie einzuschließen und das Prana, das durch Pranayama angesammelt wurde, daran zu hindern, sich zu zerstreuen. Das ist der Vorgang, den Pranafluss zu regulieren und das Prana in spirituelle Energie umzuwandeln. Die drei Bandhas sind Mula Bandha, Uddiyana Bandha und Jalandhara Bandha.

45

ES GIBT KEINE ASANA WIE SIDDHASANA, KEIN KUMBHAKA WIE KEVALA, KEIN MUDRA WIE KHECHARI UND KEIN LAYA WIE ANAHATA NADA.

Das ist die Zusammenfassung und Feststellung von Tatsachen, die später im Text erklärt werden.

PADMASANA

Lotus-Stellung

46

LEGEN SIE DEN RECHTEN FUSS AUF DEN LINKEN OBERSCHENKEL UND DEN LINKEN FUSS AUF DEN RECHTEN OBERSCHENKEL. KREUZEN SIE DIE ARME HINTER DEM RÜCKEN UND ERGREIFEN SIE IHRE ZEHEN. PRAKTIZIEREN SIE JALANDHARA BANDHA UND STARREN SIE AUF DIE NASENSPITZE. DAS IST PADMASANA. ES VERTREIBT ALLE KRANKHEITEN DES YOGIS.

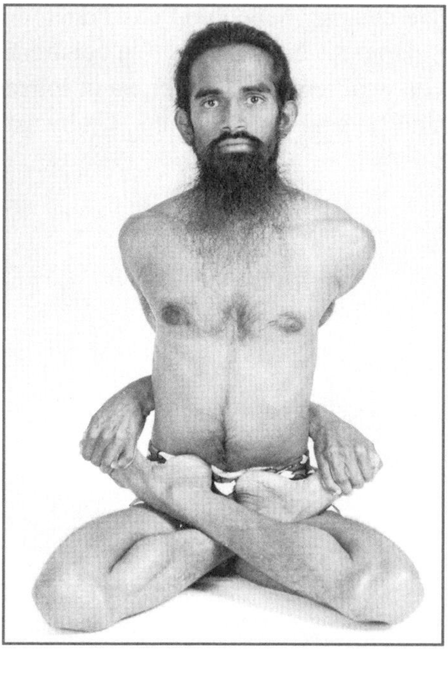

47

LEGEN SIE DIE FÜSSE AUF DIE OBERSCHENKEL, DIE FUSSSOHLEN NACH OBEN GERICHTET, UND LEGEN SIE DIE HÄNDE MIT DEN HANDFLÄCHEN NACH OBEN AUF DIE SOHLEN.

48

STARREN SIE AUF DIE NASENSPITZE UND DRÜCKEN SIE DIE ZUNGE GEGEN DIE WURZELN DER OBEREN ZÄHNE. PRAKTIZIEREN SIE JALANDHARA BANDHA UND LENKEN SIE DAS PRANA LANGSAM AUFWÄRTS.

49

PADMASANA VERTREIBT ALLE KRANKHEITEN. GEWÖHNLICHE MENSCHEN KÖNNEN ES NICHT ERREICHEN, NUR EINIGE WENIGE WEISE AUF DER ERDE.

Es gibt so viele Akrobaten und Turner, die Padmasana in allen Variationen beherrschen. Bedeutet das, dass sie die wenigen weisen Menschen auf der Erde sind? – Dieser Sloka dient dazu, Sie zu ermutigen, so lange zu üben, bis Sie in Padmasana sitzen können.

50

SITZEN SIE IN PADMASANA MIT EINER HAND IN DER ANDEREN UND KONZENTRIEREN SIE SICH AUF DAS SELBST. SETZEN SIE MIT JEDER EINATMUNG MULA BANDHA UND JALANDHARA BANDHA, UM APANA HOCHZUZIEHEN UND PRANA HINUNTERZUDRÜCKEN. DADURCH, DASS PRANA UND APANA AM NABEL ZUSAMMENGEFÜHRT WERDEN, WIRD DIE SHAKTI ERWECKT UND SIE ERHALTEN HÖCHSTES WISSEN.

In Padmasana lenken Sie geistig das Apana durch Mula Bandha hinauf und das Prana durch Jalandhara Bandha hinunter; das führt zu Verdichtung und Explosion des Pranas. Das geschieht nicht sofort; Sie müssen es üben.

51

DER YOGI, DER SEINEN ATEM IN PADMASANA SITZEND KONTROLLIERT, IST ZWEIFELLOS FREI VON JEDER BINDUNG.

SIMHASANA

Löwen-Stellung

52

BRINGEN SIE DIE FUSSGELENKE UNTER IHR GESCHLECHTSORGAN MIT DEM RECHTEN FUSSGELENK AUF DER RECHTEN UND DEM LINKEN AUF DER LINKEN SEITE DES PERINEUMS.

53

DRÜCKEN SIE DIE HANDFLÄCHEN AUF DIE KNIE UND SPREIZEN SIE DIE FINGER. ATMEN SIE KRÄFTIG MIT WEIT GEÖFFNETEM MUND AUS, UND STARREN SIE MIT KONZENTRIERTEM GEIST AUF IHR DRITTES AUGE, WÄHREND SIE DEN ATEM AUSGEATMET ANHALTEN.

54

DAS IST SIMHASANA, DAS VON GROSSEN YOGIS HOCH GESCHÄTZT WIRD. DIESE HERVORRAGENDE ASANA ERLEICHTERT DIE DREI BANDHAS.

Simhasana sollte mit so weit wie möglich herausgestreckter Zunge und weit geöffneten Augen praktiziert werden. Brüllen Sie bei der Ausatmung wie ein Löwe. In dieser Stellung werden die Bandhas automatisch gesetzt. Sie hilft schüchternen Menschen dabei, ihr nach innen gekehrtes Wesen zu überwinden und Hemmungen abzubauen. Wie Sie sehen, sind diese Feinheiten nicht im Sloka enthalten. Darum ist es so wichtig, von den Anweisungen eines erfahrenen Gurus geführt zu werden. Dann werden Sie den größten Nutzen aus der Stellung ziehen.

BHADRASANA

Glückbringende Stellung

55–56

BRINGEN SIE SITZEND BEIDE FUSSSOHLEN ANEINANDER. UMFASSEN SIE DIE ZEHEN MIT VERSCHRÄNKTEN HÄNDEN. ZIEHEN SIE DIE FERSEN ZU DEN LEISTEN. SCHIEBEN SIE DIE BRUST NACH VORN, ZIEHEN SIE KOPF UND ELLBOGEN ZURÜCK UND ATMEN SIE TIEF. DAS IST BHADRASANA, DAS ALLE KRANKHEITEN BESEITIGT. DIE SIDDHAS NENNEN ES GORAKSHASANA.

57

HAT DER YOGI DIE STUFE DER ERSCHÖPFUNG IN DER PRAXIS VON ASANAS UND BANDHAS HINTER SICH GELASSEN, SOLLTE ER SICH DER REINIGUNG DER NADIS, DEN MUDRAS UND DEM PRANAYAMA WIDMEN.

58

DIE ABFOLGE DES HATHA YOGA IST: ASANAS, DIE VERSCHIEDENEN KUMBHAKAS, MUDRAS UND KONZENTRATION AUF ANAHATA NADA.

Durch die verschiedenen Asanas, Kumbhakas (Anhalten des Atems in Atemübungen), Mudras und Bandhas werden alle Systeme und die Nadis gereinigt und verfeinert, und dann richtet sich Ihr Geist nach innen, zieht sich zurück und wird konzentriert. Dann können Sie den Anahataklang hören, der den Geist weiter in Richtung des transzendentalen Zustands lenkt. Das ist die Abfolge.

Yogische Ernährung

59

EIN BRAHMACHARI, DER MASSVOLL REINE NAHRUNG ZU SICH NIMMT, FEST ENTSCHLOSSEN UND ZUFRIEDEN MIT SEINER PRAXIS VON YOGA UND ENTSAGUNG IST, WIRD ZWEIFELLOS NACH EINEM JAHR EIN SIDDHA.

Hier werden die Stufen der Vollkommenheit und die Beschleunigung des Prozesses deutlich umrissen. Sloka 42 sagt aus, dass „der Yogi, der über den Atman meditiert, sich rein und maßvoll ernährt und zwölf Jahre lang Siddhasana praktiziert, Siddhi oder Vollkommenheit erlangt". In dem vorliegenden Sloka wird der Yogi Brahmachari genannt, jemand, dessen Studium und Praxis einzig dem Wissen über das Selbst gewidmet ist, der seine Sinne völlig unter Kontrolle hat, der seine sexuelle Energie umwandeln kann, der beständig und ruhig und fest in seiner Praxis und entschlossen in seiner Entsagung ist. Ein solcher Yogi, ein Brahmachari, wird innerhalb eines Jahres ein Siddha. Das ist verständlich, wenn man bedenkt, dass dieser Mensch all seine Pflichten erfüllt hat, sein Geist sich vollständig von der Welt gelöst hat, er in Zurückgezogenheit lebt und in eine Praxis involviert ist, die den Schriften und den Anweisungen seines Gurus entspricht. Das heißt, dass sein Geist nicht abgelenkt wird, sondern permanent meditiert und sich mit dem Atman identifiziert.

60

MASSVOLLE ERNÄHRUNG BEDEUTET, ANGEMESSENE, SÜSSE NAHRUNG WIE EINE OPFERGABE AN GOTT ZU SICH ZU NEHMEN UND EIN VIERTEL DES MAGENS LEER ZU LASSEN.

Meister Sivananda hat gesagt, man sollte stets ein wenig hungrig sein. Der Magen darf nicht überladen werden. Die meisten Menschen sind wie kleine Kinder, wenn es ums Essen geht. Sie essen und essen, bis sie so voll sind, dass es ihnen wieder hoch kommt. Darüber hinaus leiden sie unter Verstopfung und anderen Verdauungsschwierigkeiten. Die Lösung ist, maßvoll angemessene Nahrung zu essen.

Der Sloka sagt, dass süße Nahrung „wie eine Opfergabe an Gott" zu sich genommen werden sollte. Die meisten Menschen konsumieren Nahrung, ohne einen weiteren Gedanken daran zu verwenden. Andere nehmen sich Zeit, es anzubauen oder es im Supermarkt zu kaufen, es zuzubereiten und es sogar zu schmecken. Essen spielt eine so wichtige Rolle in unserem Leben, doch verstehen wir wirklich das Wesen der Nahrung und ihren Zweck, außer der Tatsache, dass wir es genießen, sie zu essen und dass wir sie brauchen, um zu überleben? Wie bewusst sind wir uns der Nahrung, die wir zu uns nehmen?

Die *Taittiriya Upanishad* erzählt uns vom göttlichen Ursprung der Nahrung:

Von dem, was der Atman ist, kam der Raum; vom Raum die Luft; von der Luft das Feuer; vom Feuer das Wasser; von dem Wasser die Erde; von der Erde die Pflanzen; von den Pflanzen die Nahrung; und von der Nahrung der menschliche Körper mit all seinen Handlungs- und Wahrnehmungsorganen. Alle Wesen sind aus Nahrung gemacht, und sie werden nach dem Tode wieder zu Nahrung für andere Wesen. Von diesem Standpunkt ist Nahrung die beste Medizin für alle körperlichen Beschwerden. Aus Nahrung sind alle Körper gemacht. Alle Körper werden durch Nahrung ernährt und werden nach dem Tode Nahrung für andere Wesen. Denjenigen, die über Nahrung als Brahman meditieren, wird es niemals an den Annehmlichkeiten des Lebens fehlen.

Menschliche Wesen, das Tier und der Vogel leben vom Atem. Der Atem ist daher das wahre Zeichen des Lebens. Es ist die Lebenskraft in allen, die Prana genannt wird. Es bestimmt, wie lange wir leben werden. Diejenigen, die Prana als Gottes Geschenk betrachten, sollen die ganze Lebensspanne vollenden.

Was bedeutet das? Nahrung kommt von der göttlichen Quelle. Es ist Teil der Entwicklung des Bewusstseins, obwohl es manche vorziehen, sich den Prozess als Rückentwicklung von dem einen Höchsten Bewusstsein, Brahman, auf niederere Ebenen vorzustellen. Durch den Urknall wurde aus der einen Einheit, der ursprünglichen Quelle, der Raum geschaffen. Später, mit der Ausdehnung des Raumes, bewegte sich das Bewusstsein von Ebene zu Ebene, bis sich schließlich „Nahrung“ manifestierte. Nahrung ist der Stoff, aus dem der physische Körper gewebt ist. Deshalb wird dieser in der vedantischen Philosophie „Nahrungshülle“ genannt. Diese Nahrungshülle, Annamaya Kosha, wird wiederum Nahrung für andere lebende Organismen. Das ist ein ständiger, fortlaufender Prozess, der sogar zu unseren Lebzeiten vor sich geht. Unzählige Keime und Bakterien ernähren sich von uns und wandeln uns um. Wir leben in einer symbiotischen Beziehung. Wenn wir alle Bakterien in uns töteten, würden auch wir sterben.

Im Augenblick unseres Todes beginnt die Verwesung; das bedeutet einfach, dass die Bakterien, Keime und Würmer uns essen und verdauen. Der physische Körper wird recycelt und wird wieder zu Nahrung, noch bevor er wieder in die Erde kommt. Die *Taittiriya Upanishad* fährt fort: „Alle Wesen werden aus Nahrung geboren, wachsen durch Nahrung und werden wieder zu Nahrung.“ Der physische Körper entsteht aus Nahrung und wird wieder zu Nahrung. Es ist einfach nicht wahr, dass wir nur Asche und Staub sind! Andere erhalten uns und wir erhalten andere. Alle Wesen stammen aus derselben göttlichen Quelle. Es ist eine fortlaufende Kette des Bewusstseins. Wenn Sie essen, nehmen Sie das Göttliche auf. Alles ist Bewusstsein, egal, auf welcher Ebene es sich befindet. Wenn Sie essen, nehmen Sie dieses Bewusstsein auf und es wird ein Teil von Ihnen. Das Energiebewusstsein in Ihrem Körper nährt auch die göttlichen Organismen, die sich von Ihnen ernähren. Sie sollten über das mystische Wesen der Nahrung meditieren.

Die *Taittiriya Upanishad* fährt fort, über die Beziehung zwischen Nahrung und Prana zu sprechen. Der Körper kehrt zu den Elementen zurück, wenn das Prana, die Lebenskraft, ihn verlässt. Der Tod des physischen Körpers gleicht dem Vorgang, seine Kleidung abzulegen. Die Seele, das Selbst, stirbt nie. Deshalb leben wir nach dem Tod des physischen Körpers weiter. Während wir leben, benötigen wir jedoch Nahrung und Prana, um uns zu erhalten.

Prana ist ein Teil der vitalen Hülle, der Energiehülle, die sich im physischen Körper befindet. Es herrscht eine enge Beziehung zwischen Nahrung und Prana. Die Qualität des Pranas hängt von der Art der Nahrung ab, die wir zu uns nehmen. Das wiederum bestimmt den Zustand des Geistes, welches das größte Arbeitsgebiet eines Yogis ist. Daher arbeitet ein Yogi mit allen drei Körpern; dem physischen Körper, der aus der Nahrungshülle besteht, dem Astralkörper, der aus der Energie-, der Geistes- und der Verstandeshülle zusammengesetzt ist, und dem Kausalkörper, der aus der Wonnehülle besteht. Alle fünf Hüllen sind miteinander verbunden und beeinflussen sich gegenseitig.

In der menschlichen Verkörperung wird die Seele durch Körper, Sinne, Gefühle, Geist, Intellekt, Ego und den Kausalkörper bedingt. Wir sind das Selbst, der Erlebende oder der Reisende, der im seinem Wagen, dem physischen Körper, unterwegs ist. In der *Bhagavad Gita* wird ein schönes Bild benutzt, um dies zu illustrieren: Der Wagen ist der physische Körper, die Pferde die Sinne, die Zügel der Geist, der Wagenlenker der Intellekt und die Seele der Passagier, der sich stets dorthin begibt, wo Geist und Sinne ihn hinführen. Wenn der Intellekt nicht scharf und entschlusskräftig ist, weiß er nicht, wohin er den Wagen und den Passagier lenken soll. In diesem Falle ist der Geist nicht in der Lage, die Zügel zu halten. Die Pferde oder die Sinne übernehmen die Führung und rasen unkontrolliert los. Dann ist der Passagier oder das Selbst in Gefahr. Selbst der Wagen oder der physische Körper ist in Gefahr zu zerschellen.

Die *Upanishad* erläutert, dass der physische Körper ein Geschenk Gottes ist und dementsprechend behandelt werden sollte. Nur dann soll es uns „nie an den Annehmlichkeiten des Lebens fehlen", was nötig ist, um Sadhana zu machen. Es wird also deutlich, dass Nahrung sehr wichtig ist und wir sie als göttlich ansehen sollen.

Deshalb ist die Sorge um den Körper eine der wichtigsten Voraussetzungen in jeder spirituellen Disziplin. Ohne Gesundheit ist es schwierig, sich auf spirituelle Übungen zu konzentrieren. Krankheit erregt den Geist, ein Zustand, den Sie vermeiden wollen, da Sie im Yoga völlige Kontrolle über den Geist bekommen möchten.

Über Nahrungsmittel und Ernährung Bescheid zu wissen steht für einen Yogapraktizierenden an oberster Stelle. Es ist nicht nötig, sich wegen der Ernährung verrückt zu machen, doch müssen einige allgemeine Regeln und Richtlinien beachtet werden, um Gesundheit zu gewährleisten.

Ernährung sollte an die eigene Konstitution angepasst sein. Verschiedene Menschen haben unterschiedliche Konstitutionen und brauchen daher unterschiedliche Ernährung. Ayurveda, die traditionelle indische Medizin, unterscheidet drei hauptsächliche Eigenschaften, von denen die Konstitution der Menschen abhängt: Vata, Pitta und Kapha oder eine Kombination aus ihnen. Nahrungsmittel, die für einen Menschen mit Vata-Konstitution verträglich sind, sind nicht unbedingt für jemanden mit Pitta-Konstitution gut. Sie können unter Umständen sogar schädlich für ihn sein. Ein grundlegendes Wissen um die eigene Konstitution erleichtert es, Probleme zu vermeiden und bestimmte krankhafte Zustände zu beheben.

Es gibt eine andere Art der Konstitution, die Manas Prakriti genannt wird und die für den Yogi von äußerster Wichtigkeit ist – Sattva, Rajas und Tamas. Ein spiritueller Aspirant versucht, seine Persönlichkeit zu verfeinern und zu reinigen, um sich vom Groben fort und zum Feinen hin zu bewegen. Da die Ernährung den Geist beeinflusst, muss der Yogi darauf bedacht sein, was er isst. Je feiner und reiner man wird, um so unmittelbarer werden die Auswirkungen falscher Ernährung. Auf einer höheren Ebene kriegt man es mit sehr feinen

Schwingungen zu tun. Auf dieser Stufe kann man sogar die Bewusstseinsschwingungen des Kochs zur Zeit des Kochens spüren. Menschen, die in Restaurants kochen, sind oft gestresst und werden von den gierigen Restaurantbesitzern ausgebeutet. Die Unreinheit, die dadurch in ihrem Geist entsteht, gelangt in Form von schlechten Schwingungen in das Essen. Dieser Vorgang gleicht dem Hinabsteigen des Höchsten Bewusstseins, Brahman, und seiner letztendlichen Manifestierung als Nahrung, welche den Körper bildet. Wenn das Bewusstsein der Menschen, die das Essen zubereiten, unrein ist, wird der, der das Essen zu sich nimmt, diese schlechte Energie aufnehmen. Deshalb sollten Sie Essen stets mit Liebe zubereiten und es segnen, bevor Sie es essen.

Es ist wichtig, die Eigenschaften von Nahrungsmitteln kennenzulernen. Die *Bhagavad Gita* weist uns den Weg:

Die Nahrungsmittel, die für die verschiedenen Menschen verträglich sind, sind ebenfalls dreierlei. Sattvige Menschen mögen Nahrungsmittel, die ihr Prana, ihre Energie, Stärke, Reinheit, Freude und Gesundheit erhöhen. Solche Nahrung steigert das Vergnügen und die Fröhlichkeit des körperlichen und geistigen Lebens. Sie ist saftig, beruhigend, frisch und verträglich. Rajasige Menschen ziehen Nahrungsmittel vor, die bitter, sauer, salzig, scharf, beißend und brennend sind. Sie verursachen Krankheit, Schmerz, Kummer und Qual. Tamasige Menschen gehen in Nahrung auf, die abgestanden, geschmacklos, faulig und unrein ist. Sie essen gerne das, was andere übriglassen.

Während sich die Prinzipien von Ayurveda auf die Konstitution des Körpers beziehen, richtet sich Manas Prakriti an die Konstitution und den Zustand des Geistes. Hier unterscheidet man die drei Qualitäten Sattva, Rajas und Tamas. Sie werden die drei Gunas genannt. Diese drei Prinzipien lassen sich in allem wiederfinden, auch in Natur, Geist und Nahrung.

Tamas bezeichnet Faulheit, Trägheit und Dunkelheit. In der Natur ist Tamas all das, was schwer und fest ist, Steine beispielsweise. Tamasige Menschen sind grob, faul und schwerfällig. Nahrung, die abgestanden, überreif, aufgewärmt oder träge machend ist, ist tamasig, z. B. Fleisch und Alkohol. Sie machen schwerfällig und faul und führen zu negativen Gedanken.

Rajas ist Aktivität und Dynamik. In der Natur manifestiert es sich als Sturm, Blitz und Donner. Rajasige Menschen sind ruhelos, von Gier getrieben und streben nach Erfolg und Macht. Nahrung ist rajasig, wenn sie zu stark gewürzt, bitter oder sauer ist, z. B. Gewürze, Kaffee, Tee, Zwiebeln und Knoblauch. Sie beunruhigt den Geist und erschwert es dem Yogi, zu meditieren oder sich zu konzentrieren und einen friedvollen Geist zu behalten.

Sattva ist Reinheit. In der Natur steht es für alles, was schön und friedlich ist. Sattvige Menschen sind friedfertig, ruhig, konzentriert und rein in Herz und Geist. Sattvige Nahrung ist gesunde Nahrung wie z. B. frische Früchte, frisches Gemüse, Getreide, Vollkornbrot, Vollkornreis, Milch, Ghee, Sprossen, Honig und Kräutertee. Eine sattvige Ernährung ist einem Yogaübenden sehr zuträglich, weil sie ihm hilft, Sattva in seiner Persönlichkeit zu entwickeln.

Reine Nahrung ist in der Praxis von Hatha Yoga sehr wichtig, weil sich ein Yogi in einem sehr feinstofflichen Gleichgewicht befindet. Sein Ziel ist es, Kontrolle über den Geist zu erlangen. Das wird durch die Reinigung von Körper, Sinnen und Geist erreicht. Wenn die Nadis gereinigt sind, beginnt er, die feinen Schwingungen des Pranas im Körper zu spüren. Diese beruhigen und konzentrieren seinen Geist, bis er das letztendliche Ziel der Transzendenz oder Erfahrung des wahren Selbst erreicht.

Exotische Nahrung dient dem spirituellen Aspiranten nicht. Er braucht einfache Nahrung. Anderenfalls dient seine gesamte Praxis dazu, Unausgewogenheiten zu korrigieren, die durch derartige Nahrung entstehen. Der spirituelle Aspirant sollte tamasige und rajasige Nahrung vermeiden und nur sattvige Nahrung zu sich nehmen. Richtig zur richtigen Zeit auf die richtige Art und Weise zu essen und die richtigen Gewohnheiten zu kultivieren sind Wege, den Reinigungsprozess und die spirituelle Entwicklung zu beschleunigen. Gemeinsam mit Asanas, Pranayama und richtigem Denken unterstützt eine reine Ernährung diesen Prozess. Ohne rechtes Wissen und Verständnis neigen die Menschen dazu, nach ihren Gelüsten und Gewohnheiten zu essen. Das sollte aufgegeben werden. Stattdessen sollte man sich sattviger Ernährung zuwenden. Letzten Endes sollte man reine Nahrung „wie eine Opfergabe an Gott“ essen. Für einen spirituellen Aspiranten ist der Körper der Tempel Gottes. Er möchte diesen Tempel so sauber und rein wie möglich halten. Das Essen von nichtvegetarischer Nahrung oder Fast Food wären eine Entweihung dieses Tempels.

Nahrungsmittel, die für einen Yogi schädlich sind

61

NAHRUNGSMITTEL, DIE FÜR EINEN YOGI ALS UNVERTRÄGLICH ANGESEHEN WERDEN, SIND SAUER, SCHARF, SALZIG, ERHITZEND; GRÜNE, SCHWER VERDAULICHE GEMÜSE, GRÜNER HAFERSCHLEIM, ÖL, SESAM, SENF, ALKOHOL, FISCH, FLEISCH, JOGHURT, BUTTERMILCH, KICHERERBSEN, JUJUBEFRÜCHTE, ÖLKUCHEN, ASAFÖTIDA UND KNOBLAUCH.

Dieser Abschnitt unterrichtet Sie über Nahrungsmittel, die Ihnen nicht zuträglich sind. Diese Anweisungen gelten für die besondere Zeit Ihres Lebens, in der Sie all Ihre Zeit dem Sadhana widmen können. Sie leben nicht länger mit anderen zusammen und sind nicht in die Welt, rajasige Arbeit usw. verwickelt. Sie fragen sich vielleicht, weshalb die hier beschriebenen Nahrungsmittel verboten sind; sie sind von rajasiger und tamasiger Natur, erzeugen also Unreinheiten und erregen Körper und Geist.

62

NAHRUNG, DIE WIEDER AUFGEWÄRMT WURDE, ABGESTANDEN, TROCKEN, EXTREM SALZIG ODER SAUER IST ODER AUS ZU VIELEN VERSCHIEDENEN GEMÜSESORTEN BESTEHT, SOLLTE VERMIEDEN WERDEN.

Essen, das wieder aufgewärmt wurde und abgestanden ist, ist tamasig und ohne Prana. Trockene, salzige und saure Nahrung erregt Vata und Pitta, zwei der ayurvedischen Tridoshas, und irritiert daher den Stoffwechsel. Trockenfrüchte, Äpfel, Melonen, Kartoffeln, Tomaten, Auberginen, Speiseeis, Erbsen und grüner Salat beispielsweise erregen Vata und sollten von jemandem mit Vata-Unausgeglichenheit vermieden werden. Stark gewürztes Essen, Erdnussbutter, saure Früchte, Bananen, Papayas und Tomaten erregen Pitta und sollten daher von jemandem mit Pitta-Konstitution vermieden werden.

Als allgemeine Regel gilt, dass Sie nicht zu viele Gemüse- oder Obstsorten mischen sollten. Viele Leute tendieren dazu, z. B. in Obstsalat alle möglichen Früchte zu vermischen. Bestimmte Melonen sollten jedoch niemals mit anderen Früchten kombiniert werden, da sie dann den Darm verstopfen und eine gute Nährstoffaufnahme verhindern. Generell sollte man saure Früchte nie mit süßen Früchten mischen, weil diese Kombination Blähungen, einen Blähbauch und Unwohlsein verursacht. Eine einfache Merkregel für Melonen ist: „Iss sie allein oder gar nicht." Ein anderes wichtiges Prinzip ist, Nahrungsmittel zu essen, die zur jeweiligen Jahreszeit (saisonal) und vor Ort (lokal) gewachsen sind, was Ihnen auch in der makrobiotischen Ernährung angeraten wird. Die Intelligenz der Natur ist unumstritten. Sie ist das Göttliche Bewusstsein, das alles zur richtigen Zeit am richtigen Ort bereitstellt. Melonen wachsen nicht im Winter; sie wachsen im Sommer, weil wir sie essen sollten, wenn uns heiß ist und wir durstig sind.

Ein und dasselbe Nahrungsmittel kann drei Phasen haben. Eine Frucht, die noch reift und grün, sauer und beißend ist, ist rajasiger Natur. Wenn sie reif und bereit ist, vom Baum gepflückt zu werden, ist sie sattvig. Zu diesem Zeitpunkt muss man kaum Kraft aufwenden, um sie vom Baum zu lösen; sie erntet sich sozusagen von selbst. Wenn eine Frucht überreif ist, wird sie tamasig. Wenn Sie eine Mango zum richtigen Zeitpunkt essen, können Sie das Prana tatsächlich in den Körper strömen fühlen. In dem Augenblick, in dem Sie eine reife Mango in den Mund nehmen, wachen die Sinne auf und das Prana schießt in Ihren Körper und Geist. Sattvige Nahrung ist saftig, süß und verträglich.

Ohne zu überlegen, essen Sie wie ein Staubsauger alles, was auf den Tisch gestellt wurde. Das führt jedoch zu allen möglichen Problemen. Sie sollten daher die soeben besprochenen einfachen Regeln einhalten, um Ihre körperlichen Systeme zu reinigen und den Geist vor Beunruhigung zu bewahren.

63

GORAKSHANATH EMPFIEHLT, SCHLECHTE GESELLSCHAFT, UMGANG MIT DEM ANDEREN GESCHLECHT, BADEN AM FRÜHEN MORGEN, FASTEN, LANGE PILGERREISEN, SITZEN VOR DEM FEUER UND ÜBERANSTRENGUNG ZU VERMEIDEN.

Diese Dinge sollten vermieden werden, weil sie das Prana erschöpfen oder den Geist erregen. „Schlechte Gesellschaft" zu vermeiden bedeutet im Grunde, sich von Menschen zu lösen, die nicht auf dem gleichen spirituellen Weg wie Sie selbst sind, weil das Ihre Energie erschöpfen und Ihr Bewusstsein hinunterziehen könnte.

Umgang mit dem anderen Geschlecht erregt den Geist und lenkt die Energie zu den unteren Chakras.

Die Anweisung, „Baden am frühen Morgen" zu vermeiden, kommt von der Tatsache, dass man zu jener Zeit kein fließendes warmes Wasser hatte. Wenn Sie morgens kalt duschen, werden alle psychischen und pranischen Systeme durcheinander gebracht, und dann können Sie nicht meditieren.

Lange Pilgerreisen, Fasten und Überanstrengung führen zu Ermüdung. Sie benötigen Energie für Sadhana. Wenn Sie den Punkt in Ihrem Sadhana erreichen, an dem Sie intensiv praktizieren, verstärkt sich Ihr Verdauungsfeuer, und daher führt Fasten zu Schwierigkeiten.

Sie sollten Feuer vermeiden, weil es Ihre Energie raubt. Die Menschen sitzen vor Lagerfeuern und an Ihren Öfen und wundern sich, warum sie hinterher so müde sind.

Nahrungsmittel, die nutzbringend für einen Yogi sind

64

DIE NUTZBRINGENDSTEN NAHRUNGSMITTEL FÜR EINEN YOGI SIND GUTE GETREIDE, WEIZEN, REIS, GERSTE, MILCH, GHEE, VOLLKORNREIS, KANDISZUCKER, HONIG, GETROCKNETER INGWER, PATOLA-FRÜCHTE, MUNGBOHNEN UND ÄHNLICHE HÜLSENFRÜCHTE UND REINES WASSER.

Diese Nahrungsmittel unterstützen Sattva, spenden Energie und beunruhigen den Geist nicht. Um ein sattviges Essen zuzubereiten, muss man außerdem das richtige Wissen über das Kochen haben. Sattviges Gemüse wird zum Beispiel tamasig und allen Pranas beraubt, wenn es zu lange gekocht wird. Ein Yogi wird es wie Gift in seinem Körper fühlen.

Eine allgemeine Regel ist, biologische Nahrungsmittel zu essen, die mit Liebe und Respekt vor der Natur angebaut worden sind. Man sollte sich vor

Dosen-, Fertig- und Tiefkühlnahrung hüten. Wenn Nahrungsmittel so behandelt werden, verlieren sie ihr Prana. Durch Bestrahlung werden in den Lebensmitteln alle Bakterien abgetötet, um die Haltbarkeit zu erhöhen. Das hat jedoch nichts mit einer Erhöhung der Nahrhaftigkeit zu tun, es geschieht schlichtweg aus kommerziellen Gründen.

65

EIN YOGI SOLLTE SÜSSE UND ANGENEHME NAHRUNG MIT MILCH UND GHEE GEMISCHT ZU SICH NEHMEN. SIE SOLLTE VERTRÄGLICH SEIN UND DIE DHATUS NÄHREN.

Was „süße und angenehme Nahrung" ist, ist eine Streitfrage, die im Zweifelsfalle von der individuellen Konstitution und Empfindlichkeit gewissen Nahrungsmitteln gegenüber abhängt. Natürlich gibt es hier im Westen viele verschiedene Ernährungsmodelle. Es gibt Vegetarier, Laktovegetarier, Veganer usw. Die Lebensmittel, die ein Yogi zu sich nimmt, sollten die Dhatus nähren, die sieben vitalen Gewebe, die zusammenarbeiten, um eine gute Funktion des Körpers zu gewährleisten. Ihre Ernährung sollte aus sattvigen Lebensmitteln bestehen, wodurch automatisch die Dhatus genährt werden.

Es ist ein großer Irrtum, dass gesundes, vegetarisches Essen geschmacklos ist. Die *Bhagavad Gita* stellt fest, dass sattvige Nahrung „saftig, wohltuend, frisch und bekömmlich" ist. Deshalb haben wir unsere Sinne zur Verfügung. Sie dienen dazu, uns mitzuteilen, welche Nahrung gesund ist und welche wir vermeiden sollten. Der Geruchssinn informiert uns darüber, ob ein Lebensmittel verdorben ist, so dass wir wissen, dass es schlecht für den Körper ist, und es wegwerfen können. Der Geschmackssinn teilt uns mit, ob etwas mit Prana gesättigt oder verdorben ist. Auch unsere Augen helfen uns, zu entscheiden, ob ein Nahrungsmittel verträglich ist oder nicht. Für diesen Zweck sind die Sinne gemacht und müssen deshalb geschützt werden. Wenn Sie begreifen, dass die Sinne eine Erweiterung des Geistes sind, versuchen Sie, sie zu disziplinieren und zu schützen. Wenn die Nase ständig Parfum riecht, wird der Geruchssinn gestört und stumpft ab. Er kann dann nicht mehr seinem eigentlichen Zweck dienen, zwischen gesundem und ungesundem Essen zu unterscheiden.

Die exzessive Verwendung von Vitaminen und Nahrungsergänzungsmitteln ist eine andere Form der Verwirrung. Gesunde, sattvige Nahrung, die nicht durch den Einsatz von Pestiziden verdorben ist, enthält alle Vitamine und Nährstoffe, die ein Körper braucht.

Manche erzählen Ihnen, dass Sie keine Milch trinken sollten, weil sie schlecht für Sie ist. Wenn Sie jedoch diese Art von Sadhana machen, ist Milch gut für Sie. Jesus hat gelehrt, dass dem Menschen die Milch und nicht das Fleisch der Tiere zur Ernährung von Gott gegeben wurde. Er hat es streng und ausdrücklich untersagt, Fleisch zu essen, doch empfohlen, Milch zu trinken. Ghee wird hier empfohlen, weil es stark entgiftend wirkt.

66

JEDER KANN DURCH DIE EIFRIGE UND SYSTEMATISCHE PRAXIS VON YOGA VOLLKOMMENHEIT ERREICHEN, GLEICHGÜLTIG, OB ER JUNG, ALT ODER SEHR ALT, KRANK ODER SCHWACH IST.

Jeder kann also Yoga üben!

67

ERFOLG IM YOGA WIRD ALLEIN DURCH PRAXIS ERREICHT UND NICHT DURCH LESEN VON BÜCHERN.

Menschen, die lediglich yogische Texte lesen und übersetzen, ohne eigene Erfahrungen zu machen, schaffen sich Probleme. Es verwirrt ihren Geist, da sie sich über Dinge auslassen, die sie selbst nicht eingehend erfahren haben.

Praktizieren Sie das, was Ihr Guru Sie lehrt. Meister Sivananda sagt: „Ein Gramm Praxis ist mehr wert als Tonnen Theorie." Beachten Sie, dass er nicht sagt, sie sei so viel wert wie Tonnen Theorie, sondern mehr; reine Information oder Lehre, die nicht in Praxis umgesetzt wird, ist gar nichts wert.

68

VOLLKOMMENHEIT WIRD NICHT DADURCH ERREICHT, DASS BLOSS DARÜBER GEREDET ODER EIN BESTIMMTES GEWAND ODER EINE BESTIMMTE KLEIDUNG GETRAGEN WIRD. ALLEIN DURCH PRAXIS WIRD VOLLKOMMENHEIT ERLANGT. DAS IST ZWEIFELLOS DIE WAHRHEIT.

Sie werden nicht automatisch dadurch ein Yogi, dass Sie eine Robe oder ein besonderes Kleidungsstück anziehen.

69

ASANA, PRANAYAMA, BANDHAS, MUDRAS UND ALLE ANDEREN DISZIPLINEN DES HATHA YOGA MÜSSEN PRAKTIZIERT WERDEN, BIS DER HÖCHSTE ZUSTAND DER VOLLKOMMENHEIT, RAJA YOGA GENANNT, ERREICHT IST.

Es wird vorausgesetzt, dass Sie bereits in Yama und Niyama gefestigt sind. Als menschliches Wesen, das den Zustand erreicht hat, in dem Sie mit dieser Intensität und Hingabe Yoga praktizieren, sollte es kein Kämpfen und Ringen und keine Probleme mehr mit Yama und Niyama geben. Wenn Sie allein leben und Yoga praktizieren und immer noch alle möglichen Gefühle von Gier, Hass, Lust, Eifersucht, Neid und Angst haben, bedeutet das, dass Sie therapiebedürftig sind und zu einem Psychiater gehen sollten, anstatt sich in eine Hütte zurückzuziehen und Yoga zu üben. Es bedeutet, dass Sie noch nicht bereit sind, allein zu leben, um Yoga zu praktizieren. Diese niederen Emotionen müssen beseitigt sein, damit Sie mit dieser Art von Engagement leben können.

Kapitel II
PRANAYAMA

1

NACHDEM DER YOGI DURCH DIE PRAXIS VON ASANA UND DIE EINHALTUNG EINER REINEN UND MASSVOLLEN ERNÄHRUNG DIE KONTROLLE ÜBER KÖRPER UND SINNE ERLANGT HAT, SOLLTE ER NACH DEN ANWEISUNGEN SEINES GURUS PRANAYAMA PRAKTIZIEREN.

Ein flüchtiges Lesen dieses Slokas könnte zu dem falschen Eindruck verleiten, dass Atemübungen erst dann praktiziert werden sollten, wenn man die Asanas gemeistert hat. Das ist tatsächlich ein verbreitetes Missverständnis in gewissen Yogaschulen, die Schülern, die nicht schon jahrelang Asanas praktiziert haben, keine Atemübungen beibringen. Das ist jedoch ein grober Fehler in der Praxis von Hatha Yoga. Es ist richtig, dass Pranayama, was „Kontrolle des Prana" bedeutet, erst praktiziert werden kann, wenn Sie hinsichtlich der Verfeinerung und Reinheit der Nadis eine sehr hohe Stufe in Ihrem Sadhana erlangt haben. Das bedeutet jedoch nicht, dass Sie keine Atemübungen machen sollten.

Die Untersuchung des Atemvorgangs lässt einem keine andere Wahl, als von Anfang an Atemübungen zu machen. Atmung geschieht durch Zusammenziehen und Entspannen von Muskeln wie Zwerchfell, Brustkorb- und Zwischenrippenmuskulatur, die alle in die Asanapraxis involviert sind. Wie gut Sie atmen, hängt davon ab, in welchem Maße Sie diese Muskeln zusammenziehen und entspannen können. Je dehnbarer sie sind, um so mehr Raum wird in den Lungen geschaffen, um so einfacher ist die Einatmung und um so mehr frische Luft und Sauerstoff werden für den Blutkreislauf und die Versorgung der Körpergewebe aufgenommen. Je stärker Sie diese anspannen können, umso mehr Luft können Sie ausstoßen. Es ist nicht möglich, die gesamte Luft aus den Lungen zu entfernen, weil Sie diese nicht vollständig zusammendrücken können. Mit der Entwicklung dieser Atemmuskeln jedoch vermindert sich die restliche, abgestandene Luft, die stets zurückbleibt, erheblich.

In der heutigen Zeit haben die Menschen die Verbindung zu Ihrem Atem verloren, und das Zwerchfell ist ein vernachlässigter Muskel geworden. Doch glücklicherweise kann es durch die Yogapraxis wie jeder andere Muskel trainiert werden. Die meisten von uns nutzen ihre Atemkapazität nicht aus, um wirkungsvoll verbrauchte gegen frische Luft in den Lungen auszutauschen. Infolgedessen sammeln sich Giftstoffe im Körper an, die Beschwerden wie

Kopfschmerzen, Erschöpfung und Trägheit verursachen. Wenn man das begreift, sieht man leicht die Notwendigkeit, Atemübungen von Anfang an mit der Asanapraxis zu praktizieren.

Regelmäßige Praxis führt zu höherer Konzentration und erhöhter Aufmerksamkeit, was Eigenschaften sind, die man im alltäglichen Leben einsetzen kann.

Aus diesem Grunde haben Sie es im Sampoorna Yoga mit einer ganzheitlichen Praxis zu tun. Durch Atemübungen wird das Prana, die Lebenskraft, erhöht. Aufwärmübungen kräftigen den Körper und führen zu Stärke und Ausdauer. Es folgt die systematische Praxis von Yogastellungen, Asanas, die sich auf alle Systeme des Körpers auswirken. Dieser systematische Zugang zu Hatha Yoga entwickelt den Menschen in einer harmonischen und ausgeglichenen Weise. *(Vgl. Kapitel „Hatha Yoga" im Buch „Sampoorna Yoga", Yogi Hari.)* Andererseits erzeugen Sie Unausgewogenheit im Körper, wenn Sie über einen längeren Zeitraum hinweg nur ein oder zwei Asanas üben.

Atemübungen sind ein integraler Bestandteil eines systematischen Zugangs. Sie werden zeitgleich mit dem Beginn der Asanapraxis eingeführt. Im Folgenden werden Techniken für Atemübungen und Pranayama detailliert beschrieben. In jedem Fall sollten Sie durch die Nase atmen, weil sich unter anderem die Pranarezeptoren im oberen Bereich der Nase befinden.

Bauchatmung

Sie sollten Ihre Übung mit der Bauchatmung beginnen, um den Einsatz des Zwerchfells zu lernen. Diese Übung verbessert außerdem die Aufmerksamkeit und die Konzentration.

Technik: Sitzen Sie bequem mit Wirbelsäule, Nacken und Kopf in einer senkrechten, geraden Linie. Legen Sie eine Hand auf den Bauch, um Aufmerksamkeit und Konzentration zu verbessern. Beginnen Sie mit einer vollständigen Ausatmung, indem Sie die Bauchmuskeln und das Zwerchfell anspannen. Atmen Sie dann langsam ein; drücken Sie dabei den Bauch heraus, während der restliche Körper entspannt ist. Achten Sie darauf, dass Sie nicht den Brustkorb zum Atmen benutzen. Atmen Sie vollständig aus, indem Sie den Bauch langsam in Richtung Wirbelsäule kontrahieren. Atmen Sie doppelt so lange aus, wie Sie einatmen. Fahren Sie einige Minuten so fort.

Man sollte versuchen, die Gewohnheit zu entwickeln, stets mit dem Bauch zu atmen. Die Bauchatmung hilft dabei, Stress zu reduzieren. Die meisten Menschen atmen in Stresssituationen stark in den Brustkorb. Durch die bewusste Bauchatmung erreichen Sie einen bemerkenswert beruhigenden Effekt auf Ihren Körper, Ihren Geist und Ihre Gefühle. Haben Sie die Bauchatmung gemeistert, können Sie mit der Bauch- und Brustkorbatmung fortfahren.

Bauch- und Brustkorbatmung

Hier können Sie Bauch- und Brustkorbatmung miteinander verbinden.

Technik: Sitzen Sie bequem mit Wirbelsäule, Nacken und Kopf in einer senkrechten, geraden Linie. Atmen Sie wie oben beschrieben in den Bauch ein, doch halten Sie jetzt die Luft im Bauch und fahren damit fort, in den Brustkorb einzuatmen, indem Sie diesen ausdehnen. Die Ausatmung beginnen Sie, indem Sie nur den Brustkorb entspannen und danach alle Luft aus dem Bauch hinausdrücken. Üben Sie das für einige Minuten. Sobald es angenehm wird, können Sie mit der vollen Yogaatmung weitermachen.

Volle Yogaatmung

Die yogische Vollatmung verbindet die Bauch- und Brustkorbatmung mit einer weiteren Ausdehnung der Lungen.

Technik: Folgen Sie den ersten beiden Stufen, die oben beschrieben sind, und fahren Sie dann fort, weiter einzuatmen, indem Sie den Brustkorb weiter ausdehnen und die Schultern leicht anheben. Sie atmen in der umgekehrten Reihenfolge aus; zunächst senken Sie die Schultern wieder ab, entspannen dann den Brustkorb und drücken zuletzt alle Luft aus dem Bauch hinaus. Haben Sie diese Stufe in Ihrer Praxis erreicht, können Sie die volle Yogaatmung drei bis fünf Minuten pro Sitzung üben.

Die volle Yogaatmung ist sehr energetisierend und kann zu jeder Zeit und überall geübt werden, wo die Luft nicht verschmutzt ist. Sie sollten sie auch nicht direkt nach dem Essen praktizieren.

Kapalabhati

Kapalabhati ist eine reinigende Atmung. Auch wenn es als eine der Kriyas oder reinigenden Übungen betrachtet wird, die später in diesem Buch besprochen werden, wird Kapalabhati von Anfang an als Atemübung in die Praxis von Sampoorna Hatha Yoga einbezogen, weil es die Muskulatur des Zwerchfells, Bauchs und Brustkorbs stärkt. Der reinigende Effekt wird durch das kräftige Ausatmen bewirkt, welches in besonderem Maße abgestandene Luft aus den Lungen entfernt. Die Lungen sind sehr wichtig für die Ausscheidung von Giftstoffen. Kapalabhati unterstützt Menschen auch dabei, schlechte Angewohnheiten wie z. B. das Rauchen aufzugeben.

Technik: Sitzen Sie bequem mit Wirbelsäule, Nacken und Kopf in einer senkrechten, geraden Linie. Atmen Sie tief ein und dann etwa 30 Mal kräftig durch die Nase aus, als würden Sie Ihre Nase putzen. Die Lungen füllen sich automatisch wieder mit Luft; daher ist es nicht nötig, zwischen den Ausatmungen bewusst einzuatmen. Verlängern Sie die letzte Ausatmung. Energetisieren Sie dann den Körper, indem Sie tief einatmen, die Arme zu den Seiten ausstrecken und den Brustkorb weiten. Lassen Sie Ihren Kopf nach hinten hängen und kreisen Sie mit den Handgelenken. Atmen Sie langsam aus und bringen Sie die Handflächen zusammen. Atmen Sie bequem ein und halten Sie die Luft für 30 Zählzeiten an. Schließen Sie Ihre Augen und richten Sie Ihre Aufmerksamkeit auf den Punkt zwischen den Augenbrauen, der auch das dritte Auge oder Ajna Chakra genannt wird. Langsam und vollständig ausatmen. Atmen Sie einmal mit der vollen Yogaatmung ein und aus. Das ist eine Runde Kapalabhati. Wenn es sich gut für Sie anfühlt, erhöhen Sie allmählich die Anzahl der Ausatmungen und die Dauer des Anhaltens.

Die Qualität der Atmung hängt eng mit der Konzentration des Geistes zusammen, wenn Sie Asanas üben. Wenn Sie bewusst die Atemmuskulatur kontrollieren können, sind Sie in der Lage, die Atmung zu beeinflussen und die Kontrolle über Ihre Atmung zu erlangen. Sie brauchen nicht so lange zu warten, bis Sie Ihre Asanapraxis vervollkommnet haben und der Körper vollständig verfeinert und frei von Spannungen und Stress ist, um mit Atemübungen zu beginnen.

Dadurch, dass der Yogi diesem systematischen Weg folgt, übt er bereits Atemübungen, wenn er eine fortgeschrittene Ebene in seiner Asanapraxis erreicht hat. Diese werden nicht als Pranayama angesehen, weil dieser Begriff die eigentliche Kontrolle des Prana, der Lebensenergie, bezeichnet. Doch wird das Prana nicht von jetzt auf gleich kontrolliert. Sie können nicht einfach nach jahrelanger Asanapraxis einen Schalter umlegen und erwarten, dann das Prana unter Kontrolle zu haben. Wenn Sie jedoch die Atemvorgänge beherrschen, können Sie mit fortgeschritteneren Praktiken des Pranayama fortfahren.

Sampoorna Yoga wird Sie Schritt für Schritt in Ihrem Sadhana und Ihrer Entwicklung begleiten.

Ein Yogi sollte maßvolle und sattvige Nahrung zu sich nehmen. Wenn Sie in Ihrer Praxis von Asana und Pranayama fortfahren und sich bewusst werden, was gute Gesundheit bedeutet, spüren Sie automatisch den Einfluss der Ernährung auf Ihr Wohlbefinden, und diese wird zu einem festen Bestandteil Ihrer Disziplin.

2

WENN DIE ATMUNG GESTÖRT IST, IST DER GEIST GESTÖRT. WENN DER ATEM KONTROLLIERT IST, IST DER GEIST UNTER KONTROLLE. DESHALB SOLLTE MAN DEN ATEM UNTER KONTROLLE BRINGEN.

Noch einmal wird in diesem neuen Kapitel, wie in jeder heiligen Schrift, das Ziel gleich zu Beginn erläutert. Wenn Sie kein klares Verständnis davon haben, warum Sie etwas machen, werden Sie blind praktizieren.

Maharishi Patanjali stellt in seinen ersten Sutras fest, „Yoga Chitta Vritti Nirodha"; Yoga ist die Kontrolle der Gedankenwellen im Geist. Das ist das Ziel, das Ideal, wie es in den *Yoga Sutras von Patanjali* definiert wird. Jede Form von Sadhana und Disziplin sollte dazu dienen, die Unruhe des Geistes zu vermindern. Der Zustand der höchsten Einheit ist erreicht, wenn der Geist fest und ruhig wird und es keine Bewegung mehr im Chitta, im Geist, gibt.

Gleichgültig, welche Disziplin Sie praktizieren, Yoga sollte dazu beitragen, den Geist durch Ausrichtung und Konzentration unter Kontrolle zu bringen. Das ist ein wichtiger Prozess im Hatha Yoga.

Der Ansatz von Hatha Yoga ist der, dass der Geist durch die Kontrolle der Lebensenergie, des Pranas, kontrolliert wird, was wiederum durch die Kontrolle des Atems geschieht. Richtige Atmung reichert das Blut und damit das Gehirn mit Sauerstoff an und hilft dabei, die Kontrolle über das Prana zu erlangen. Das Ziel bleibt dasselbe wie bei den anderen Yogawegen, doch wird es in diesem System auf Grund der direkten Beziehung zwischen Geist und Prana durch die Kontrolle des Pranas erreicht. Das Prana ist das Schwungrad des Geistes. Wenn das Prana gestört ist, wird der Geist gestört und unruhig.

Genauso wird der Atem bei gestörtem Geist mühsam, erregt und flach. Bei ruhigem Atem ist der Geist ruhig und fest.

3

SOLANGE ATEM IM KÖRPER IST, IST LEBEN IN IHM. DER TOD TRITT EIN, WENN DER ATEM AUFHÖRT. DAHER SOLLTE MAN KONTROLLE ÜBER DEN ATEM ERLANGEN.

Prana ist mehr als Luft und Sauerstoff. Es ist die Lebenskraft. Es ist die feinstoffliche, vitale Energie, die allgegenwärtig ist und in allem gefunden werden kann. Sie ist die gleiche in einem Baum, Tier oder menschlichen Wesen. Prana fließt durch die Nadis in den Geist und den Körper, nährt alle körperlichen Systeme und erhält uns dadurch am Leben. Wir wissen nicht, was es ist und haben es noch nie gesehen, doch wenn jemand stirbt, sagen wir, dass das Leben seinen Körper verlassen hat.

Der Yogi strebt an, den Pranafluss im Körper zu erhalten und zu steigern. Wenn die Menge des Pranas im Körper erhöht und verbessert wird, ist der Betreffende dynamisch und lebendig. Wenn das Prana dagegen geschwächt ist, scheint er leblos. Man glaubt, dass jedes Wesen in seiner Lebensspanne über eine gewisse Anzahl an Atemzügen verfügt, und wenn diese verbraucht sind, stirbt das Wesen. Deshalb ist der Yogi in der Lage, sein Leben zu verlängern, indem er seinen Atem unter Kontrolle bringt.

Im menschlichen Körper wird das Prana durch einen sehr komplizierten und wichtigen Atemmechanismus nutzbar gemacht. Prana steht dank dieses Atemmechanismus überall zur Verfügung. Luft tritt durch die Nase in den Körper ein und hinunter durch Rachen, Luftröhre, Bronchien, Bronchiolen und Alveolen, in denen der Austausch von Sauerstoff und Kohlendioxyd zwischen Lunge und Blut stattfindet. Das Herz pumpt das mit Kohlendioxyd, anderen Gasen und Abfallstoffen angereicherte Blut in Richtung Lungen, damit diese ausgeschieden werden können, und erhält Prana und Sauerstoff zurück, die dann in den Körper geschickt werden. Das Zwerchfell, die Zwischenrippen- und Brustkorbmuskulatur sind die Atemmuskeln, die den Körper in die Lage versetzen, mehr frische Luft ein- und mehr verbrauchte Luft auszuatmen.

Da Prana in der Nase aufgenommen wird, trifft es uns sehr, wenn wir etwas Schlimmes riechen. Die Parfums und Deodorants, die die Menschen verwenden, sind tatsächlich sehr giftig für das System. Sie vergiften sich, ohne sich darüber bewusst zu sein. Nach einer Weile schaltet sich der Geruchssinn ab. Dieser komplizierte und empfindliche Mechanismus, den Gott uns geschenkt hat, sollte respektiert und geschützt werden.

Die Lebenskraft, das Prana, wird je nach Körperfunktion unterschiedlich benannt. Jede Auf- oder Einwärtsbewegung von Energie wird Prana genannt, jede Ab- oder Auswärtsbewegung wie z. B. die Ausscheidung von Abfallstoffen Apana. Udana zieht die Lebenskraft beim Tode zurück. Samana ist die Energie, die in der Mitte des Körpers wirkt und die Nahrung verdaut. Vyana ist die Kraft, die die Nährstoffe mit Hilfe des Kreislaufs im gesamten Körper verteilt.

Ein Yogi, der diese Prinzipien versteht, kann durch die Beobachtung der Symptome eines Ungleichgewichts feststellen, welche Form des Pranas aus der Balance geraten ist. Dann ist er in der Lage, seinen Lebensstil und sein Sadhana dementsprechend anzupassen und bestimmte Lebensmittel und Kräuter zu sich zu nehmen, die das entsprechende Prana entweder erhöhen oder abschwächen und somit das Gleichgewicht wieder herstellen.

Wenn Sie z. B. unter Verstopfung leiden, arbeitet Apana nicht richtig. Durchfall oder Hämorrhoidenbildung deuten auf übermäßiges Apana hin. Bei Verdauungsbeschwerden ist Samana aus dem Gleichgewicht geraten. Durch diese Art des Bewusstseins kann ein Yogi seine Ernährung und Praxis anpassen, um ausgeglichen und gesund zu bleiben.

4

WENN PRANA NICHT DURCH SUSHUMNA FLIESST, WEIL DIE NADIS VERUNREINIGT SIND, WIE KANN DANN UNMANI EINTRETEN UND WIE KANN DAS ZIEL ERREICHT WERDEN?

Hier betont die Schrift ein Haupthindernis zur Befreiung, nämlich die Unreinheiten der Nadis. Wenn die Nadis durch Hatha Yoga gereinigt werden, erhält das Prana Zugang zum wichtigsten aller Nadis, der Sushumna, die sich in der mittleren Passage des Chakrasystems befindet. Yogaübungen, Pranayama und ein gereinigter Geist bewirken, dass das Prana ungehindert durch Sushumna Nadi fließt. Wenn das geschieht, erwacht Kundalini Shakti, die im Wurzel- oder Muladhara Chakra schläft. Ist Sushumna gereinigt, kann Kundalini Shakti zu Sahasrara Chakra am Scheitel des Kopfes aufsteigen, wo das individuelle Bewusstsein in das Höchste Bewusstsein eingeht. Dann identifiziert man sich mit dem Höheren Selbst, dem wahren Selbst und der Zustand von Yoga. Man erfährt den Ozean des Bewusstseins, der allem Sein zu Grunde liegt und welcher die einzige Wirklichkeit ist. Dies ist der geistlose Zustand, ein Zustand reiner Erfahrung.

„Unmani“, jener Zustand „keinen Geistes“, tritt nicht eher auf, bis das Prana unter Kontrolle ist. Gedankenprozesse liegen vor, bis man den Zustand erreicht hat, an dem Prana durch Sushumna in dem mittleren Kanal des Energiesystems fließt, welcher im physischen Körper der Wirbelsäule entspricht.

Pingala und Ida Nadi befinden sich zu beiden Seiten von Sushumna und entsprechen den sympathischen und parasympathischen Ganglien in der Wirbelsäule. Wenn das Prana durch Pingala und Ida Nadi, den negativen und positiven Pol oder Sonne und Mond, fließt, erfährt der Betreffende den Zustand der Dualität, der durch geistige Prozesse gekennzeichnet ist. Wenn das Prana durch Sushumna fließt, erlebt man einen Zustand des geistigen Friedens und der geistigen Ruhe.

Das geschieht nicht, bevor die Nadis gereinigt sind. Sadhana ist ein Weg, die Nadis zu reinigen. Das umfasst nicht allein Asanapraxis und gute Ernährung. Eine gute Praxis ist eine integrierte Praxis, die auf dem Befolgen der Yamas und Niyamas aufbaut, wie bereits im ersten Kapitel erläutert wurde.

5

EIN YOGI ERFÄHRT DEN FLUSS DES PRANAS, WENN SEINE NADIS GEREINIGT SIND.

Pranayama bezeichnet die Fähigkeit, Prana zu kontrollieren und diese Energie bewusst zu lenken. Energie ist nötig, um die Funktionen von Körper und Geist zu unterhalten. Bis man jedoch die Kontrolle über das Prana erlangt hat, fließt es einfach herein und hinaus. Das Prana muss ständig erneuert werden. Aus diesem Grunde atmen Menschen umso schneller, je mehr Unreinheiten sie in ihrem Körper und Geist haben. Wenn Geist und Körper gereinigt sind, verlangsamt sich die Atmung, weil der Bedarf an Atem sinkt. Man kann dann still und bequem sitzen. Auf dieser Stufe kann man tatsächlich den Fluss des Pranas durch den Körper fühlen. Dann kann man das Prana nutzbar machen, speichern, verwenden, wann es gebraucht wird, und dorthin lenken, wo es nötig ist.

Wenn man zum ersten Mal Asanas praktiziert, ist die Atmung schwer. Wenn die Nadis gereinigt werden und der Körper feiner wird, wird die Atmung sehr rhythmisch und langsam. Selbst im Kopfstand wird der Atem ganz ruhig fließen, und man braucht letztlich nur noch zwei oder drei Mal pro Minute zu atmen.

Der gleiche Prozess findet bei der Meditation statt. Am Anfang wird der Versuch, sich zu konzentrieren, durch die Atmung gestört. Nach einiger Zeit wird diese sehr ruhig und langsam und erreicht zuletzt im Zustand von Samadhi einen Punkt, an dem sie völlig aufhört.

Vollkommenheit ereignet sich nicht plötzlich. Hatha Yoga beginnt mit einfachen Beinübungen, Muskeldehnungen und der sich allmählich steigernden, systematischen Praxis von Asanas. Genauso muss man weit im Voraus damit beginnen, den Atemmechanismus zu meistern, um das Prana bewusst zu lenken. Deshalb sollten von Anfang an Bauchatmung, volle Yogaatmung, Kapalabhati und Wechselatmung praktiziert werden.

6

UM SUSHUMNA NADI ZU REINIGEN, SOLLTE PRANAYAMA TÄGLICH MIT SATTVIGEM GEIST GEÜBT WERDEN.

Die wichtigste Anweisung bezüglich Pranayama lautet, es täglich mit sattvigem Geisteszustand zu praktizieren. Bei Atemübungen ist ein konzentrierter Geist nötig, da der Zustand, in welchem sich der Geist befindet, durch Pranayama verstärkt wird. Wenn jemand positiven Geistes ist, verstärkt Pranayama diesen sattvigen Zustand weiter. In diesem friedlichen Zustand ist der Geist frei von der niederen Natur von Wut, Lust, Gier, Hass, Eifersucht, Neid und Angst. Wenn andererseits ein depressiver oder aggressiver Zustand vorliegt, intensiviert Pranayama auch diesen Zustand.

Ein sattviger Zustand des Geistes wird durch positives Denken und die Einhaltung der Yamas und Niyamas erreicht. Die ausschließliche Praxis von Asanas führt keinen sattvigen Geisteszustand herbei. Ein solcher kann auch nicht von jetzt auf gleich geschaffen werden. Sie können nicht einfach einen Sattva-Schalter umlegen. Vielmehr muss Sattva kultiviert werden. Dadurch wird die Wichtigkeit deutlich, die Yamas und Niyamas von Anfang an einzuhalten.

Viele Menschen sind Experten in Yogastellungen geworden, ohne einen sattvigen Geisteszustand zu erlangen. Sie können immer noch hasserfüllt, gierig, neidisch, ängstlich und egoistisch sein. Ein Schwerverbrecher kann Asana völlig perfektionieren. Solange Yama und Niyama nicht befolgt werden und man nicht rechtschaffen lebt, denkt und handelt, wird der Geist nicht sattvig.

Aus diesem Grunde ist es für unruhige, depressive und ängstliche Menschen so hilfreich, den Namen Gottes zu singen und Japa zu praktizieren. Chanting ist sehr einfach, aber umso effektiver. Richtige Gesellschaft ist von überragender Bedeutung. Regelmäßigkeit in der Praxis ist ebenfalls wichtig. Es ist unvernünftig, an einem Tag mehrere Stunden lang Asana und Pranayama zu üben und an den darauf folgenden Tagen nichts zu tun, weil Ihr Körper schmerzt.

Anuloma Viloma

Wechselatmung

7

IN PADMASANA SITZEND SOLLTE DER YOGI DURCH DAS LINKE NASENLOCH EINATMEN, DEN ATEM SO LANGE WIE MÖGLICH ANHALTEN UND DANN LANGSAM DURCH DAS RECHTE NASENLOCH AUSATMEN.

8

DANN DURCH DAS RECHTE NASENLOCH EINATMEN, DEN ATEM WIE ZUVOR ANHALTEN UND LANGSAM UND VOLLSTÄNDIG DURCH DAS LINKE NASENLOCH AUSATMEN.

9

SO SOLLTE STETS DURCH DASSELBE NASENLOCH EINGEATMET WERDEN, DURCH DAS AUSGEATMET WURDE, DER ATEM SO LANGE WIE MÖGLICH ANGEHALTEN WERDEN UND LANGSAM UND KONTROLLIERT DURCH DAS ANDERE NASENLOCH AUSGEATMET WERDEN.

10

ATMEN SIE DURCH DAS LINKE NASENLOCH EIN, HALTEN SIE DEN ATEM SO LANGE WIE MÖGLICH AN UND ATMEN SIE DURCH DAS RECHTE AUS. ATMEN SIE DANN DURCH DAS RECHTE EIN, HALTEN SIE WIE EBEN UND ATMEN SIE LINKS AUS. DURCH DIESE ÜBUNG ERLANGT DER YOGI DIE REINHEIT DER NADIS IN DREI MONATEN.

Anuloma Viloma oder die Wechselatmung

Anuloma Viloma oder die Wechselatmung ist das Pranayama, das die Reinigung der Nadis weiter beschleunigt, ein Prozess, der mit der Beachtung der Yamas und Niyamas, einer maßvollen Ernährung, der Praxis von Asanas und Atemübungen begonnen hat.

Anfangs sollte die Wechselatmung mit einem sehr niedrigen Verhältnis von Einatmung, Atemhalten und Ausatmung praktiziert werden. Die allgemeine Regel ist, ein Verhältnis von 1:4:2 einzuhalten; die Zahlen beziehen sich auf die Zählzeiten bei er Einatmung, dem Anhalten und der Ausatmung. Wenn die Haltephase anfangs zu anstrengend ist, kann man damit beginnen, mit der vollen Yogaatmung durch die einzelnen Nasenlöcher ein- und auszuatmen, ohne die Luft zwischendurch anzuhalten. Fahren Sie dann wie hier beschrieben fort.

Technik: Setzen Sie sich in eine bequeme Position mit Rücken, Nacken und Kopf in einer vertikalen, geraden Linie, um sich auf die Übung vorzubereiten. Die rechte Hand wird im Vishnu Mudra gehalten (Zeige- und Mittelfinger gebeugt), um das rechte Nasenloch mit dem Daumen und das linke Nasenloch mit dem Ringfinger verschließen zu können. Beginnen Sie die Übung mit einer Ausatmung. Schließen Sie das rechte Nasenloch mit dem Daumen und beginnen Sie Anuloma Viloma, indem Sie durch das linke Nasenloch einatmen, den Atem halten, rechts ausatmen, rechts einatmen, den Atem halten, links ausatmen. Damit ist eine Runde abgeschlossen. Es ist wichtig, dass Sie nicht zu schnell zählen; ratsam ist, sich am eigenen Herzschlag zu orientieren, da das die nach innen gerichtete Konzentration entwickelt.

Anuloma viloma

1

2

3

Atemhalten mit Bandhas

4

Üben Sie eine Zeitlang mit den Zähldauern 4:16:8 pro Sitzung für etwa 12 Minuten. Wenn es sich gut für Sie anfühlt, können Sie die Dauer unter Beibehaltung des Verhältnisses von 1:4:2 verlängern, also 5 einatmen, 20 halten, 10 ausatmen. Gehen Sie dann weiter zu 6 einatmen, 24 halten, 12 ausatmen; 7 einatmen, 28 halten, 14 ausatmen und schließlich 8 einatmen, 32 halten, 16 ausatmen. Fahren Sie dann nicht mit einer höheren Zähldauer fort; das ist nicht notwendig. Von da an erhöhen Sie stattdessen die Anzahl der Runden von Anuloma Viloma, bis Sie etwa eine halbe Stunde pro Sitzung praktizieren.

Die Praxis der Wechselatmung muss systematisch und ohne Zwang erfolgen. Verschiedene Menschen haben unterschiedliche Fähigkeiten. Wenn Sie Schwierigkeiten dabei haben, eine Runde zu beenden, gehen Sie wieder zu einer kürzeren Zähldauer zurück, bis diese sehr angenehm wird. Wenn Sie sich dabei anstrengen, den Atem zu halten, werden Sie nicht in der Lage sein, kontrolliert auszuatmen. Darum ist es ratsam, Pranayama nach den Anweisungen eines Gurus zu praktizieren, der Ihre Fähigkeiten überprüft, anstatt blind den Anweisungen eines Buches zu folgen. Ohne richtige Führung zu praktizieren kann zu Fehlinterpretationen, unnötiger Anstrengung und Unbehagen führen und alle positiven Wirkungen von Pranayama verwehren.

11

DIESE PRAXIS SOLLTE VIERMAL TÄGLICH AUSGEFÜHRT WERDEN: FRÜH MORGENS, MITTAGS, ABENDS UND MITTERNACHT. VERLÄNGERN SIE DIE PHASE DES ATEMHALTENS ALLMÄHLICH BIS 80.

Anstatt den Atem bis 80 zu halten, empfehle ich, nur bis 32 zu gehen. Die Anweisung, viermal täglich zu üben, um die Reinigung innerhalb von drei Monaten zu vollziehen, ist an den allein lebenden Yogi gerichtet, an den Sadhaka, der ohne Ablenkungen, Verantwortlichkeiten und Sorgen ist.

Nachdem Sie Pranayama geübt haben, sollten Sie noch eine halbe Stunde mit dem Essen warten. Essen Sie mäßig und leicht Verdauliches, wenn Sie viermal täglich üben, damit Sie bald wieder mit Pranayama anfangen können. Das ist der Hauptgrund für die Beachtung der speziellen Ernährung, die in Kapitel 1 beschrieben wurde.

12

ZU BEGINN DER PRAXIS KOMMT ES ZU TRANSPIRATION, IN DER MITTLEREN STUFE ZU ZITTERN UND LETZTLICH ZU VÖLLIGER RUHE. DESWEGEN SOLLTE DIE PRAXIS FORTGEFÜHRT WERDEN, BIS DIESE LETZTE STUFE ERREICHT IST.

Zu Anfang des Reinigungsprozesses schwitzt man bei der Praxis von Pranayama. Menschen, die zum ersten Mal in einer Yogastunde sind, schwitzen sehr stark. Aufgrund der ganzen Unreinheiten stinkt ihr Schweiß, abhängig von dem, was sie an dem Tag und in den Jahren zuvor gegessen haben. Wenn Sie weiter fortschreiten und die mittlere Stufe erreichen, beginnt Ihr Körper zu zittern, da das Prana sich zu bewegen versucht. Das ist ein Effekt des Reinigungsprozesses. In der letzten Stufe, wenn Ihr Körper vollständig gereinigt ist, kommt es zu völliger Festigkeit und Ruhe. Dann erfahren Sie den Fluss des Pranas, Frieden und Glückseligkeit.

Das sind die Anzeichen der verschiedenen Stufen der Reinigung der Nadis. Das Schwitzen ist das offensichtlichste von ihnen; es überwiegt am Anfang. Zittern ist die mittlere Stufe. Manche Menschen sind sehr erfreut darüber, weil sie das Zittern für ein Zeichen der Kundalini-Erweckung halten. Das ist jedoch weit von der Wahrheit entfernt; lassen Sie sich davon nicht in die Irre führen. Setzen Sie Ihre Praxis fort, bis Sie die letzte Stufe der Ruhe und Glückseligkeit erfahren.

13

DER SCHWEISS, DER WÄHREND DER PRAXIS VON PRANAYAMA AUFTRITT, SOLLTE IN DEN KÖRPER ZURÜCKGERIEBEN WERDEN. DAS GIBT IHM FESTIGKEIT UND STÄRKE.

Anfangs, wenn der Körper noch sehr giftig ist und der Schweiß stinkt, ist es nicht ratsam, ihn einzureiben, sondern ihn abzuwischen. Ist der Körper aber schon gereinigt und der Schweiß selbst rein, ist es wohltuend, ihn wieder in die Haut einzureiben, damit Mineralien und Elektrolyte wieder aufgenommen werden können, die andernfalls verloren gehen würden.

Zuträgliche Ernährung für Pranayama

14

IN DER ANFANGSZEIT DER PRAXIS IST EINE ERNÄHRUNG AUS MILCH UND GHEE ANZURATEN. WENN MAN IN DER PRAXIS GEFESTIGT IST, SIND SOLCHE GEBOTE NICHT MEHR NOTWENDIG.

Die Praxis von Pranayama trocknet den Schleim im Körper aus, der ersetzt werden muss, um ein Ungleichgewicht zu vermeiden. Wenn man übermäßige Hitze während der Praxis von Pranayama spürt, ist es von Nutzen, Milchprodukte zu sich zu nehmen und eine yogische Ernährung einzuhalten.

Einige Menschen empfehlen den völligen Verzicht auf Milchprodukte, weil sie Verstopfung verursachen können. Das gilt aber nur für Menschen, die nicht in diese Art von Disziplin eingeübt sind. Milchprodukte an sich sind nicht schlecht. Ihre Wirkung auf den Menschen hängt davon ab, wer sie zu sich nimmt und zu welchem Zwecke. Verschiedene Menschen empfehlen unterschiedliche Dinge. Alles hängt von der Stufe Ihrer Praxis, Ihrem Zustand und Ihrer Konstitution ab. Um Verwirrung zu vermeiden, hören Sie auf Ihren Guru. Folgen Sie dem Rat der Schriften, die Heilige und Rishis verfasst haben und die aus Erfahrung berichten.

15

WIE ES DES WISSENS, DER SORGFALT UND GEDULD BEDARF, EINEN LÖWEN, EINEN ELEFANTEN ODER EINEN TIGER ZU ZÄHMEN, BEDARF ES RICHTIGES WISSEN, GEDULD UND SORGFALT, DAS PRANA UNTER KONTROLLE ZU BRINGEN. ANDERENFALLS WIRD DER PRAKTIZIERENDE VERNICHTET.

Es ist sehr wichtig, Pranayama in vorsichtiger, systematischer und fortschreitender Weise anzugehen. Anderenfalls gleiten Ihnen die Zügel aus den Händen. Es kann zu Schwierigkeiten kommen, weil das Individuum nicht in der Lage ist, die Energie zu lenken. Dann kann es Jahre dauern, den ursprünglichen Zustand wieder herzustellen. Einen Tiger zu zähmen setzt das Studium seines Charakters, seiner Gewohnheiten, seines Verhaltens mit der möglichen

Gefahr eines Angriffs voraus. Wenn jemand sich dem Tier in Unkenntnis nähert, als wäre es ein süßes Kätzchen, kann er sich sicherlich auf eine große Überraschung gefasst machen. Wenn man das Prana kontrollieren möchte, müssen gleichermaßen zunächst seine Mechanismen studiert und Körper und Geist vorbereitet werden. Man muss richtiges Wissen und Verständnis haben und die Praxis mit Sorgfalt und Geduld angehen.

Manche Yogaschulen wenden sich an Menschen, die die grundlegenden Stufen überspringen und sofort in fortgeschrittene Techniken eintauchen möchten. Es gibt Schulen, die gleich am Anfang fortgeschrittene Atemtechniken wie z. B. Bhastrika einführen. Das ist für Menschen gefährlich, die einen unreinen Körper und einen gestörten Geisteszustand haben.

16

ALLE KRANKHEITEN KÖNNEN DURCH DIE RICHTIGE PRAXIS VON PRANAYAMA BESEITIGT WERDEN, WÄHREND FALSCHE PRAXIS ZU ALLEN MÖGLICHEN PROBLEMEN FÜHREN KANN.

Wie bereits diskutiert, nährt Prana die Körpersysteme und reinigt die Nadis. Es reinigt die Lungen, das Herz und die inneren Organe. Durch eine systematische Praxis von Pranayama, wie sie zu Anfang dieses Kapitels dargelegt wurde, kann man einen dynamischen Gesundheitszustand erlangen und erhalten. Dieser Sloka betont die Wichtigkeit einer richtigen Praxis. Jemand mit richtigem Urteilsvermögen wird sich einen kompetenten Guru zur Führung suchen, damit er voller Vertrauen praktizieren kann.

17

SCHLUCKAUF, ASTHMA, HUSTEN, KOPF-, OHREN UND AUGENSCHMERZEN UND VERSCHIEDENE ANDERE KRANKHEITEN WERDEN DURCH VATA-STÖRUNGEN BEDINGT.

Ayurveda, die traditionelle indische Medizin und vedische Heilkunst, unterscheidet zwischen drei Doshas oder Konstitutionen, die in Körper, Geist und Bewusstsein wirken. Die Doshas werden Vata, Pitta und Kapha genannt.

Das Konzept der Tridoshas des Ayurveda ist mit nichts in der westlichen Medizin vergleichbar. Gemäß Ayurveda sind der menschliche Körper und die Sinne Manifestationen der kosmischen Energie in Form der fünf Elemente Erde, Wasser, Feuer, Luft und Äther. Da diese fünf Elemente miteinander kombiniert in Menschen, Nahrung und Pflanzen zu finden sind, haben die Rishis entdeckt, dass man Nahrung dazu verwenden kann, um Gleichgewicht und Gesundheit zurückzugewinnen und zu erhalten. Die Kombination der fünf Elemente manifestiert sich im Körper als die Tridoshas. Ayurveda strebt an, die Gesundheit durch den Ausgleich der Tridoshas zu unterstützen.

Vata regiert alle biologischen Bewegungen im Körper einschließlich Atmung, Blinzeln, Nervenimpulsen und Herzschlag. Seine Elemente sind Äther und Luft. Pitta regiert den Stoffwechsel des Körpers. Seine Elemente sind Feuer und Wasser. Menschen mit einer Pitta-Konstitution haben in der Regel ein gutes Verdauungsfeuer. Kapha regiert die körperliche Abwehr, die Schmierung der Gelenke und die Schleimproduktion. Seine Elemente sind Wasser und Erde.

Dieser Sloka führt verschiedene Vata-Störungen auf. Die Elemente von Vata sind Äther und Luft, diese stehen mit Vishuddi Chakra, dem Halschakra,und Anahata Chakra, dem Herzchakra, in Verbindung. Störungen in der Bewegung von Prana und Apana können hier Krankheiten des Bronchial- und Stimmapparates, der Lungen, des Verdauungskanals, der Ohren, der Nase, des Halses, des Blutes, des Vagusnervs und des Kreislaufsystems zur Folge haben. Zusätzlich sind die Eigenschaften von Vata wegen des Luftelementes Beweglichkeit, Leichtigkeit, Trockenheit und Zerstreuung. Jeder Überschuss von einer dieser Qualitäten führt zu einem Vata-Ungleichgewicht, während die entgegengesetzten Qualitäten helfen, das Gleichgewicht wieder herzustellen. Überdies wird Vata im Herbst von Natur aus erhöht, weil dann Beweglichkeit, Leichtigkeit und Trockenheit in der äußeren Umgebung überwiegen.

Die Wissenschaft des Ayurveda kann Ihnen dabei helfen, mehr über Ihre Konstitution zu erfahren und herauszufinden, ob Ihre Konstitution Vata, Pitta oder Kapha ist. Dann können Sie feststellen, ob ein bestimmtes Dosha aus dem Gleichgewicht geraten ist, und Ihre Ernährung und Ihren Lebensstil umstellen, um wieder ins Gleichgewicht zu kommen.

18

ERFOLG IN PRANAYAMA WIRD DURCH DIE GESCHICKTE PRAXIS VON EINATMEN, ATEMHALTEN UND AUSATMEN ERREICHT.

Die „geschickte" Praxis von Einatmung, Atemhalten und Ausatmung meint eine systematische Praxis, wie oben beschrieben. Wenn Sie in der Lage sind, die Wechselatmung mit den Zählzeiten 8 : 32 : 16 ganz ohne Anstrengung auszuführen, können Sie beginnen, die Bandhas einzusetzen; Mula Bandha und Jalandhara Bandha während des Atemhaltens und Uddiyana Bandha nach der Ausatmung. *(Vgl. Sloka 46 in diesem Kapitel für die Anweisungen zu den Bandhas.)* In diesem Falle kehren Sie zu den anfänglichen Zähldauern von 4 : 16 : 8 zurück und setzen die Bandhas, denn wenn Sie die Bandhas sofort bei 8 : 32 : 16 einsetzten, würden Sie übermäßigen Stress in Ihrem System erzeugen.

19

WENN DIE NADIS GEREINIGT SIND, WIRD DER KÖRPER SCHLANK UND LEUCHTET. DAS SIND DIE ÄUSSEREN ANZEICHEN DES ERFOLGS.

Wenn der Körper gereinigt wird, tauchen äußere Zeichen auf. Der Körper von jemandem, der Hatha Yoga praktiziert, verliert automatisch an Gewicht. Das Gesicht erscheint jünger und der gesamte Körper strahlt vor Prana und dem Licht des höheren Bewusstseins.

Mit Hatha Yoga verfeinert und reinigt man seinen Körper tatsächlich auf einer subtileren Ebene. Das ist einer der Hauptunterschiede zwischen Yoga einerseits und Gewichtheben oder Fitnesstraining andererseits. Letztere verfeinern den Körper nicht.

Yoga bringt den Körper wieder in sein Gleichgewicht und bewirkt, dass alle Systeme effizienter arbeiten. Außerdem wird es zu anderen Zwecken praktiziert, hauptsächlich, um das Bewusstsein zu erheben, die Persönlichkeit zu transformieren und erleuchtet zu werden. Das ist schlichtweg nicht das Ziel von Fitnesstraining und Gewichtheben. Ein hübscher Mensch mit einem wohlgeformten Körper kann ohne weiteres ein umwölktes Bewusstsein haben und unbelebt wirken. In diesem Falle spiegeln seine Persönlichkeit und sein Gesicht immer noch sein niedriges Bewusstsein wider. Auf der anderen Seite hat jemand, der Yoga der Befreiung wegen praktiziert, nicht nur einen schönen Körperbau, sondern auch sein Geist befindet sich auf einer höheren Ebene, und deshalb spiegeln sein gesamter Körper und sein Gesicht Göttlichkeit wider. Wenn Körper und Geist gereinigt werden, drückt sich das Bewusstsein in reiner Form aus. Yoga bewirkt die Reinigung der Nadis. Nadis sind jedoch nicht nur physische Kanäle. Sie durchziehen auch die energetischen, emotionalen und geistigen Systeme. Wenn die Reinigung vonstatten geht, zeigt sie sich im Gesicht und in der Persönlichkeit.

20

WENN DIE NADIS GEREINIGT SIND, WIRD DER ATEM MIT LEICHTIGKEIT GEHALTEN, DIE VERDAUUNGSKRAFT ERHÖHT SICH, DER GÖTTLICHE KLANG ERWACHT UND MAN IST VON KRANKHEITEN BEFREIT.

Das sind die subtileren Anzeichen der Reinigung der Nadis. Je reiner die Nadis werden, um so leichter wird es, bei der Praxis von Kumbhaka den Atem zu halten. Tatsächlich erreicht man einen Punkt, an dem der Atem sich ganz einstellt. Mein Guru Swami Nada Brahmananda hielt seinen Atem jeden Morgen für 37 Minuten an, wenn er Nada Kumbhaka übte. Er war dazu in der Lage, weil sich sein Körper in einem reinen Zustand befand, was bedeutet, dass sich sein Körper nicht mehr so vieler Giftstoffe entledigen musste und es daher für ihn nicht mehr notwendig war zu atmen, um Giftstoffe gegen frische Luft auszutauschen. Zusätzlich hatte er sein Prana unter Kontrolle und sein Geist war völlig ruhig, was zu einem geringeren Energie- und Sauerstoffbedarf des Körpers führte. Auf einer niedrigeren Ebene kann man selbst erleben, wie viel einfacher es ist, beim Pranayama den Atem anzuhalten, wenn der Geist ruhig und friedlich ist. Ist er erregt, wird das Atemhalten sehr anstrengend.

Menschen mit einem guten Verdauungsfeuer begehen oft den Fehler zu denken, dass sie mehr essen müssen, um das auszugleichen. Sie nehmen irrtümlicherweise an, dass sie sonst zu wenig Nährstoffe erhalten. Das ist nicht wahr und bestimmt kein Grund, in exzessiven Lebensmittelkonsum zu verfallen. Das wäre ein Beispiel für falsches Urteilsvermögen. Es würde den

Körper nur unnötigerweise belasten und ihn seiner Energie berauben. Mit einer maßvollen Ernährung profitiert der Aspirant von der schnellen Verdauung, weil er dann bereits kurz nach einer Mahlzeit bereit ist, sein Sadhana fortzusetzen.

Wenn die Nadis gereinigt sind und Sie ruhig sitzen, erleben Sie die feinen Schwingungen des Pranas, die als Anahata-Klang oder innere Musik bekannt sind. Sie bezaubern den Geist und geleiten Sie in einen tieferen Bewusstseinszustand, bis diese Konzentration des Geistes letztlich in Samadhi gipfelt. Der göttliche Klang braucht nicht erweckt zu werden. Er ist immer vorhanden, doch kann er nur wahrgenommen werden, wenn Körper und Geist verfeinert und rein sind.

Shatkriyas

21

WENN ÜBERMÄSSIG VIEL FETT UND SCHLEIM VORHANDEN IST, SOLLTEN DIE SHATKRIYAS VOR PRANAYAMA PRAKTIZIERT WERDEN. MENSCHEN MIT AUSGEGLICHENEN DOSHAS BENÖTIGEN DIESE NICHT.

Die Shatkriyas sind Reinigungstechniken, die manchmal auch als Shatkarmas bezeichnet werden. Es gibt sechs Reinigungstechniken im Hatha Yoga, die dazu gedacht sind, den Reinigungsprozess zu beschleunigen, indem sie die groben Unreinheiten beseitigen. Diese Reinigung findet auf unterschiedlichen Ebenen statt, einschließlich der körperlichen, emotionalen, geistigen und intellektuellen Ebene.

Wenn wir mit Hatha Yoga beginnen, werden wir uns unseres Körpers viel stärker bewusst und wir fangen an, die ungeheure Menge an Unreinheiten zu erkennen, die wir über viele Jahre hinweg angesammelt haben. Gewöhnlich sind sich die Leute über diese Tatsache völlig im Unklaren, und daher häufen sich die Unreinheiten immer weiter an, bis der Betreffende in eine Krisensituation gerät. Dann konsultiert er einen Arzt, erhält ein Rezept und nimmt Medikamente, die lediglich die Symptome beseitigen.

Die Shatkriyas sind die wichtigsten Hilfsmittel für Heilung. Wenn Menschen feststellen, dass ihr Körper stagniert, überlegen sie sofort, welche Medizin sie nehmen müssen, was nur zu weiterer Stagnation führt. Hatha Yoga und natürliche Heilung dagegen konzentrieren sich darauf, Gifte auszuscheiden, den Körper von Verstopfung zu befreien und die natürliche Funktion des Körpers durch Übung, richtige Ernährung, Pranayama, positives Denken usw. anzuregen.

Durch die Yogapraxis werden Sie sich Ihres Körpers bewusst und fangen an zu verstehen, dass der Prozess der Verfeinerung Sie dabei unterstützt, zunehmendes Bewusstsein des Selbst zu entwickeln. Dieses Selbst-Bewusstsein beginnt normalerweise mit dem Körper, weil Sie zu diesem am leichtesten eine Beziehung herstellen können. Als Nächstes werden Sie sich Ihrer Emotionen, Ihres Energiesystems, Ihres Geistes usw. bewusst. Dieses Selbst-Bewusstsein macht Sie auf die Fehlfunktionen Ihrer körperlichen Systeme aufmerksam, so dass Sie diese durch Asanas, Pranayama und richtige Ernährung beheben können, bevor sie zu weiteren Gesundheitsbeschwerden führen.

In Hatha Yoga lernen Sie die Wichtigkeit positiven Denkens in Verbindung mit der Praxis von Asanas und Atemübungen kennen, was Ihre Verbindung zu Ihrem Körper vertieft. Sie werden die Beschränkungen Ihres Körpers einschließlich Beweglichkeit, Kraft, Ausdauer und Blockaden im Energiefluss zu spüren beginnen. Wenn Sie anfangen, Atemübungen zu machen, werden Sie sich unter Umständen einer Menge Schleim und Verstopfung bewusst, welche Sie daran hindern, richtig zu atmen. Vielleicht spüren Sie auch Unbehagen im Magen oder Darm, während Sie Yoga üben, und Sie stellen fest, dass Sie schon seit langem unter Verstopfung leiden.

Menschen sind krank, übergewichtig, verstopft, oder sie leiden permanent unter leichten Kopfschmerzen oder Ähnlichem, weil sich ihre Doshas nicht im Gleichgewicht befinden. Bei einem Ungleichgewicht im Körper, gleich, ob Vata, Pitta oder Kapha, wird sich der Körper ständig bemühen, das Gleichgewicht wieder herzustellen. Befinden Sie sich im Gleichgewicht, braucht sich der Körper nicht anzustrengen, und daher ist der Geist dann frei und kann meditieren und die höhere Wirklichkeit erfahren. Die Shatkriyas sind sehr wirksam, wenn es darum geht, die Doshas in ein Gleichgewicht zu bringen. Sie befreien sich von Schleim und Übergewicht, indem sie das effiziente Funktionieren der Körpersysteme – des Verdauungs-, Atmungs-, Kreislauf-, Drüsen-, Nerven- und Ausscheidungssystems – regulieren und verbessern.

Die Shatkriyas werden praktiziert, wenn der Körper einen Überschuss in den Tridoshas aufweist. Es ist nicht notwendig zu warten, bis die Asanapraxis perfektioniert ist, bevor die Shatkriyas angewendet werden, doch sollte ein gewisses Maß an Körperbewusstsein vorhanden sein. Nachdem man eine gewisse Stufe in der Praxis der Asanas und Atemübungen erreicht hat, kann es dazu kommen, dass der Körper um Atem ringt und Anzeichen von Verstopfung zeigt. Dann kann mit der Praxis der Kriyas begonnen werden. Während des Fastens ist insbesondere ein Einlauf empfehlenswert, damit Giftstoffe schneller ausgeschieden werden können und der Reinigungsprozess verstärkt wird.

Wenn die Doshas ausgeglichen sind und Sie eine gewisse Reinheit und ein gewisses Bewusstsein erreicht haben, sind die Shatkriyas nicht weiter notwendig. Dann führt man ein diszipliniertes Leben und folgt einer maßvollen Ernährung, so dass der Körper keine Abfallstoffe mehr ansammelt. Dennoch kann man sie hin und wieder anwenden, um den Zustand der Reinheit zu erhalten.

22

DIE SHATKRIYAS, DIE SECHS REINIGUNGSÜBUNGEN, SIND DHAUTI, BHASTI, NETI, NAULI, KAPALABHATI UND TRATAKA.

Yogis haben sechs Reinigungstechniken beschrieben, die die Reinigung auf grober Ebene beschleunigen. Vamana Dhauti reinigt den Magen, Bhasti den Darm, Neti die Nase und die Nebenhöhlen. Nauli ist die Manipulation der Bauchmuskeln. Es stärkt den Darm und die Bauchorgane und entfernt Stagnation in Magen, Darm und Leber. Die Stärkung der Bauchmuskeln unterstützt die richtige Atmung. Auf subtilerer Ebene hilft Nauli dabei, sexuelle Energie zu sublimieren und in geistige Energie umzuwandeln. Kapalabhati ist die Reinigung der Lungen. Es stärkt außerdem das Zwerchfell und löst bronchiale Krämpfe. Trataka ist die Reinigung der Augen und des Nervensystems. Die einzelnen Techniken werden in den folgenden Slokas beschrieben.

23

DER YOGI ZIEHT WUNDERBAREN NUTZEN AUS DIESEN SHATKRIYAS, UND SIE SOLLTEN NUR AN DIEJENIGEN WEITERGEGEBEN WERDEN, DIE DAZU BEREIT SIND.

Es ist wichtig, nicht über Ihre Praxis der Shatkriyas zu reden, weil Menschen, die bloße Zuschauer sind, sich ekeln könnten. Sie schrecken vor Ihnen zurück, weil sie geistig oder emotional nicht bereit sind. Auch ist es notwendig, von einem Guru zu lernen, wie die Shatkriyas richtig durchzuführen sind. Menschen, die nicht das nötige Vertrauen in Ihren Guru haben, verstehen und lernen die richtigen Methoden nicht. Wenn solche Menschen sehen, wie Sie die Shatkriyas praktizieren, z. B. einen Stoffstreifen verschlucken oder einen Faden in die Nase schieben und ihn durch den Mund wieder herausziehen, denken sie höchstwahrscheinlich, dass Sie verrückt sind. Dann werden Sie zu einer Attraktion, zu etwas, was Sie sich im Zirkus ansehen würden.

Manche Menschen weichen von ihrer Praxis ab und führen die Kriyas öffentlich vor, um ihr eigenes Können zur Schau zu stellen. Beispielsweise hat einmal in einer Fernsehsendung ein Mann mit einer kleinen Schlange Neti praktiziert. Er führte sie durch seine Nase ein und lenkte sie durch seinen Mund wieder heraus. 15 Jahre habe er gebraucht, um das hinzukriegen, sagte er.

Törichte Praktiken wie diese geben den Menschen ein falsches Bild davon, was der Sinn von Yoga ist. Manche Yogis werden bewundert, nur weil sie die Kriyas gemeistert haben. Wenn Leute sich als Meister solcher Praktiken verkaufen, dient das höchstwahrscheinlich ihrem eigenen Ego. Es deutet auf Stolz hin und widerspricht somit dem wahren Geist von Yoga. Alles muss auf ein höheres Ziel hin praktiziert werden.

Dhauti

24

MAN SOLLTE LANGSAM EIN STÜCK NASSEN STOFFS VERSCHLUCKEN, DAS VIER FINGER BREIT UND FÜNFZEHN ELLEN LANG IST, UND ES LANGSAM WIE VOM GURU ANGEWIESEN WIEDER HERAUSZIEHEN. DAS WIRD DHAUTI GENANNT.

Dhauti ist die Reinigung des Magens. Es gibt zwei Arten, den Magen zu reinigen: mit Stoff oder mit Wasser. Wenn Sie sich für die Stoffmethode entscheiden, verwenden Sie etwa vier Finger breite, sterile Gaze und legen diese in eine Schüssel mit lauwarmem Wasser. Falten Sie den Stoff nicht. Halten Sie ein Glas lauwarmes Wasser griffbereit, damit Sie, wenn nötig, einen Schluck Wasser nehmen können. Setzen Sie sich in die Hocke. Um ein langes Stück Stoff verschlucken zu können, müssen Sie abwechselnd kauen, schlucken und etwas Wasser trinken. Schließlich wird sich die Kehle entspannen, so dass Sie so lange schlucken können, bis Sie fast den ganzen Stoff im Magen haben. Achten Sie darauf, ein Stückchen in der Hand zu behalten, so dass Sie es vorsichtig wieder herausziehen können. Widerstehen Sie dem Drang, sich zu übergeben. Ziehen Sie nicht ruckartig am Stoff, da sich dann der Kehldeckel schließt, weil die Peristaltik der Speiseröhre es nicht gewohnt ist, dass sich etwas nach oben bewegt. Als ich das erste Mal auf diese Weise Dhauti praktizierte, blieb der Stoff stecken, was gelinde gesprochen zu einer schwierigen Situation führte. Ich musste mich bewusst entspannen, anderenfalls hätte ich meine Kehle verletzt. Daher sollten Sie sich nicht verspannen, wenn Sie diese Reinigungsübung machen; bleiben Sie entspannt. Sie sollten sie auch unter Aufsicht eines Gurus durchführen, um zu lernen, wie sie richtig gemacht wird.

Die andere Art, Dhauti zu machen, ist, vier bis acht Gläser Salzwasser zu trinken, bis Ihr Magen vollständig gefüllt ist. Das Mischungsverhältnis ist zwei Teelöffel Salz auf einen guten Liter lauwarmen Wassers. Praktizieren Sie jedes Mal, wenn Sie ein Glas getrunken haben, entweder Nauli oder springen Sie auf und ab. Sie können auch Uddiyana Bandha praktizieren. Wenn sich Ihr Magen voll anfühlt, leiten Sie den Würgereiz ein, indem Sie Zeige- und Mittelfinger nach hinten in den Rachen schieben, und erbrechen Sie das Wasser. Hören Sie nicht auf, wenn Sie erst einmal angefangen haben, sich zu erbrechen; anderenfalls müssen Sie wieder und wieder damit beginnen. Fahren Sie fort, bis es sich so anfühlt, als ob Ihr Magen herauskommt.

Um sich für Dhauti vorzubereiten, sollten Sie das Erbrechen jeden Morgen auf nüchternen Magen üben, indem Sie Ihren Rachen mit Zeige- und Mittelfinger massieren, bis Sie sich an den Würgereflex gewöhnen. Das massiert und stärkt den Magen. Wenn Sie das ein oder zwei Wochen lang praktizieren, bevor Sie Dhauti ausführen, gewöhnen Sie sich an den Effekt.

25

OHNE ZWEIFEL KÖNNEN DURCH DIE PRAXIS VON DHAUTI HUSTEN, ASTHMA, MILZERKRANKUNGEN, LEPRA UND ZWANZIG KRANKHEITEN, DIE DURCH ÜBERSCHÜSSIGES KAPHA VERURSACHT WERDEN, GEHEILT WERDEN.

Kapha regiert die Körperabwehr, die Schmierung der Gelenke und die Schleimproduktion. Kapha wohnt in der Brust. Ein Ungleichgewicht in diesem Dosha kann sich beispielsweise in Form von Übergewicht, Bronchitis oder Ödemen manifestieren. Dhauti ist eine so kraftvolle Reinigungstechnik, dass es gewöhnliche Krankheiten wie Husten und Asthma und ernsthafte Krankheiten wie Lepra, die von infektiösen Bakterien herrühren, beseitigen kann.

Dhauti reinigt das gesamte Verdauungs- und Atmungssystem, scheidet Schleim, alte, überschüssige Galle und Gifte aus und führt die chemische Zusammensetzung des Körpers wieder in ihren natürlichen, ursprünglichen Zustand zurück. Es beseitigt infektiöse Bakterien aus Mund, Nase, Augen, Ohren, Hals, Magen, Darm und Anus. Es vermindert überschüssiges Fett und beseitigt chronische Blähungen, Verstopfung, schwache Verdauung und Appetitlosigkeit. Dhauti kann Bauchschmerzen und Fieber heilen, doch sollte Dhauti nicht bei akutem Fieber oder akuter Infektion praktiziert werden. Praktizieren Sie Dhauti erst dann, wenn Sie wieder gesund sind. Dann kann Dhauti Sie davor bewahren, einem Rückfall in dieselbe Krankheit zu erliegen.

Bhasti

26

HOCKEN SIE BIS ZUM NABEL IN SAUBEREM WASSER, FÜHREN SIE EIN ROHR IN DEN ANUS EIN UND ZIEHEN SIE DURCH KONTRAKTION WASSER IN DEN DICKDARM HINAUF. DIESE WÄSCHE WIRD BHASTI GENANNT.

Bhasti ist die Reinigung des Dickdarms. Dieser Sloka erklärt die traditionelle Methode von Bhasti, welche heutzutage jedoch zu vielen Problemen führen würde, weil es keine sauberen Flüsse mehr gibt. Sie wären verrückt, sich für Bhasti in einen verschmutzten Fluss zu hocken. Stattdessen können Sie sich in eine Wanne voll Wasser setzen. Damals verwendete man ein Stück hohlen Bambus von etwa 10 cm Länge, fettete es und führte es in den Anus ein. Dann praktizierte man Uddiyana Bandha und Nauli, um ein Vakuum im Darm zu erzeugen und somit Wasser in den Dickdarm zu saugen. Nachdem das Wasser hineingezogen wurde, wurde das Rohr entfernt, noch einmal Nauli praktiziert und dann das Wasser wieder ausgestoßen. Das Ausstoßen und Hinaufziehen von Wasser wurde so lange wiederholt, bis der Dickdarm sauber war.

Heutzutage reicht es aus, einen Einlauf zu machen. Die meisten Menschen haben noch nie von Einläufen gehört oder schrecken vor dem Gedanken daran zurück. Warum denkt man, dass es ekelhaft ist, seinen Dickdarm zu waschen? Es ist schlichtweg eine Sache der falschen Konditionierung. Wenn wir morgens aufstehen oder eine Mahlzeit beendet haben, putzen wir unsere Zähne, ohne auch nur darüber nachzudenken. Wir tun es einfach. Das ist normales, annehmbares Verhalten, weil der Mund einen fauligen Geruch aussendet, wenn wir es nicht tun. Dennoch finden die meisten Menschen die Reinigung des übrigen Verdauungstraktes ekelhaft. Der Verdauungskanal besteht aus Mund, Kehlkopf, Speiseröhre, Magen, Dünndarm, Dickdarm und Anus. Der gesamte Verdauungstrakt sollte von Zeit zu Zeit gereinigt werden. Wenn man einen Teil von ihm vernachlässigt, entwickelt sich unter Umständen Darmkrebs oder eine andere Krankheit.

Es ist wichtig festzuhalten, dass es sich bei dem Verdauungskanal um einen muskulären Schlauch handelt, der durch den Körper verläuft. Deshalb sollte er sauber gehalten werden. Es ist Teil des Verdauungssystems, in dem die Nahrung verarbeitet wird. Die Nährstoffe werden hier in den Blutstrom aufgenommen. Alles andere, was Abfall ist, wandert hindurch und wird ausgeschieden.

Der Dickdarm gibt keine Verdauungssekrete ab. Der Körper nimmt lediglich das im Darminhalt enthaltene Wasser wieder auf und scheidet den festen Abfall durch den Anus aus. Wenn keine ordentliche Ausscheidung stattfindet, sammeln sich Jahr um Jahr immer mehr Giftstoffe und Abfallprodukte im Dickdarm an, der dadurch eine Brutstätte für alle möglichen gesundheitlichen Probleme und Krankheiten wird. Deshalb ist es wichtig, dafür zu sorgen, dass der Verdauungskanal sauber ist und richtig arbeitet. Das schließt auch den Dickdarm ein.

27

DURCH DIE PRAXIS VON BHASTI WERDEN VERGRÖSSERUNGEN DER DRÜSEN UND DER MILZ UND KRANKHEITEN, DIE VON ÜBERMÄSSIGEM VATA, PITTA UND KAPHA HERRÜHREN, BESEITIGT.

28

BHASTI ERHÖHT DEN APPETIT, GLEICHT DIE DOSHAS AUS, REINIGT DIE DHATUS, DIE SINNE UND DEN GEIST UND LÄSST DEN KÖRPER ERSTRAHLEN.

Die Verstopfung des Darms zieht viele Probleme nach sich. Bei Autopsien werden in manchen Fällen bis zu zehn Kilogramm Fäkalien im Körper aufgefunden. Das bedeutet, dass sie sich dort über Jahre angesammelt, sich verkrustet und die richtige Nährstoffaufnahme verhindert haben müssen. Das führt auch zur Entzündung des Darms. Es ist ein Prozess, der mit der Verkalkung und Verstopfung von Wasserleitungen vergleichbar ist. Daran können Sie sehen, wie wichtig die Reinigung des Dickdarms ist.

Durch die Praxis von Bhasti erhöht sich Ihr Appetit, und da alles richtig fließt und funktioniert, strahlt Ihr Körper.

Durch Wechselwirkung mit der äußeren Umwelt und kultureller und sozialer Konditionierung gerät die harmonische Funktion der Doshas aus dem Gleichgewicht. Das beeinflusst wiederum die Dhatus, die sieben Gewebe des Körpers, und die Srotas (Nadis), die subtilen Kanäle, durch die die Energie fließt, und erzeugt so durch schwache Verdauung und Nährstoffaufnahme Ama, Abfallstoffe. Das kann dann zu Krankheiten führen. Bhasti reinigt die Dhatus und harmonisiert die Doshas, die Sinne und den Geist.

Gesundheit bezieht sich nicht allein auf den physischen Körper. Das, was auf der körperlichen Ebene passiert, spiegelt oftmals das wider, was auf subtiler Ebene geschieht, und andersherum. Hatha Yoga lehrt, dass wir drei Körper und fünf Hüllen haben. Der physische Körper ist Annamaya Kosha oder die Nahrungshülle. Wenn die Menschen also sagen: „Man ist, was man isst“, ist das tatsächlich wahr. Der Astralkörper besteht aus Pranamaya Kosha, der

Energiehülle, Manomaya Kosha, der Mentalhülle, und Vijnanamaya Kosha, der intellektuellen Hülle. Als Letztes haben wir den Kausalkörper, der aus Anandamaya Kosha, der Wonnehülle, besteht. Die drei Körper und fünf Hüllen sind die Werkzeuge, durch die die Seele die Welt erlebt. Deshalb beeinflusst das, was in einer Hülle geschieht, die anderen. Wenn man die Shatkriyas praktiziert, erzeugt man auf körperlicher, emotionaler, geistiger, psychischer und kosmischer Ebene die Integration seines Wesens.

Die Praxis von Bhasti reinigt den physischen Körper und wirkt daher auch auf subtilere Schichten ein. Physische Spannungen spiegeln geistige Spannungen wider. Wenn Menschen verstopft sind, ist ihr Geist ebenfalls verstopft. Sie fühlen sich dann träge, faul, tamasig und bekommen Kopfschmerzen. In dem Augenblick, in dem derjenige zur Toilette geht, ist er sehr erleichtert und lächelt wieder. Es ist sehr schmerzvoll, richtig Asanas und Pranayama zu praktizieren, wenn man Verstopfungen hat. Freiheit in den Gliedern, ein hohes Energieniveau und körperliche Harmonie erzeugen automatisch ein Gefühl der Freude und des Glücks. Deshalb klärt sich der Geist und der Betreffende kann Asana wirklich genießen, wenn die Verstopfung beseitigt ist. Es ist eine sehr praktische Art der Reinigung. Wenn der Körper gereinigt ist, stabilisiert sich der Geist und Reaktionen auf Situationen, die sonst übersteigerte emotionale Reaktionen verursacht haben, bleiben aus. Man handelt entspannter und bedächtiger, weil sich alles im Gleichgewicht befindet.

Es ist wichtig anzumerken, dass es ausreicht, ab und zu, etwa alle paar Monate, einen Einlauf zu machen, wenn man keine Verstopfungen hat.

Neti

29

FÜHREN SIE EINE KORDEL, DIE AUS FADEN GEMACHT UND GUT 20 CM LANG IST, IN DIE NASE EIN UND ZIEHEN SIE DIESE AUS DEM MUND HERAUS. DAS IST NETI.

Sutra Neti

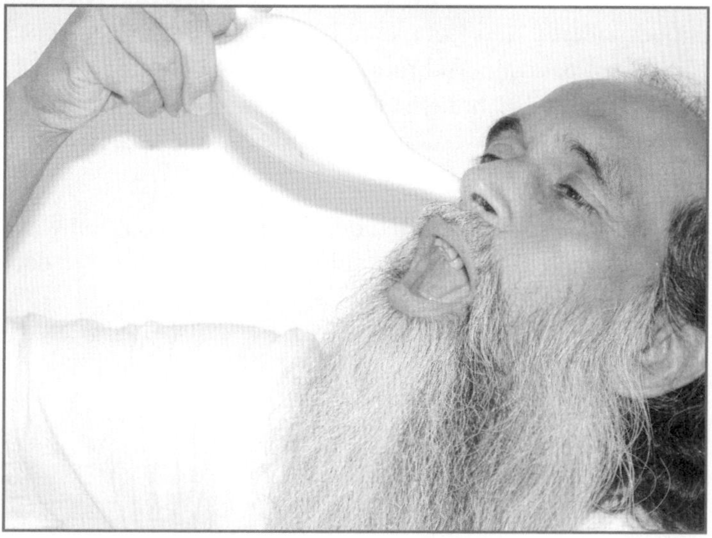

Jala Neti

Neti ist die Reinigung der Nase und der Nebenhöhlen mit einem Faden oder Katheter (Sutra Neti) oder mit lauwarmem Wasser (Jala Neti). Neti stimuliert den Kreislauf, entfernt Schleim und führt zu einem gesunden Nasenraum und gesunden Nebenhöhlen. Das ist wichtig, weil sich die Rezeptoren für Prana in der Nase befinden.

Traditionellerweise haben Yogis, um Sutra Neti zu praktizieren, einen Faden genommen, ihn mehrfach gefaltet und ein Ende eingewachst, um ihn zu einer steifen Spitze formen und in die Nase einführen zu können. Heutzutage wird anstatt dessen ein Katheter benutzt. Wenn Sie den Katheter einführen, werden Sie oben in der Nase eine Passage finden, durch die der Katheter hindurch hinunter in die Kehle wandern kann. Es ist wichtig, dabei entspannt zu bleiben. Drücken Sie den Katheter nicht mit Gewalt weiter; schieben Sie ihn vielmehr sanft aufwärts, bis er wieder im Rachen auftaucht. Ergreifen Sie ihn dort mit zwei Fingern, ziehen Sie ihn hin und her. Wiederholen Sie das mit dem anderen Nasenloch.

Anstatt dessen können Sie auch Jala Neti praktizieren, indem Sie Wasser verwenden. Das ist ein ganz einfacher Vorgang. Sie nehmen etwas Wasser in eine Hand und gießen es sich in beide Nasenlöcher. Das Wasser sollte dann wieder aus dem Mund herauskommen. Das ist insbesondere auf Reisen nützlich, wenn Sie sich müde fühlen. Fahren Sie auf einen Rastplatz, waschen Sie sich das Gesicht, nehmen Sie etwas Wasser in die Hand und gießen Sie es in beide Nasenlöcher. Das weckt Sie wieder auf. Manche Menschen verwenden ein besonderes Neti Lota, eine Netikanne, die so gemacht ist, dass sie in ein Nasenloch passt. In Wahrheit erzielen Sie damit den gleichen Effekt wie mit Ihren Händen. Sie brauchen dazu keine spezielle Ausrüstung. Jala Neti kann immer praktiziert werden, wenn Sie Ihre Zähne putzen oder Ihr Gesicht waschen.

Gleichgültig, welche Methoden Sie verwenden, Sie werden sich nach Neti sehr sauber, belebt und klar fühlen. Auch können Sie dann sehr gut Pranayama üben.

30

NETI REINIGT DAS GEHIRN UND FÜHRT ZU HELLSICHTIGKEIT. ES BESEITIGT ALLE KRANKHEITEN OBERHALB DER SCHULTERN.

Neti heilt Nebenhöhlenverstopfung, Trockenheit der Nase, Heiserkeit, Mandelentzündung, Migräne, bestimmte Augen- und Ohreninfektionen, Erkältungen, Allergien und sogar Schüttelkrämpfe. Die Nasenhöhlen filtern Bakterien und Staub, und das Blut, das durch die Kapillare fließt, erwärmt und befeuchtet die Luft auf ihrem Weg in die Lungen. Fehlende Feuchtigkeit kann die Flimmerhärchen zerstören, die den Atemtrakt auskleiden und das Herausfiltern von Staubteilchen unterstützen. Da Neti die Nasenregion mit Wasser anregt und säubert, beseitigt es Bakterien und Schleim, die sich in der Nase angesammelt haben. Jala Neti hilft dabei, eine trockene Nase zu befeuchten. All das lässt die Luft wieder ungehindert strömen.

Der Riechnerv in der Nasenhöhle arbeitet für den Geruchssinn. Er führt direkt zum Gehirn, damit Sie Gifte schon wahrnehmen können, bevor sie eingeatmet werden. Kleine, paarige Höhlen in der knöchernen Struktur des Schädels, die Nebenhöhlen, sind ebenfalls mit Schleimhaut ausgekleidet, um die einströmende Luft zu reinigen. Diese Nebenhöhlen dienen außerdem als Resonanzräume. Neti unterstützt die Entleerung dieser Nebenhöhlen und beseitigt Schleimansammlungen, was sich wiederum positiv auf Ohren, Augen, Nase und Hals auswirkt.

Da sich die Pranarezeptoren ebenfalls in der Nase befinden, hilft Neti auch dabei, Störungen des Pranas zu beseitigen, die die höheren zerebralen, sensorischen und motorischen Funktionen betreffen, was unter anderem die Sprache, das abstrakte Denkvermögen, das Gehör, die Gefühle, das Gedächtnis und das Sehvermögen einschließt. Wenn Prana gleichermaßen durch beide Nasenlöcher fließt, werden beide Gehirnhälften ausgeglichen, die Systeme des Körpers harmonisiert und man erfährt Frieden und Gelassenheit. Die Praxis von Neti regt außerdem Ajna Chakra, das dritte Auge, den Sitz des Bewusstseins an, weil sie Blockaden beseitigt und einen freien Pranafluss ermöglicht. Deshalb sagt man, dass Neti zu Hellsichtigkeit führt.

Trataka

31

BLICKEN SIE MIT ENTSPANNTEN AUGEN AUF EINEN PUNKT, OHNE ZU BLINZELN, BIS TRÄNEN FLIESSEN. DAS IST TRATAKA.

Trataka reinigt und stärkt die Augen und das Nervensystem. Es entwickelt außerdem die Konzentration sehr stark. Trataka auf die Flamme einer Kerze sollte an einem windgeschützten Ort in zwei bis drei Meter Entfernung von der Kerze praktiziert werden. Die Flamme muss ruhig sein und sollte sich auf der Höhe der Augen befinden. Sitzen Sie aufrecht, Augen, Körper und Geist entspannt, und starren Sie in die Flamme, ohne Ihre Augen anzustrengen oder zu blinzeln. Sie können das für etwa fünf Minuten machen. Schließen Sie dann Ihre Augen und visualisieren Sie die Flamme im Punkt zwischen den Augenbrauen. Sie können im Geiste Ihr Mantra wiederholen; wenn Sie kein Mantra haben, wiederholen Sie „Om". Das versetzt Ihren Geist in einen Zustand des Friedens.

Die Flamme ist ein kraftvolles Symbol des inneren Lichts. Wenn Trataka lediglich zu Konzentrationszwecken verwendet wird, können Sie anstatt einer Flamme auch einen Punkt als Konzentrationsobjekt nehmen.

32

TRATAKA BESEITIGT ERMÜDUNG, TRÄGHEIT UND AUGENKRANKHEITEN. ES SOLLTE WIE EINE MIT GOLD GEFÜLLTE SCHATULLE WERTGESCHÄTZT WERDEN.

Trataka führt auch zu Hellsichtigkeit und der Fähigkeit, Auras zu erkennen. Wenn Sie in eine Flamme starren, ohne zu blinzeln, werden Sie die subtile Aura, die die Flamme umgibt, sehen. Trataka wird mit entspannten Augen geübt. Mit sanftem Blick nutzen Sie die Stäbchen stärker als die Zapfen in Ihren Augen, was Sie dazu befähigt, Auras zu sehen.

Weil der Geist normalerweise zerstreut ist, zerrt er Sie in viele verschiedene Richtungen und erschöpft damit Ihre Energie. Wenn Sie sich auf ein einziges Objekt konzentrieren, schwindet die schwankende Natur des Geistes nach und nach und seine Kraft nimmt zu. Deshalb trägt Trataka dazu bei, Ermüdung, die normalerweise durch einen unstetigen Geist verursacht wird, zu beseitigen. Die Praxis von Trataka verbessert außerdem die Sehkraft und regt das Gehirn über den Sehnerv an.

Nauli

33

BEUGEN SIE SICH NACH VORN UND STÜTZEN SIE DIE HÄNDE AUF DIE KNIE. STRECKEN SIE DEN BAUCH HERAUS UND LASSEN SIE DIE MUSKELN VON RECHTS NACH LINKS MIT DER GESCHWINDIGKEIT EINES STARKEN STRUDELS KREISEN. DAS IST NAULI.

Nauli ist eine Manipulation der Bauchmuskeln. Es stärkt den Darm und die Bauchorgane, entfernt Trägheit des Magens, des Darms und der Leber. Die Stärkung der Bauchmuskeln unterstützt Sie dabei, richtig zu atmen. Auf subtilerer Ebene hilft Nauli, die sexuelle Energie zu sublimieren und in geistige Energie umzuwandeln. Der spirituelle Weg erfordert sehr viel Energie und mentale Kraft, und Nauli unterstützt diesen Prozess.

Nauli beginnt mit Uddiyana Bandha. Bevor Sie Nauli ausführen, müssen Sie einige Wochen lang regelmäßig Uddiyana Bandha üben. Machen Sie Uddiyana Bandha vor Ihrer täglichen Asanapraxis. Das hilft Ihnen dabei, eine gewisse Kontrolle über Ihre Bauchmuskeln zu erlangen und das Prana in Sushumna Nadi hinaufzutreiben.

Technik für Uddiyana Bandha:

Stellen Sie sich gegrätscht hin. Stützen Sie Ihre Hände fest auf die Knie. Beugen Sie sich leicht nach vorn, während Sie kräftig und vollständig ausatmen. Nach der Ausatmung ziehen Sie Ihre Bauchdecke nach hinten und oben in Richtung Wirbelsäule. Halten Sie sie für eine Weile dort und bleiben Sie in der Stellung, so lange der Atem außerhalb der Lungen gehalten wird. Lassen Sie die Bauchdecke dann los und atmen Sie langsam und kontrolliert ein. Atmen Sie vollständig aus und wiederholen Sie den Vorgang. Nach einigen Wochen sind diese Muskeln gut entwickelt und gestärkt.

Nauli

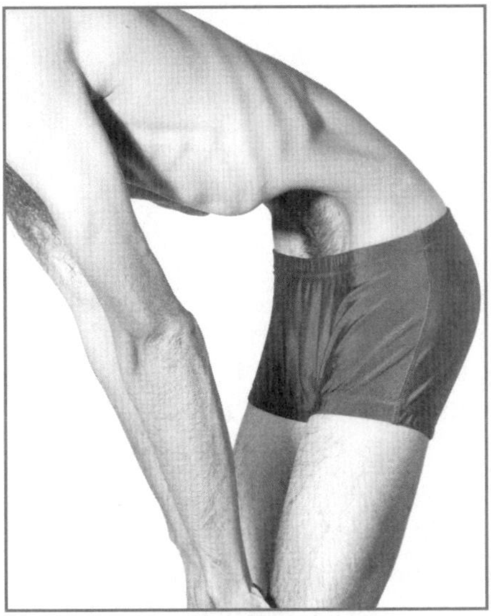

Uddiyana Bandha

Nauli

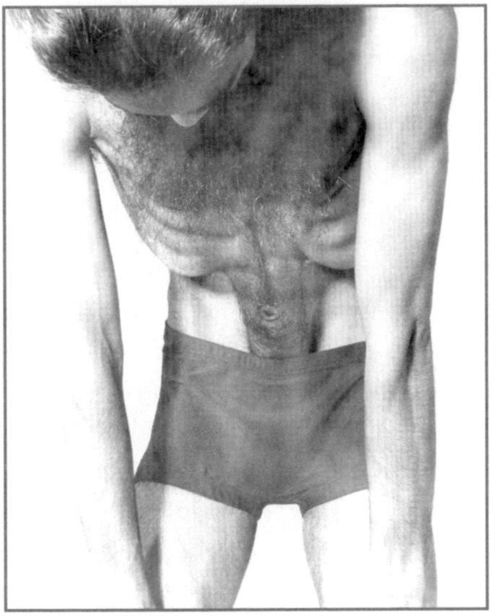

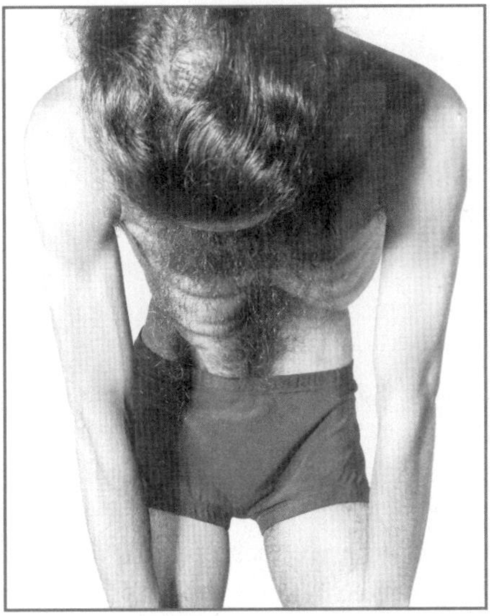

Technik für Nauli:

Sie werden nun in der Lage sein, Ihre Bauchmuskeln bewusst herauszudrücken. Das passiert ganz natürlich. Lassen Sie die Muskeln erst zu einer und dann zur anderen Seite wandern. Bewegen Sie diese von Seite zu Seite in einer kreisenden Bewegung. Kreisen Sie im Uhrzeigersinn und anschließend entgegengesetzt.

34

NAULI WIRD IN DER HATHA YOGA-PRAXIS IN HOHEN EHREN GEHALTEN. ES SCHÜRT DAS VERDAUUNGSFEUER, BESEITIGT KRANKHEITEN DER DOSHAS UND BRINGT EIN GLÜCKSGEFÜHL MIT SICH.

Der Körper hat eine angeborene Intelligenz. Wenn Sie jedoch nicht auf den Körper hören, gehen sein natürlicher Rhythmus und seine natürliche Harmonie verloren. Wenn die Doshas ausgeglichen sind, sind Sie gesund. Wenn dagegen ein Ungleichgewicht in ihnen vorliegt, werden Sie krank. Sie erinnern sich bestimmt, dass die Doshas Vata, Pitta und Kapha sind und verschiedenen Konstitutionen entsprechen. Der Sitz von Vata ist der Darm, der von Pitta ist Magen und Dünndarm und der von Kapha der Brustkorb. Wenn eine Störung oder ein Ungleichgewicht in den Doshas vorliegt, müssen bestimmte Vorkehrungen getroffen und gewisse Praktiken ausgeführt werden, um das Gleichgewicht wieder herzustellen.

Die Wissenschaft des Hatha Yoga ist, wenn richtig praktiziert, ein göttliches Geschenk, das Gleichgewicht und Harmonie in den drei Körpern und fünf Hüllen wiederherstellt. Nauli ist sehr wirksam darin, Unstimmigkeiten in den Doshas zu beseitigen, weil Sie durch die Manipulation der Bauchmuskulatur die inneren Organe des Verdauungstraktes und Fortpflanzungsapparates massieren. Nauli hilft dem Verdauungskanal dabei, richtig zu funktionieren. So ist es dabei behilflich, die angeborene Intelligenz des Körpers wiederherzustellen. Wie bereits besprochen, fühlen Sie sich gesund und glücklich, wenn Ihr Magen-Darm-Trakt richtig funktioniert.

Kapalabhati

35

FÜHREN SIE DIE AUSATMUNG KRAFTVOLL DURCH. BEIM ENTSPANNEN GESCHIEHT DIE EINATMUNG VON ALLEINE. PRAKTIZIEREN SIE DAS IN SCHNELLER ABFOLGE GLEICH DEM BLASEBALG EINES SCHMIEDES. DAS WIRD KAPALABHATI GENANNT UND ES ZERSTÖRT ALLE KRANKHEITEN, DIE MIT SCHLEIM IN VERBINDUNG STEHEN.

Kapalabhati ist die Reinigung der Lungen. Es stärkt das Zwerchfell und beseitigt Krämpfe in den Bronchien.

Technik für Kapalabhati:

Um Kapalabhati richtig zu praktizieren, setzen Sie sich aufrecht hin und halten Sie Ihren Brustkorb und Ihre Schultern entspannt. Nur Zwerchfell und Bauchmuskeln kontrahieren, wenn Sie kraftvoll ausatmen. Entspannen Sie diese Muskeln dann und lassen Sie die Luft einströmen. Wenn Sie eine Runde Ausatmungen gemacht haben, atmen Sie tief ein und energetisieren gleichzeitig den Körper, indem Sie die Arme seitlich auf Schulterhöhe ausstrecken und die Handgelenke bewegen, um Spannungen zu lösen. Atmen Sie vollständig aus und senken Sie die Arme dabei. Atmen Sie dann ein und halten den Atem an.

Beginnen Sie mit drei Runden; die erste Runde besteht aus 20, die zweite aus 30 und die dritte aus 40 Atemstößen. Halten Sie den Atem in der ersten Runde für 30 Sekunden, in der zweiten für 45 Sekunden und in der dritten für 1 Minute an. Die Anzahl der Atemstöße und die Dauer des Atemhaltens kann allmählich auf beliebige Werte erhöht werden.

Jeder kann Kapalabhati machen. Die kraftvolle Ausatmung ist mit Naseputzen vergleichbar.

Im Gegensatz zu Bhastrika, bei dem Sie kraftvoll ein- und ausatmen, wird bei Kapalabhati nur die Ausatmung betont, und die Einatmung geschieht aufgrund des Vakuums, das in der Lunge erzeugt wurde, von ganz alleine.

Wenn Sie gesund sind, werden Sie unweigerlich glücklich. Doch um Gesundheit zu erleben, muss der Körper von Giftstoffen befreit, der Geist friedlich, ruhig und fest, die Emotionen ruhig und freudig sein, die Abfallstoffe des Körpers müssen richtig ausgeschieden werden und die Organe müssen richtig und effizient funktionieren. Die Kriyas sind vorbeugende Maßnahmen, die Sie dabei unterstützen, diesen Zustand zu erreichen. Die meisten Menschen verstehen diese Praktiken nicht, bis sie einen Guru haben, der sie ihnen beibringt.

36

DURCH DIE PRAXIS DER SHATKRIYAS WERDEN DIE GROBEN UNREINHEITEN BESEITIGT UND DIE DOSHAS AUSGEGLICHEN. DANN WIRD DIE PRAXIS VON PRANAYAMA OHNE MÜHE ERFOLGREICH.

Wenn Ihr Körper mit groben Unreinheiten und übermäßigem Schleim verstopft ist, sind Atemübungen unangenehm und anstrengend für Sie. Wenn Sie jedoch die Shatkriyas ausgeführt haben und die groben Unreinheiten beseitigt sind, wird die Praxis von Pranayama viel einfacher und angenehmer. Wenn Sie Pranayama an diesem Punkt beginnen, erleben Sie seinen reinigenden Effekt und die Ruhe des Geistes nach den Übungen.

Bevor Sie Pranayama beginnen, sollten Sie bereits Atemübungen in Ihre Asanapraxis aufgenommen haben. Diese schließen Bauchatmung, volle Yogaatmung, Kapalabhati und Wechselatmung ein, wie zu Beginn dieses Kapitels beschrieben.

37

MANCHE ARCHARIAS BEZEUGEN, DASS ES KEINER ANDEREN PRAKTIKEN BEDARF, WEIL PRANAYAMA ALLE UNREINHEITEN BESEITIGEN KANN.

Manche Lehrer halten ihre Schüler davon ab, diese Reinigungstechniken zu praktizieren, und raten ihnen, einfach Pranayama zu üben, weil das allein die Nadis reinigt. Der eigentliche Grund dafür ist, dass viele Leute an Praktiken geraten, ohne wirklich zu wissen, was sie da tun. Für sie ist es oft nur eine kurzweilige Masche, die sie ausprobieren. Ohne richtige Führung und richtiges Verständnis können sie sich eine Menge Schwierigkeiten einhandeln. Etwas zu tun, nur um es zu tun, ist in diesem Falle nicht weise. Es muss zu einem Zweck geschehen. Wenn Sie nicht unter übermäßigem Schleim leiden, warum wollen Sie dann die Kriyas praktizieren? In diesem Falle können Sie Pranayama machen, weil keine Blockade vorliegt und deswegen auch keine Kriyas nötig sind. Andere Menschen können nur durch ihren Mund und nicht durch die Nase atmen. Tatsächlich atmen die meisten Menschen nur durch ein Nasenloch. Normalerweise übernimmt alle paar Stunden das andere Nasenloch die Atmung. Das ist ein Zeichen dafür, dass die Nadis nicht gereinigt sind. Im Extremfall verbrennen sich Menschen die ganzen Nasenschleimhäute damit, Kokain zu schnupfen. Sie zerstören die angeborene Intelligenz ihres Körpers und richten alle möglichen Schäden an.

Gaja Karani

38

DER HATHA YOGI, DER WISSEN UND KONTROLLE BESITZT, KANN APANA VAYU ZUM HALS BEWEGEN UND DEN INHALT DES MAGENS ERBRECHEN. DAS IST GAJA KARANI.

Diese Praxis ist für den Yogi nützlich, der in dieses intensive Sadhana verwickelt ist, viermal täglich Pranayama zu praktizieren. Sie müssen sehr vorsichtig mit dieser Technik sein, sonst führt sie zu Bulimie. Gaja Karani sollte nicht einfach irgendwann und sicherlich nicht nach jeder Mahlzeit praktiziert werden. Es sollte nur nach Anweisung eines Gurus gemacht werden. Nachdem man der Nahrung einige Stunden Zeit gelassen hat, verdaut zu werden, kann das, was noch im Magen verblieben ist, erbrochen werden. So braucht der Körper nicht zu viel Energie darauf zu verwenden, die Nahrung zu verdauen. Nur ihre Essenz wird aufgenommen und der Rest ausgeschieden.

Menschen, die nicht in dieses intensive Sadhana verwickelt sind, sollten Gaja Karani nur ab und zu praktizieren, besonders dann, wenn man eine besonders schwere Mahlzeit zu sich genommen hat. Wenn Sie unverträgliche Lebensmittel gegessen haben und Ihr Magen verstimmt ist, ist es sehr wohltuend, sich zu erbrechen, weil Sie anderenfalls die ganze Nacht leiden würden.

Die Leute sagen oft: „Ich habe mir den Magen verdorben." In Wirklichkeit war jedoch die Nahrung, die sie zu sich genommen haben, verdorben. Aufgrund der angeborenen Intelligenz Ihres Körpers teilt er Ihnen mit, wenn Sie etwas Schlechtes gegessen haben. Trotzdem unterdrücken wir diese Intelligenz meistens. Wir schlucken Medikamente, um dieses Gefühl zu verdecken, bis der Körper uns nach einer Weile nicht mehr informiert. Das unverträgliche Essen geht dann einfach hindurch und sorgt für alle möglichen Schwierigkeiten im Körper.

Wenn Sie eine bestimmte Stufe der Reinigung erreicht haben, werden Sie sehr deutlich spüren, welche Nahrungsmittel unverträglich für Sie sind. Wenn Sie diese natürliche Intelligenz wieder erweckt haben, wird Ihr Körper Sie darüber unterrichten.

Es ist so, wie wenn man das erste Mal raucht und husten muss. Wenn Sie das erste Mal Schnaps trinken, brennt es wie Feuerwasser, das die Kehle hinunterrinnt. Wenn Sie jedoch damit fortfahren, zu rauchen und zu trinken, wird jene Intelligenz und Feinfühligkeit unterdrückt, und der Körper hört auf, Sie zu alarmieren. Er wird verwirrt. Hören Sie also auf Ihren Körper, wenn er zu Ihnen spricht.

39

SOGAR BRAHMA UND DIE ANDEREN GÖTTER IM HIMMEL VEREHREN DIE PRAXIS VON PRANAYAMA, WEIL SIE DIE ANGST VOR DEM TOD NIMMT. DESHALB SOLLTE MAN PRANAYAMA PRAKTIZIEREN.

Dieser Sloka versucht Sie zu ermutigen, Pranayama zu üben, indem er feststellt, dass sogar Brahma und die Götter im Himmel, wie z. B. Indra, Pranayama üben. Todesangst ist eine der größten Ängste im Menschen. Sie bringt manche Menschen dazu, alle möglichen unsinnigen Dinge zu versuchen, wie z. B. den Körper zu konservieren. Todesangst ist einer der Kleshas, eines der Hindernisse zur Erleuchtung.

Pranayama zerstört die Todesangst. Durch diese Praxis wird der Geist ruhig und fest und Sie erfahren mehr Frieden. Als Resultat entfernen Sie sich vom Körperbewusstsein und identifizieren sich mehr und mehr mit dem Höheren Selbst. Das verringert und beseitigt letztlich die Angst vor dem Tod. Wenn Sie jedoch dem Körper verhaftet bleiben und sich mit ihm identifizieren, werden Sie dieses Trauma fortwährend erleben.

40

WARUM SOLLTE TODESANGST HERRSCHEN, SOLANGE DER ATEM ANGEHALTEN WIRD, DER GEIST RUHIG IST UND DER BLICK AUF AJNA CHAKRA GERICHTET?

Die Angst vor dem Tod verschwindet nur dann, wenn Sie das Höhere Selbst erfahren konnten. Wenn Sie erst einmal wirklich wissen, dass Sie der Atman, die Seele sind, identifizieren Sie sich nicht länger mit diesem vergänglichen Körper, und der Tod hat für Sie keine Bedeutung mehr. Besonders dann, wenn der Körper altersschwach wird und Sie unter Beschwerden leiden, werden Sie froh sein, ihn abzuwerfen.

41

WENN DIE NADIS UND CHAKRAS DURCH DIE SYSTEMATISCHE PRAXIS VON PRANAYAMA GEREINIGT SIND, BRICHT DAS PRANA DEN ZUGANG ZU SUSHUMNA AUF UND TRITT LEICHT IN SIE EIN.

Sushumna ist der wichtigste Nadi, der gereinigt werden muss. Durch systematische Praxis von Pranayama werden die Nadis gereinigt, und Prana beginnt durch Sushumna zu fließen, was Sie zur Erfahrung der Einheit und des Friedens führt.

Es ist wichtig, Pranayama richtig zu praktizieren, weil es anderenfalls ein Ungleichgewicht in Körper und Geist erzeugen kann. Wie bereits besprochen, verstärkt Pranayama den jeweiligen Zustand, in dem Sie sich gerade befinden, gleich, wie dieser aussieht. Wenn Sie also deprimiert sind, kann Pranayama diesen Zustand verschlimmern. Darum sollten Sie nur nach den Anweisungen eines kompetenten und wissenden Gurus praktizieren.

Manonmani

42

WENN PRANA DURCH SUSHUMNA FLIESST, WIRD DER GEIST RUHIG UND FEST. DIESE RUHE UND FESTIGKEIT DES GEISTES WIRD MANONMANI ODER KEIN GEIST GENANNT.

Durch die systematische Praxis von Asana und Pranayama und die Einhaltung einer sattvigen Ernährung und eines abgeschiedenen Lebens ohne jede Ablenkung wird der Geist stabil und kommt zur Ruhe, da die Nadis gereinigt sind und das Prana durch Sushumna fließt.

Ida und Pingala Nadi stehen als negativer und positiver Pol im Gegensatz zueinander, und daher lösen sie energetische Prozesse aus. Solange das Prana entweder durch Ida oder Pingala fließt, wie das bei den meisten Menschen der Fall ist, ist man der Dualität unterworfen und erfährt daher Gegensätze wie Schmerz und Freude, gut oder schlecht usw. Wenn Sushumna jedoch gereinigt wird und Prana durch diese mittlere Passage fließt, wird der Geist ruhig und fest. Diese Ruhe und Festigkeit des Geistes wird Manonmani genannt, ein Geist, der frei von Gedanken ist.

43

KUMBHAKAS SIND VERSCHIEDENE ATEMTECHNIKEN, IN DENEN DER ATEM GEZÜGELT UND GEHALTEN WIRD. SIE BESCHLEUNIGEN DIE ERWECKUNG VON KUNDALINI SHAKTI UND DES SCHLAFENDEN TEILS DES GEHIRNS. DURCH DIESE ÜBUNGEN WERDEN SIDDHIS ODER BESONDERE KRÄFTE ERLANGT.

Kumbhakas

44

ES GIBT ACHT KUMBHAKAS: SURYABHEDA, UJJAYI, SITKARI, SITALI, BHASTRIKA, BHRAMARI, MURCHHA UND PLAVINI.

Die Methoden und Techniken, wie diese acht Kumbhakas auszuführen sind, werden im Folgenden beschrieben.

45

JALANDHARA BANDHA UND MULA BANDHA WERDEN NACH DER EINATMUNG UND UDDIYANA BANDHA WIRD NACH DER AUSATMUNG GESETZT.

46

DAS PRANA FLIESST DURCH BRAHMA NADI, WENN MULA BANDHA, JALANDHARA BANDHA UND UDDIYANA BANDHA GESETZT WERDEN.

Durch diese Praktiken fließt das Prana letztlich durch Brahma Nadi, der Sushumna Nadi entspricht.

Mula Bandha

Um Mula Bandha zu setzen, kontrahieren Sie die Muskulatur des Perineums, das ist der Bereich zwischen Anus und Genitalien. Nicht zu verwechseln mit der Kontraktion des Anus, da dies ein anderes Mudra (Aswini Mudra) ist. Mula Bandha erfordert intensive Praxis, um es zu meistern, aber es bringt sehr viele Vorzüge mit sich. Es stellt einen direkten Kontakt zum Muladhara Chakra her. Wenn Mula Bandha nach der Einatmung gesetzt wird, hindert es Apana daran, aus dem Unterkörper zu entweichen. Stattdessen zieht es Apana nach oben, um es mit Prana zu vereinigen. Mula Bandha kann auch während der Asanapraxis gesetzt werden, besonders in stehenden Stellungen, um der Stellung Stabilität zu geben und die Konzentration zu fördern.

Jalandhara Bandha

Um Jalandhara Bandha zu setzen, drücken Sie die Zunge an den Gaumen und das Kinn fest in Richtung Brust, während Sie den Atem nach der Einatmung halten. Starren Sie mit geschlossenen Augen auf den Punkt zwischen den Augenbrauen. Das hindert das Prana daran, aus dem Oberkörper zu entkommen.

Uddiyana Bandha

Um Uddiyana Bandha zu setzen, ziehen Sie die Bauchdecke hinauf und in Richtung Wirbelsäule. Das zwingt Prana hinauf in Sushumna Nadi. Siehe auch Erläuterung zu Vers 33 in diesem Kapitel.

Für weitere Informationen zu den Bandhas siehe Kapitel 3, Verse 55–78.

47

DADURCH, DASS APANA NACH OBEN UND PRANA VOM HALS NACH UNTEN GEZWUNGEN WIRD, WIRD DER YOGI VOM ALTERN BEFREIT UND ERSCHEINT WIE EIN JUGENDLICHER VON 16 JAHREN.

Das ist eine sehr mystische Lehre. Wenn Sie einen gewissen Grad des Bewusstseins und der Kontrolle über das Prana erlangt haben, können Sie es speichern, lenken und benutzen, wo und wann es gebraucht wird. Das führt zu einer Wiederbelebung des Körpers und einer allgemein jugendlichen Erscheinung.

Im Individuum wird die Lebenskraft oder Prana je nach Funktion in fünf Kategorien unterteilt, die Pancha Prana genannt werden. Diese werden Prana, Apana, Samana, Vyana und Udana genannt.

Prana wirkt im gesamten Wahrnehmungssystem. Das Individuum wird nicht allein durch feste und flüssige Lebensmittel genährt, die durch den Mund aufgenommen werden, sondern auch durch alles, was über die Sinne aufgenommen wird. Deshalb müssen Sie zusätzlich zur Einhaltung einer richtigen Ernährung gut entscheiden, was Sie über die Sinne aufnehmen. Durch das, was Sie hören, können Sie entweder bereichert oder auch verunreinigt werden. Wenn Sie göttliche Musik oder Abhandlungen über Gott von Ihrem Guru oder einem Heiligen hören, werden Ihr Geist und Ihr Körper genährt und gereinigt. Wenn Sie jedoch Tratsch und erniedrigende Musik hören, wird Ihr Bewusstsein erniedrigt. Das Gleiche gilt auch für alle anderen Sinne. Das Leben kann freudvoll, glücklich und jugendlich gestaltet werden, wenn Sie mit Hilfe Ihres rechten Urteilsvermögens und Ihres Gleichmuts entscheiden, was Sie in Ihr System eintreten lassen und was nicht.

Prana nach unten zu zwingen bedeutet, den Einwärtsfluss der Energie zu kontrollieren. Nehmen Sie nicht fraglos alles auf. Disziplinieren Sie Ihre Sinne und vermeiden Sie übermäßige Ausschweifung.

Apana nach oben zu lenken bedeutet, sich bewusst zu sein, was wann ausgeschieden wird. Apana wirkt in den Ausscheidungsorganen und veranlasst, dass Dinge aus dem System geworfen werden. Das schließt Spucke, Stuhl, Urin, Schweiß, Ausatmung, Sperma usw. ein. Dennoch wollen Sie nicht „das Kind mit dem Bade ausschütten“. Beispielsweise wollen Sie nicht bluten, wenn keine Wunde vorliegt, wie das z. B. bei Hämorrhoiden der Fall ist. Sie wollen nicht, dass die sexuelle Energie unkontrolliert hinausfließt. Und Sie wollen nicht unter Durchfall leiden. Das betrifft auch übermäßiges Reden.

Apana hochzuziehen bedeutet also, die sexuelle Energie zu sublimieren und dadurch Ojas, Tejas und Prana zu vermehren. Das ist ein sicherer Weg, vom Altern befreit zu werden und Jugendlichkeit zu bewahren.

Suryabheda

48

SITZEN SIE IN EINER BEQUEMEN STELLUNG UND ATMEN SIE DURCH DAS RECHTE NASENLOCH EIN.

49

HALTEN SIE DEN ATEM AN, BIS ES SICH ANFÜHLT, ALS BREITETE ER SICH BIS IN DIE HARRWURZELN UND NAGELENDEN AUS. ATMEN SIE DANN DURCH DAS LINKE NASENLOCH AUS.

50

SURYABHEDA IST VORZÜGLICH DAZU GEEIGNET, DEN SCHÄDEL ZU REINIGEN, EIN VATA-UNGLEICHGEWICHT ZU KORRIGIEREN UND WÜRMER ZU BESEITIGEN. ES SOLLTE WIEDER UND WIEDER PRAKTIZIERT WERDEN.

„Surya“ heißt „Sonne“ und bezieht sich auf Pingala Nadi, welcher das rechte Nasenloch regiert. „Bheda“ bedeutet „durchstoßen“. Die Praxis von Suryabheda durchstößt Pingala Nadi, aktiviert somit Prana Shakti und erzeugt Hitze im Körper.

In Suryabheda atmen Sie immer langsam durch das rechte Nasenloch ein, das linke Nasenloch mit dem Ringfinger der rechten Hand, die in Vishnu Mudra gehalten wird, verschließend. Sie haben jetzt Pingala Nadi aktiviert. Halten Sie dann den Atem an, während Sie beide Nasenlöcher verschließen und die Bandhas setzen. Lösen Sie die Bandhas, halten Sie das rechte Nasenloch mit dem Daumen geschlossen und atmen Sie durch das linke Nasenloch aus.

Ujjayi

51

ATMEN SIE MIT GESCHLOSSENEM MUND DURCH BEIDE NASENLÖCHER SO EIN, DASS ES VOM HALS BIS ZUM BRUSTKORB WIDERKLINGT.

52

PRAKTIZIEREN SIE KUMBHAKA WIE ZUVOR UND ATMEN SIE DURCH DAS LINKE NASENLOCH AUS. DAS ENTFERNT SCHLEIM AUS DEM HALS UND VERBESSERT DIE VERDAUUNG.

53

DIESES KUMBHAKA WIRD UJJAYI GENANNT UND KANN STEHEND, SITZEND ODER GEHEND PRAKTIZIERT WERDEN. ES ENTFERNT WASSERSUCHT UND KRANKHEITEN DER NADIS UND DHATUS.

Atmen Sie durch beide Nasenlöcher ein, füllen Sie die Lungen vollständig, setzen Sie die Bandhas und halten Sie den Atem an; lösen Sie die Bandhas und atmen Sie durch das linke Nasenloch aus. Wenn Sie Ujjayi praktizieren, lassen Sie die Luft mit leicht schnarchendem Ton durch die Nase einströmen, indem

Sie die Stimmritze verengen. Suryabheda und Ujjayi erhitzen den Körper. Deshalb wird durch das linke Nasenloch, den Weg von Ida Nadi, ausgeatmet, was eine kühlende Wirkung hat.

Heutzutage wird angeraten, während Ihrer gesamten Asanapraxis Ujjayi zu praktizieren. In diesem Falle handelt es sich um eine Variation von Ujjayi Pranayama. Sie atmen tief durch die Nase und lassen die Luft leicht durch die Stimmritze rauschen, ohne Kumbhaka zu machen. Wenn Sie Ujjayi jedoch als Kumbhaka praktizieren möchten, dann machen Sie das so, wie im Sloka beschrieben.

Ujjayi kräftigt das Nerven- und Verdauungssystem und beseitigt überschüssigen Schleim, Wind und Galle.

Sitkari

54

SAUGEN SIE LUFT MIT DEM MUND EIN, MACHEN SIE DABEI DEN TON „SIET“ UND ATMEN SIE DURCH DIE NASE AUS. MAN WIRD DURCH DIESE PRAXIS EIN ZWEITER KAMADEVA.

Die Praxis von Sitkari, einem kühlenden Atem, ist als Gegengewicht zu Suryabheda und Ujjayi Pranayama nötig, die beide sehr erhitzend wirken. Wenn Sie durch den Mund einatmen und dabei den Ton „siet" machen, ist das, als ob Sie zischen, indem Sie die Zungenspitze gegen den Gaumen drücken. Man sagt, dass man ein zweiter Kamadeva, ein zweiter Liebesgott wird, wenn man Sitkari praktiziert, und eine starke, anziehende Aura erhält.

55

ER, DER DURCH DEN KREIS DER YOGINIS VEREHRT UND ZUM HERRSCHER ÜBER SCHÖPFUNG UND AUFLÖSUNG WIRD, BLEIBT VON HUNGER, DURST, SCHLAF ODER FAULHEIT UNBERÜHRT.

Durch die Praxis von Sitkari wird man vom Kreis der Yoginis verehrt, Herrscher über Schöpfung und Auflösung und ein Liebesgott, frei von Hunger, Durst, Schlaf und Faulheit. Wie kann es derartige Wirkungen haben, so zu atmen?

Die Erwähnung des „Kreises der Yoginis" und des „Herrschers über Schöpfung und Auflösung" bezieht sich auf den schöpferischen Aspekt des Universums. „Yogini" ist die Bezeichnung für einen weiblichen Yogi und steht für die weiblichen Energien oder die Verkörperung von Shakti, der Göttlichen Mutter bzw. der kosmischen schöpferischen Kraft.

Ein Yantra ist eine geometrische Repräsentation von Shakti, der Energie, die den göttlichen Aspekt und ein Bild der kosmischen Einheit repräsentiert. Ein Mantra ist der Klang- oder Schwingungsaspekt dieser spezifischen Manifestation Gottes. Jedem Mantra ist ein Yantra zugeordnet.

Das Sri Yantra ist eines der bekanntesten heiligen tantrischen Symbole des Hinduismus. Es ist ein Mandala, das aus drei Kreisen und 64 einander überlappenden Dreiecken besteht, die sich im innersten Kreis befinden. Es repräsentiert die Göttliche Mutter in ihrer Gesamtheit bzw. die Vollständigkeit der schöpferischen Kraft, Shakti. Es ist darüber hinaus eine symbolische Form des heiligen Klangs von Om und steht für Selbstverwirklichung, die Verschmelzung des individuellen Bewusstseins mit dem Höchsten Bewusstsein.

Die 64 sich gegenseitig überlappenden Dreiecke stehen für die 64 Yoginis, mit anderen Worten die 64 Aspekte von Shakti. In jedem Individuum sind alle

64 Yoginis vertreten. Auch wenn sich die meisten von uns nur einiger dieser Indriyas bewusst sind, nämlich der Augen, der Ohren, der Nase und des Mundes, ist diese Göttliche Energie allgegenwärtig. Den Schriften gemäß gibt es 64 Indriyas, Götter oder Devas, die dem Individuum in vielen verschiedenen Aspekten dienen. Wir sind mit der gesamten Kraft von Schöpfung, Erhaltung und Auflösung ausgestattet. Auch wenn wir uns dessen nicht bewusst sind, geschieht das die ganze Zeit über; ständig werden Körperzellen geschaffen, erhalten und zerstört. Diese Kraft und all diese Yoginis sind als verschiedene Manifestationen von Shakti immer in uns vorhanden.

Wenn Sie zu subtileren Ebenen des Bewusstseins fortschreiten und Ihre Konzentration nach innen richten, werden Sie sich dieser anderen Yoginis bewusst und erleben sie. Dann sind Sie in der Lage, bewusst die schöpfende, erhaltende und auflösende Kraft zu kontrollieren. Durch die Praxis von Yoga, nicht allein speziell die von Sitkari, sondern durch jede Praxis, die zu innerem Bewusstsein, Kontrolle und Friedlichkeit des Geistes führt, erreichen Sie den Zustand, in dem Sie das beschränkte Bewusstsein hinter sich lassen und die höhere Wirklichkeit oder das Selbst erfahren können, welches frei von Hunger, Durst, Schlaf usw. ist.

56

DURCH DIESE PRAXIS WIRD DER KÖRPER REINES SATTVA, UND ER WIRD ALS LORD DER YOGIS AUF ERDEN ANGESEHEN.

Die drei Gunas sind Tamas, Rajas und Sattva. Jede dieser Kräfte ist in jedem Individuum vorhanden, auch wenn zu einem bestimmten Zeitpunkt eine von ihnen die Persönlichkeit bestimmt. Tamas ist durch Faulheit und Trägheit charakterisiert und führt zu Unwissenheit. Rajas ist durch Aktivität und Leidenschaft charakterisiert und führt zu Schmerz. Sattva ist durch Friedlichkeit charakterisiert und führt zu Freude. Durch die Praxis von Kumbhaka wird Sattva verstärkt; genaugenommen wird Sattva nicht vermehrt, da es bereits Ihr Wesen ist, doch werden Tamas und Rajas aus Ihrer Persönlichkeit beseitigt und Sattva kann mehr und mehr erstrahlen. Das liegt daran, dass die anderen beiden Gunas, Rajas und Tamas, verunreinigend wirken und somit Sattva verhüllen. Ein Yogi, der den Zustand von reinem Sattva erreicht hat, befindet sich in einem ständigen Zustand des Friedens und ist sich daher immer seines Höheren Selbst bewusst.

Sitali

57

STECKEN SIE DIE ZUNGE HERAUS UND SAUGEN SIE DIE LUFT EIN. PRAKTIZIEREN SIE KUMBHAKA UND ATMEN SIE DURCH DIE NASE AUS.

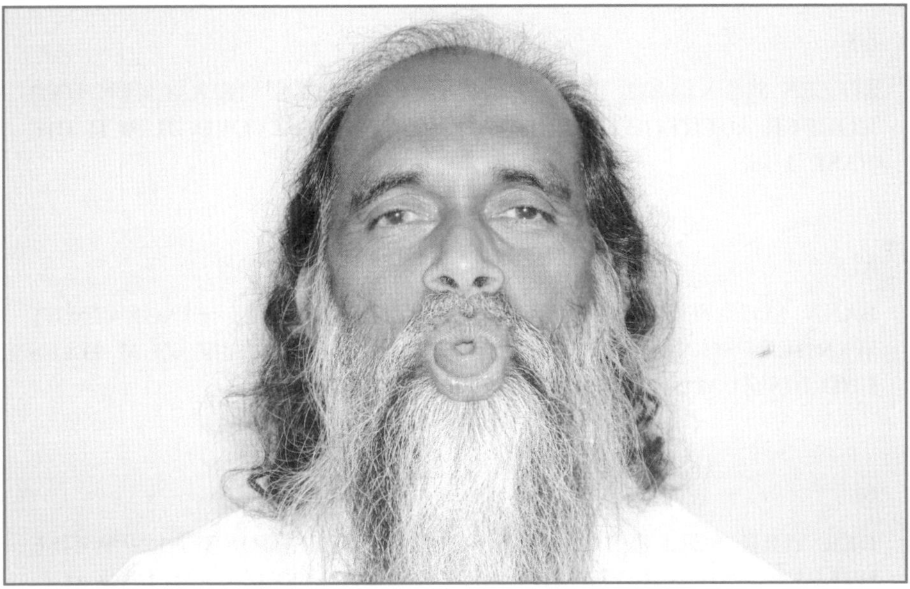

58

DIESES KUMBHAKA WIRD SITALI GENANNT. ES HEILT KRANKHEITEN WIE DRÜSENVERGRÖSSERUNGEN UND KRANKHEITEN VON MILZ UND GALLE UND WIRKT GIFTEN, HUNGER UND DURST ENTGEGEN.

Sitali ist ein weiterer kühlender Atem. Auf diese Weise durch den Mund zu atmen kühlt Mund, Hals und Lungen, senkt Bluthochdruck und verbessert die Verdauung. Wenn Sie Sitali praktizieren, rollen Sie Ihre Zunge und strecken Sie diese heraus, während Sie die Luft einsaugen. Dann halten Sie den Atem an und atmen durch die Nase aus.

Bhastrika

59

IN PADMASANA, BEIDE FÜSSE ÜBERKREUZT UND AUF DEN ENTGEGENGESETZTEN OBERSCHENKELN LIEGEND, WERDEN ALLE SÜNDEN ZERSTÖRT.

60

SITZEN SIE STABIL IN PADMASANA, HALTEN SIE NACKEN UND KÖRPER AUFRECHT UND ATMEN SIE KRAFTVOLL DURCH DIE NASE AUS.

61

DANN SOLLTE DIE LUFT WIEDER KRAFTVOLL EINGEATMET WERDEN, SO DASS DER WIDERHALL VOM HERZ ZUM HALS UND BIS ZUM SCHÄDEL HINAUF GESPÜRT WIRD.

62

DER YOGI SOLLTE IN DER SOEBEN BESCHRIEBENEN WEISE WIEDER UND WIEDER MIT DER GESCHWINDIGKEIT UND AUFMERKSAMKEIT AUSATMEN UND EINATMEN, MIT DER EIN SCHMIED SEINEN BLASEBALG PUMPT.

63

WENN SIE ERSCHÖPFUNG VERSPÜREN, ATMEN SIE TIEF DURCH DAS RECHTE NASENLOCH EIN.

64

WENN DIE LUNGEN VOLLSTÄNDIG GEFÜLLT SIND, HALTEN SIE DEN ATEM AN, INDEM SIE DIE NASENLÖCHER MIT DAUMEN UND RINGFINGER DER RECHTEN HAND VERSCHLIESSEN.

65

NACHDEM SIE DIE LUFT SO LANGE WIE MÖGLICH ANGEHALTEN HABEN, ATMEN SIE DURCH DAS LINKE NASENLOCH AUS. DAS ERHÖHT DIE HITZE IM KÖRPER UND UNAUSGEGLICHENHEITEN VON WIND, GALLE UND SCHLEIM WERDEN BESEITIGT.

Bhastrika heißt „Blasebalg“. Es ist mit Kapalabhati vergleichbar, außer dass hier auch die Einatmung betont wird. Wenn Sie immer besser in Ihrer Praxis werden, verwenden Sie den gesamten Atemmechanismus und alle Muskeln, die in die Atmung verwickelt sind, als ob Sie einen Blasebalg pumpen. Beginnen Sie mit zehn Atemzügen und erhöhen Sie die Zahl allmählich. Atmen Sie durch das rechte Nasenloch ein. Setzen Sie Mula und Jalandhara Bandha, wenn Sie den Atem halten. Lösen Sie die Bandhas und atmen Sie durch das linke Nasenloch aus. Setzen Sie Uddiyana Bandha und halten Sie den Atem eine Zeitlang außerhalb. Auch Bhastrika erhitzt den Körper und ist sehr gut für das Nerven- und Kreislaufsystem.

66

ES ERWECKT KUNDALINI SCHNELL UND IST ANGENEHM UND WOHLTUEND, UM UNREINHEITEN UND ÜBERSCHÜSSIGEN SCHLEIM ZU BESEITIGEN, DIE DEN ZUGANG ZU BRAHMA NADI BLOCKIEREN.

67

DIESES KUMBHAKA WIRD BHASTRIKA GENANNT UND SOLLTE REGELMÄSSIG PRAKTIZIERT WERDEN, UM DIE DREI GRANTHIS ZU ÖFFNEN.

Die Granthis sind die drei Sicherheitsventile, die Gott eingerichtet hat, damit diese göttliche Energie nicht vorzeitig erweckt wird und einen Kurzschluss in Ihnen erzeugt. Sie befinden sich in Sushumna Nadi. Brahma Granthi sitzt in Muladhara Chakra, Vishnu Granthi in Anahata Chakra und Rudra Granthi in Ajna Chakra. Diese Sicherheitsknoten sind nicht nur in jedem Individuum, sondern auch in jedem einzelnen Atom der Schöpfung enthalten. Ohne sie käme es andauernd zu Atomexplosionen. Dieser Planet würde wieder zur Sonne werden.

Die Granthis müssen geöffnet werden, und Bhastrika ist ein sehr mächtiges Pranayama, um das zu bewerkstelligen. Sie müssen sehr vorsichtig damit sein, weil Sie keinen Kurzschluss im System wollen. Sie müssen eine bestimmte Stufe der Reinheit erreicht haben, bevor Sie mit der Praxis von Bhastrika beginnen können. Die Nadis müssen gereinigt sein, Und das bedeutet nicht einfach, einen schön beweglichen Körper zu haben. Man muss sehr ehrlich mit sich sein und prüfen, ob man schon bereit für diese Übung ist. Ein Aspirant muss seinen Geist auf Selbstsucht, Gier, Wut, Hass, Lust, Eifersucht, Angst und Neid untersuchen, um diese negativen Eigenschaften hinter sich lassen zu können.

Wenn Sie nicht mit emotionalen Problemen umgehen können, dann stellen Sie sich vor, wie es Ihnen gehen würde, wenn diese negative Energie durch die Wirkung von Pranayama tausendfach verstärkt werden würde! Wenn sich Ihre Liebe und Ihr Mitgefühl ums Tausendfache steigern, werden Sie natürlich unheimlich glücklich sein. Wenn sich jedoch Selbstsucht, Gier, Wut, Hass, Lust, Eifersucht, Angst und Neid in Ihnen tausendfach verstärken, kann Ihnen keine Irrenanstalt mehr helfen. Darum ist es so wichtig, einen Guru zu haben, der Sie sicher durch dieses spirituelle Erwachen führt. Es ist ein systematischer und schrittweiser Prozess.

Bhramari

68

ATMEN SIE SCHNELL MIT DEM WIDERHALLENDEN KLANG EINER MÄNNLICHEN BIENE EIN UND ATMEN SIE LANGSAM MIT DEM KLANG EINER WEIBLICHEN BIENE AUS. DAS IST BHRAMARI, WELCHES DEN GEIST DES YOGIS MIT GLÜCK ERFÜLLT.

Bhramari ist als der summende Atem bekannt und ist eine sehr gute Übung, um eine klare Singstimme zu erhalten und den Geist nach innen zu lenken. Für Bhramari atmen Sie durch beide Nasenlöcher mit verengter Stimmritze ein, was einen widerhallenden Klang erzeugt, der an eine männliche Biene erinnert. Während der Ausatmung verschließen Sie Ihre Ohren mit den Zeigefingern, machen einen Summton wie eine weibliche Biene und fühlen die Schwingung im Schädel.

Murchha

69

ATMEN SIE TIEF EIN, SETZEN SIE JALANDHARA BANDHA UND ATMEN SIE DANN LANGSAM AUS. DAS WIRD MURCHHA GENANNT UND LÄSST DEN GEIST IN OHNMACHT FALLEN UND FREUDE BEREITEN.

Der Zweck von Murchha ist es, das Bewusstsein zu erweitern und Prana zu speichern. „Murchha" heißt eigentlich „in Ohnmacht fallen". Das bedeutet jedoch nicht, dass Sie sich benommen fühlen sollen, wenn Sie es praktizieren. Wenn das der Fall ist, sollten Sie damit aufhören. Sie müssen einen hohen Grad der Reinigung und eine gewisse Kontrolle über das Prana erlangt haben, um Murchha richtig praktizieren zu können. Es sollte außerdem unter der Führung eines Gurus geübt werden.

Wenn es richtig ausgeführt wird, befreit Murchha den Geist von auswärts gerichteten Gedanken. Es zieht ihn außerdem von sinnlichen Vergnügen und der äußeren Welt zurück. Sie treten in einen entspannten Zustand des Seins ein und lassen Ihre Ängste und geistigen Spannungen hinter sich.

Plavini

70

DURCH SCHLUCKEN DER LUFT, BIS DER MAGEN VOLLSTÄNDIG GEFÜLLT IST, KANN DER YOGI WIE EIN LOTUS AUF DEM TIEFSTEN WASSER TREIBEN. DAS IST PLAVINI.

Schlucken Sie wiederholt Luft und füllen Sie den Bauch, das wird es Ihnen ermöglichen, zum Spaß auf dem Wasser zu treiben wie ein Lotus! Wenn Sie jedoch keine Kontrolle darüber haben und die ganze Luft verschlucken, verspüren Sie unter Umständen entsetzliche Schmerzen, besonders wenn Sie nicht wissen, wie Sie die Luft wieder herausbringen können. Heutzutage haben die Leute Floating-Tanks, um in einen Zustand der Ruhe zu kommen. Früher konnten sie einfach auf dem Wasser liegen und sich treiben lassen, um den Zustand der Entspannung und des Friedens zu gelangen.

71

PRANAYAMA IST DER VORGANG DER EINATMUNG (RECHAKA), AUSATMUNG (PURAKA) UND DES ATEMHALTENS (KUMBHAKA). ES GIBT ZWEI ARTEN VON ATEMHALTEN (KUMBHAKA): WILLENTLICH (SAHITA) UND UNWILLKÜRLICH (KEVALA).

Kumbhaka ist das Anhalten des Atems. Das bewusste Atemanhalten wird Sahita Kumbhaka genannt, und wenn der Atem von selbst aufhört, nennt man das Kevala Kumbhaka.

Vor Kumbhaka müssen Atemübungen und die Reinigung der Nadis praktiziert werden: Bauchatmung, yogische Vollatmung und Wechselatmung. All diese Übungen helfen, die Nadis zu reinigen. Sie wissen, dass Sie die nötige Stufe in Ihrer Praxis erreicht haben, wenn beide Nasenlöcher offen sind, Ihre Asanapraxis mühelos ist und Sie das Prana fließen fühlen können.

72

SAHITA KUMBHAKA SOLLTE PRAKTIZIERT WERDEN, BIS KEVALA KUMBHAKA GEMEISTERT IST.

Bevor der spontane Atemstillstand eintritt, sollte man bewusst Sahita Kumbhaka, Atemanhalten, üben, was dabei hilft, Kontrolle über das Prana und auch den Geist zu erlangen, da sie untrennbar miteinander verknüpft sind. Sahita Kumbhaka kann mit der Rezitation eines Mantras verbunden werden.

73

WENN DER ATEM OHNE EINATMUNG ODER AUSATMUNG STILLSTEHT, IST DAS KEVALA KUMBHAKA.

Kevala Kumbhaka ist das Aussetzen des Atems ohne bewusste Anstrengung. Kevala Kumbhaka tritt ein, wenn Prana und Geist ihre Bewegung einstellen.

74

ES GIBT NICHTS IN DEN DREI WELTEN, WAS FÜR EINEN YOGI UNERREICHBAR IST, DER KEVALA KUMBHAKA GEMEISTERT HAT UND ES WILLENTLICH HERBEIFÜHREN KANN.

Durch Übung der Kumbhakas hält man den Atem unter Anstrengung an, dieses wird mit der Zeit leichter. Letztlich wird der Zustand erreicht, in dem man den Atem bewusst aussetzt, was Kevala Kumbhaka genannt wird.

75

DURCH DIE PRAXIS DER KUMBHAKAS WIRD SUSHUMNA NADI GEREINIGT UND BEFREIT, KUNDALINI SHAKTI ERWECKT UND ERFOLG IN HATHA YOGA ERLANGT.

76

SOLANGE RAJA YOGA NOCH NICHT ERREICHT IST, IST HATHA YOGA NICHT GEMEISTERT. IN RAJA YOGA IST KEIN ERFOLG OHNE HATHA YOGA MÖGLICH. PRAKTIZIEREN SIE ALSO, BIS DAS HÖCHSTE ZIEL ERREICHT IST.

Bis Raja Yoga erreicht worden ist, ist Hatha Yoga nicht gemeistert. Der Begriff „Raja Yoga“ meint hier einen Zustand, der erreicht wird, und kein Übungssystem. Raja Yoga ist der höchste Zustand, in dem man sein Einssein mit dem Höchsten Bewusstsein erlebt. Es ist die Folge völliger Konzentration des Geistes. Diese totale Konzentration kann nur dann aufrecht gehalten werden, wenn der Körper vollständig vorbereitet ist. Sie können den Zustand von Raja Yoga nicht erfahren, wenn der Körper nicht Schritt für Schritt vorbereitet worden ist. Sie müssen den Reinigungsprozess durchlaufen. Diese systematische Praxis von Hatha Yoga sollte nicht beendet werden, bevor sie in dem Zustand der Vollkommenheit gipfelt, der Raja Yoga genannt wird.

77

DURCH KUMBHAKA WIRD DAS PRANA KONTROLLIERT, WAS DEN GEIST VON FLUKTUATIONEN BEFREIT. DADURCH ERREICHT MAN DEN ZUSTAND VON RAJA YOGA, VON HÖCHSTER EINHEIT.

Ein gereinigter, konzentrierter Geist spiegelt das Selbst oder Gott wider, so wie ein See die Sonne reflektiert, wenn seine Oberfläche glatt ist.

Im Gegensatz dazu ist der gewöhnliche Geist ein Gedankenbündel, das die Wahrnehmung der Realität, dass das individuelle Selbst identisch mit dem Höchsten Selbst ist, wie Kräuselwellen auf der Oberfläche eines Sees verzerrt. Diese Wellen werden Vrittis oder geistige Fluktuationen genannt. So betrachtet ist es das Ziel von Yoga, diese Vrittis zu beseitigen. Das wird durch die Praxis von Kumbhaka erreicht, die Ihnen Kontrolle über das Prana gibt. Wenn Prana unter Kontrolle ist, verschwindet die Unruhe des Geistes, und man erlebt sein Einssein mit dem Höchsten Selbst, den Zustand der Vollkommenheit bzw. Raja Yoga.

78

DER KÖRPER WIRD SCHLANK UND GESUND, DIE AUGEN KLAR, DAS GESICHT LEUCHTET VOR FREUDE UND IST FRIEDLICH, DER ANAHATA-NADA MANIFSTIERT SICH, DER BINDU IST UNTER KONTROLLE UND DER APPETIT NIMMT ZU. DAS SIND ZEICHEN DAFÜR, DASS DIE NADIS GEREINIGT SIND UND DER ERFOLG IN HATHA YOGA BEVORSTEHT.

Das sind Anzeichen des Erfolgs in der Praxis von Hatha Yoga. Es ist eine Zusammenfassung aller Wirkungen, die Sie erfahren, wenn Sie sich dem Zustand der höchsten Einheit nähern. Wenn man Hatha Yoga richtig praktiziert, wird der Körper schlank. Jemand, der sehr grob und übergewichtig ist, hat eindeutig kein Hatha Yoga geübt. Das bedeutet nicht, dass er kein Yogi ist; vielleicht praktiziert er z.B. Bhakti Yoga oder Karma Yoga. Jede Praxis hat gewisse Wirkungen. Doch wenn Sie alle Regeln von Hatha Yoga Schritt für Schritt befolgen, befreit sich Ihr Körper von überschüssigem Fett und wird schlank und gesund.

Wenn der Geist ruhig und zentriert ist, ist er in der Lage, hörbare Klänge und geistige Vorstellungen und somit den Vaikhari- und den Madhyama-Zustand der Schwingungen hinter sich zu lassen. Vaikhari ist die grobe Ebene, auf der Schwingungen als hörbarer Klang in Form von Musik, Sprache usw. wahrgenommen werden. Im Madhyama-Zustand erreicht die Schwingung die geistige Ebene, die man sich als universales Konzept vorstellen kann. Der Pashyanti-Zustand ist subtiler. Er ist ein transzendentaler Zustand, in dem Schwingung nicht mit dem Geist wahrgenommen werden kann. Wenn der Geist in den Pashyanti-Zustand eintritt, wird der Anahata-Klang gehört. „Anahata" bedeutet „nicht angeschlagen". Anders als Klänge, die wir auf der Vaikhari-Ebene hören, wird er nicht durch zwei Dinge erzeugt, die aufeinandertreffen, sondern vielmehr durch die Schwingung von Akasha, Äther.

Es gibt verschiedene Frequenzen des Anahata-Klangs, die vom Grad der Reinheit der Nadis, der Zeit und Tiefe der Konzentration und der Intensität des Pranaflusses abhängen. In diesem Zustand werden Sie sich sehr deutlich der subtilen Schwingungen des Pranas bewusst. Schließlich wird der Geist, absorbiert vom Anahata-Klang, in den Para-Zustand eintreten, der subtilsten Schwingungsebene, auf der Gott direkt als Nadam, als reine Schwingung, die man als „Om" bezeichnet, erfahren wird.

Die meisten Menschen haben Bindu, d. h. den Samen oder die Eizelle, nicht unter Kontrolle. Bei den meisten Gattungen ist es so, dass ihr Geschlechtstrieb in der Paarungszeit so stark wird, dass sie ihr Leben dafür opfern würden, um ihn zu befriedigen. Manche Tiere paaren sich einmal im Jahr, während für manche Menschen jede Nacht Paarungszeit ist. Eine derartig exzessive Ausschweifung auf sexuellem Gebiet zehrt an der Energie und zerstreut den Geist.

Durch die Praxis von Hatha Yoga kann man Kontrolle über seine sexuelle Energie erlangen. Nachdem Nahrung aufgenommen wurde, werden aus ihr die verschiedenen Dhatus oder Gewebe gebildet, und die Essenz hiervon wird dazu verwendet, Shukra Dhatu, die Keimzellen, zu bilden. Nach Meister Sivananda möchten die Menschen diese Energie alle 13 oder 14 Tage zum Ausdruck bringen. Ist das geschehen, baut sich Shukra Dhatu erneut auf und der Kreislauf beginnt von neuem. Für Yogis muss es jedoch nicht in dem Ausdruck der sexuellen Energie enden, weil Shukra Dhatu in Ojas Shakti, geistige Energie, und dann weiter in Tejas und Prana umgewandelt werden kann. Für einen Yogi bedeutet „Kontrolle" nicht, wie lange er Sex haben kann. Es bedeutet, dass er diese niedere Energieform in höhere geistige Energie umwandeln kann.

Dieser Umwandlungsprozess geschieht durch alle möglichen Formen von Sadhana, nicht nur durch Hatha-Yoga-Techniken. Er kann ebenso durch Nada Yoga (Musik), Bhakti Yoga, Gebete, Lesen von guten Büchern und richtige Gesellschaft eingeleitet werden, weil sexuelle Impulse hauptsächlich durch Ihren Geist und durch Gesellschaft ausgelöst werden. Durch Sadhana und die Praxis von Asana, Pranayama und andere yogische Praktiken kann die Energie in jede sinnvolle Aktivität umgewandelt werden. Die Menschen verlangen hauptsächlich aus Gewohnheit nach Sex, weil ihre Gedanken davon durchtränkt sind. Wo auch immer sich ihre Gedanken befinden, dahin lenken und konzentrieren sie ihre Energie. Als Ergebnis dieser Konzentration möchte sich die Energie zum Ausdruck bringen. Energie fließt in Richtung des Bewusstseins. Darum neigen falsch unterrichtete Menschen im Tantra Yoga dazu, sich auf die niederen Chakras wie Muladhara, Swadisthana und Manipura Chakra zu konzentrieren. Weise Menschen dagegen lernen, sich auf Ajna Chakra, den Sitz des Bewusstseins, zu konzentrieren. Durch die Konzentration auf Ajna Chakra wird die Energie automatisch und unbemerkt umgewandelt.

Kapitel III
MUDRAS

1

SO WIE SHESHANAGA, DER HERR DER SCHLANGEN, DER ERDE MIT IHREN GEBIRGEN UND WÄLDERN UNTERSTÜTZUNG BIETET, SO IST KUNDALINI DIE UNTERSTÜTZUNG FÜR ALLE YOGISCHEN PRAKTIKEN.

In diesem Sloka bedeutet „Sheshanaga“ das kosmische Prana. So wie die Erde, die Gebirge und Wälder von Sheshanaga, mit anderen Worten vom kosmischen Prana, unterstützt werden, weil keine Lebensform ohne Prana existieren kann, unterstützt Kundalini alle yogischen Praktiken. Kundalini ist die Energie in Form einer gewundenen Schlange, die im Muladhara Chakra wohnt. Wenn Sie die Puranas lesen, finden Sie eine Erläuterung darüber, in welcher Beziehung Sheshanaga zur Erde, dem Äquator, der Erdachse usw. steht.

2

DURCH DIE GÜTE DES GURUS WIRD DIE SCHLAFENDE KUNDALINI ERWECKT UND DIE CHAKRAS UND GRANTHIS WERDEN GEÖFFNET.

Das bedeutet, dass Sie sich ohne Anweisungen und Führung des Gurus in allem möglichen Aberglauben und aller möglichen Verwirrung verlieren würden, wenn Sie versuchten, Kundalini auf eigene Faust zu erwecken. Sie können Bücher lesen und alle möglichen Praktiken ausführen, doch im Grunde spinnt sich Ihr Geist dann bloß etwas darüber zusammen, was das alles bedeutet. Wenn Kundalini erwacht und anfängt, sich durch die Chakras zu bewegen, betreten Sie emotional, körperlich, psychisch und spirituell unbekanntes Gelände. Wenn der Guru Sie aber anweist und Ihnen Schritt für Schritt zeigt und beibringt, was das bedeutet, sind Sie dabei erfolgreich, Kundalini durch jedes einzelne der Chakras zu bewegen, bis sie schließlich ihr letztes Ziel erreicht, Sahasrara Chakra, wo sie sich mit dem Höchsten Bewusstsein verbindet.

Sie müssen zuerst durch einen intensiven Reinigungsprozess gehen, und es ist der Guru, der entscheidet, wann Sie bereit sind. Es ist also einzig und allein die Gnade des Gurus, dass Sie Ihre Disziplin praktizieren, Kundalini erwecken und sie in die richtige Richtung lenken. Yoga ist die Verwirklichung Ihres Einsseins mit dem Höchsten Bewusstsein, welche sich nur ereignen kann, wenn Sie Ihr relatives Bewusstsein hinter sich lassen. Es ist ein schrittweiser Prozess. Sie benötigen die Hilfe eines Gurus, um Apana und Prana zu vereinen, Sushumna zu öffnen und die Granthis (Knoten) zu durchbrechen. Wie es in einem von Miras Bhajans heißt: „Wenn ich das Boot der Wahrheit und den Guru als Steuermann habe, fürchte ich mich nicht, dieses Meer der Weltlichkeit zu überqueren."

3

DANN WIRD SUSHUMNA DER WEG FÜR PRANA, DER GEIST IST FREI VON BEWEGUNGEN UND DER TOD IST ABGEWEHRT.

Wenn Sushumna gereinigt ist, beginnt Prana hindurchzufließen und die Bewegungen Ihres Geistes hören auf. Dann ist der Tod abgewehrt. Was bedeutet es, wenn man sagt: „Der Tod ist abgewehrt?" Es bedeutet, dass Sie sich jetzt mit dem identifizieren, was Sie wirklich sind: das wahre Selbst. Die meisten Menschen reden vom Körper und relativer Erfahrung und identifizieren sich mit diesen, wenn sie vom „Tod" sprechen. Wenn keine Bewegungen mehr im Geist vorhanden sind, ruht der Mensch in seinem wahren Wesen, in völliger Bewusstheit des Selbst. In diesem Sinne gibt es keinen Tod. Wenn Sie diesen Zustand erreichen, können Sie den Körper wechseln, sooft Sie wollen, doch bleiben Sie sich Ihres wahren Selbst, dessen, was Sie wirklich sind, völlig bewusst.

Unwissende Leute denken, dass der Ausdruck „der Tod ist abgewehrt" bedeutet, dass sie ewig in diesem Körper leben werden. Unsterblichkeit bezieht sich jedoch nicht auf den Körper. Unsterblichkeit bedeutet, das Körperbewusstsein zu überschreiten. Sie kann nur dann eintreten, wenn Sie jenen Zustand von Unmani, Einpünktigkeit oder „Kein-Geist" erfahren, in dem es keine Bewegungen im Geist gibt. Das ist das Ziel von Yoga: „Yoga Chitta Vritti Nirodha"; Yoga ist die Kontrolle aller Gedankenwellen im Geist oder die Beseitigung aller geistigen Bewegungen. Wenn das geschieht, ruht der Mensch in seiner wahren Natur. Zu allen anderen Zeiten identifiziert er sich mit den Gedankenwellen in seinem Geist.

4

SUSHUMNA, SHUNYA PADAVE, BRAHMARANDHRA, MAHA PATHA, SHAMSHAN, SHAMBHAVI UND MADHYA MARGA SIND ALLES UNTERSCHIEDLICHE NAMEN FÜR DAS GLEICHE.

5

DESHALB MÜSSEN MUDRAS RICHTIG PRAKTIZIERT WERDEN, UM DIE GÖTTIN KUNDALINI AUFERSTEHEN ZU LASSEN, DIE AM EINGANG ZU BRAHMAS TÜR SCHLÄFT.

Diese Slokas illustrieren deutlich, wie die systematische Praxis von Hatha Yoga zur Reinigung der Nadis führt, die in der Reinigung von Sushumna Nadi gipfelt. Wenn Prana durch Sushumna zu fließen beginnt, wird der Geist ruhig, fest und konzentriert. Dann sind Sie bereit für die Erweckung von Kundalini.

Viele Menschen sagen: „Ich will Kundalini erwecken." Wenn sie sich dann abkämpfen und alle möglichen fortgeschrittenen Pranayama-Techniken mit der Erwartung und Angst und unter dem Stress anwenden, unbedingt Kundalini erwecken zu wollen, blockieren sie den gesamten Prozess. Ihr Geist kommt ihnen in die Quere. Sie müssen den gesamten Prozess von Asana und Pranayama, angefangen mit Bauchatmung, volle Yogaatmung und Wechselatmung, durchlaufen und in sattviger Ernährung, den Yamas und Niyamas und der richtigen Lebensführung und -einstellung gefestigt sein. Dann sind Sie bereit, Kundalini zu erwecken.

Die Hatha Yoga Pradipika zeigt einen vollständigen, ganzheitlichen und schrittweisen Prozess der Reinigung und Verfeinerung des Systems auf, nicht bloß des physischen Körpers, sondern auch der Sinne, des Geistes, des Intellekts und des Egos. Außerdem leitet sie Sie an, wie Sie sich von der Welt zurückziehen können, was bedeutet, dass die Welt nicht mehr attraktiv für Sie ist. Nur dann ist Ihr Geist ruhig und Ihr Prana beginnt durch Sushumna zu fließen. Es sind nicht allein die Techniken, auch wenn Ihnen das ganze Sadhana, das Sie machen, dabei behilflich ist, Konzentration, Rückzug und Reinheit des Geistes zu erreichen. Im Wesentlichen ist es das, was mit „richtiger Praxis" gemeint ist.

Wenn die Nadis gereinigt sind und Prana durch Sushumna fließt, befindet sich Ihr Geist sich in einem Zustand völliger Konzentration. Dann können Sie Mudras praktizieren, um Kundalini zu erwecken.

Bezeichnungen der Mudras

6

MAHA MUDRA, MAHA BANDHA, MAHA VEDHA, KECHARI, UDDIYANA, MULA BANDHA, JALANDHARA BANDHA.

7

VIPARITA KARANI, VAJROLI UND SHAKTI CHALANA SIND DIE ZEHN MUDRAS, DIE ALTERUNG UND TOD ZERSTÖREN.

Der Begriff „Zerstörung von Alter und Tod" begegnet Ihnen immer wieder in der *Hatha Yoga Pradipika*. Die Leute identifizieren sich abergläubisch mit dieser Aussage. Sie stellt außerdem immer wieder fest, dass der Körper jünger wird. Das bedeutet in Wirklichkeit, dass Sie für lange Zeit jugendlich und gesund bleiben können, jedoch nicht, dass Ihr Körper unsterblich wird. Machen Sie sich klar, dass, wenn Sie immer noch vom Körper, Körper, Körper besessen sind, Sie nicht über das Körperbewusstsein hinausgelangen können und nichts Höheres erfahren können.

8

SHIVA HAT DIESE MUDRAS GELEHRT, WELCHE DIE ACHT MAHA SIDDHIS VERLEIHEN. DIESE WERDEN VON DEN SIDDHAS IN HOHEN EHREN GEHALTEN UND SIND SELBST FÜR GÖTTER SCHWER ZU ERLANGEN.

Die acht Siddhis, von denen hier gesprochen wird, sind Anima, die Fähigkeit, so klein wie ein Atom zu werden; Laghima, die Fähigkeit, gewichtslos zu werden und zu fliegen; Mahima, die Fähigkeit, so groß wie das Universum zu werden; Garima, die Fähigkeit, schwer zu werden; Prapti, die Fähigkeit, überall hin reisen zu können; Prakamya, die Fähigkeit, unter Wasser zu bleiben und Körper und Jugend zu erhalten; Vashitva, die Fähigkeit, die Elemente zu meistern und alle belebten und unbelebten Objekte kontrollieren zu können; und Ishatva, die Fähigkeit, willentlich zu erschaffen und zu zerstören. In seinen *Yoga Sutras* warnt Maharishi Patanjali davor, diese Kräfte zu suchen und zu benutzen, weil sie Hindernisse zur Befreiung darstellen. Vom Standpunkt des Egos sind sie wünschenswerte Kräfte. Befreiung ist jedoch ein wunschloser Zustand. Deshalb erreicht der Yogi, der von diesen Kräften versucht wird und sie zurückweist, eher Samadhi.

9

DIESE MÜSSEN WIE EINE SCHATZTRUHE GEHEIM GEHALTEN WERDEN. MAN DARF MIT NIEMANDEM ÜBER SIE SPRECHEN, SO WIE MAN NICHT ÜBER SEINE INTIME BEZIEHUNG MIT SEINER FRAU SPRICHT.

Der Punkt hier ist, dass es bloß das Ego ist, was sich ausdrückt und sich vor anderen aufspielt, wenn Sie über diese Dinge reden. Es zeigt, dass Sie noch nicht jenen Zustand rechter Harmonie und Ruhe des Geistes erreicht haben. Daher stellt sich in diesem Falle eine weitere Aufgabe für Sie: Versuchen Sie, andere nicht zu beeindrucken. Es hat wirklich keinen Sinn, mit jemandem über diese Dinge zu reden, der noch nicht einmal angefangen hat, Hatha Yoga zu praktizieren. Sie prahlen dann bloß und versuchen, mit Ihrem Wissen anzugeben.

Sie werden nicht über die intime Beziehung zu Ihrem Mann oder Ihrer Frau sprechen, wenn Sie sie wirklich lieben. Wenn Sie es tun, plustern Sie lediglich Ihr Ego auf und versuchen, andere zu beeindrucken. Ebenso sollten Sie nicht über diese Praktiken sprechen. Überprüfen Sie Ihre Neigung, angeben zu wollen, weil diese Ihr Ego vergrößert. Vielleicht ziehen Sie durch Ihre Praxis alle mögliche Neugier auf sich. Die Menschen befragen Sie zur Bedeutung der verschiedenen Techniken, doch werden Sie feststellen, dass sie gar kein wirkliches Interesse haben. Sie benutzen das Thema bloß zur Konversation. Manchmal können Sie sogar Ekel auf dem Gesicht desjenigen sehen, mit dem Sie darüber reden. Die Leute sind nicht ernstlich interessiert. Einer schläft und der andere wartet ängstlich auf das Ende Ihrer Erläuterung. Wenn Sie beiläufig von jemandem gefragt werden und kein wirkliches Interesse erkennen können, sagen Sie ihm einfach, er solle sich nicht darum kümmern und die Finger davon lassen.

Maha Mudra

10

DRÜCKEN SIE DAS PERINEUM MIT DER LINKEN FERSE, STRECKEN SIE DAS RECHTE BEIN NACH VORNE AUS UND ERGREIFEN SIE DEN RECHTEN FUSS MIT BEIDEN HÄNDEN.

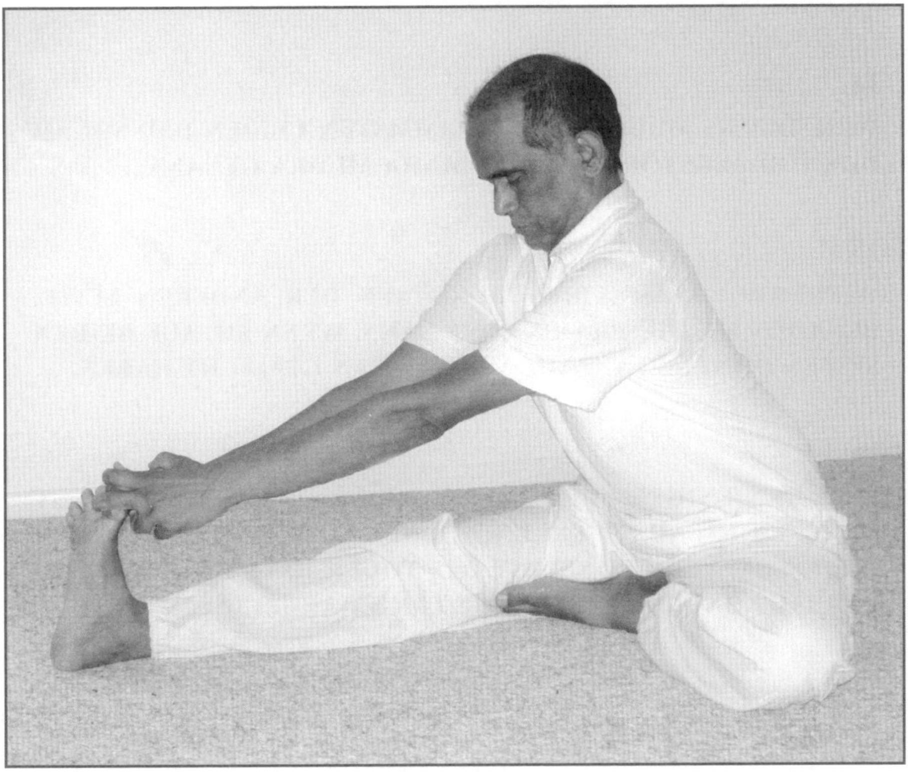

11

DURCH DAS SETZEN VON JALANDHARA BANDHA UND HALTEN DES ATEMS STRECKT SICH KUNDALINI, SO WIE SICH EINE SCHLANGE STRECKT, DIE MIT EINEM STOCK GESCHLAGEN WIRD.

12

DANN WERDEN IDA UND PINGALA INAKTIV UND SHAKTI TRITT IN SUSHUMNA EIN.

13

ATMEN SIE LANGSAM UND GLEICHMÄSSIG AUS. DAS IST MAHA MUDRA, WIE VON DEN SIDDHAS BESCHRIEBEN.

14

WEIL DIESES MUDRA DIE SCHLIMMSTEN LEIDEN UND SOGAR DEN TOD ZERSTÖRT, WIRD ES MAHA MUDRA GENANNT.

15

WIEDERHOLEN SIE DIE ÜBUNG AUF DER ANDEREN SEITE. BEENDEN SIE DIE PRAXIS ERST DANN, WENN SIE AUF BEIDEN SEITEN DIESELBE ANZAHL VON RUNDEN GEMACHT HABEN.

16

FÜR DENJENIGEN, DER MAHA MUDRA PRAKTIZIERT, IST NICHTS GESUND ODER UNGESUND. ALLE NAHRUNG KANN GEGESSEN WERDEN, SELBST DAS TÖDLICHSTE GIFT; ES WIRD VERDAUT UND IN NÄHRSTOFFE UMGEWANDELT.

17

ALLE KRANKHEITEN WIE VERSTOPFUNG, TUBERCULOSE, MAGENVERSTIMMUNG, LEPRA USW. WERDEN DURCH DIE PRAXIS VON MAHA MUDRA BESEITIGT.

18

DAHER WIRD MAHA MUDRA ALS VERLEIHER VON GROSSEN SIDDHIS BESCHRIEBEN. ES MUSS GEHEIM GEHALTEN UND DARF NICHT AN JEDEN BELIEBIGEN WEITERGEGEBEN WERDEN.

Technik:

Es ist ganz einfach. Drücken Sie die linke Ferse gegen das Perineum. Strecken Sie den rechten Fuß nach vorne aus und ergreifen Sie ihn mit den Händen. Atmen Sie tief ein und setzen Sie Jalandhara Bandha. Halten Sie den Atem, solange Sie können. Langsam und gleichmäßig ausatmen. Das ist Maha Mudra.

Diese Mudras sind ganz einfach, doch sollte man nicht sofort anfangen, sie zu praktizieren. Wenn Sie den Zustand erreicht haben, wo Sushumna und die anderen Nadis gereinigt sind, spüren Sie sofort, wenn Sie mit der Praxis der Mudras beginnen, wie sich Kundalini streckt.

Der Sloka schreibt vor, dass es geheim gehalten und nicht an jeden beliebigen weitergegeben werden sollte. Was würde passieren, wenn Sie es an irgendwen weitergeben? Schließlich will doch jeder fortgeschrittene Techniken. Diese machen aber nur dann Sinn, wenn man jenen Punkt in seiner Praxis erreicht hat. Sie können fortgeschrittene Techniken lernen und den ganzen Tag lang Mudras üben, ohne dass irgendetwas passiert, außer, dass Sie einen steifen Nacken bekommen oder Ihnen schwindelig wird. Es ist nicht etwas, was Sie tun, sondern vielmehr ein Zustand, den Sie erreichen. Wenn Sie den Zustand erreichen, in dem der Geist so konzentriert ist, erleben Sie die Dinge, die in diesen Slokas beschrieben sind.

Wenn Sie Maha Mudra praktizieren, können Sie Gift trinken und essen, was Sie wollen, ohne davon berührt zu werden. Sie können es einfach umwandeln. Es geht nicht um die Technik, sondern den Bewusstseinsstand, den Sie erreichen. Die Geschichte von Prinzessin Mira verdeutlicht diesen Punkt.

Prinzessin Mira war eine indische Prinzessin und Verehrerin Krishnas. Als die Familie des Prinzen ärgerlich über ihr Verhalten wurde, weil sie ständig unter Yogis, Heiligen und Gottesverehrern war, sang und tanzte, um ihrer Hingabe an Lord Krishna Ausdruck zu verleihen, versuchten sie, Mira mit in Milch aufgelöstem Arsen zu vergiften. Mira praktizierte nicht Maha Mudra oder Ähnliches. Dennoch trank sie das äußerst tödliche Gift, und es verwandelte sich in Nektar. Das geschah durch ihren Bewusstseinszustand.

Alle Techniken und Disziplinen, die hier beschrieben werden, sind dazu da, Sie Schritt für Schritt dahin zu führen, Ihr Bewusstsein bis in einen derartig hohen Zustand zu erheben.

Manche Menschen interpretieren in ihrer Unwissenheit diese Slokas so, dass Maha Mudra ein Gegenmittel für Gifte sei. Wenn das der Fall sein würde, könnten sie eine Klinik für Vergiftete eröffnen und Maha Mudra verordnen. Das ist blanker Unsinn. Aus diesem Grunde verstehen Menschen Yoga als Therapie. Das ist ein Missbrauch oder eine Fehlinterpretation von Yoga. Leute machen Werbung und bringen Tausende von Videos heraus: Yoga für Empfängnis, Yoga für Verstopfung, Yoga für Asthma, Yoga für Katzen und Hunde usw. Das rückt die Praxis von Yoga in ein falsches Licht.

Maha Bandha

19

DRÜCKEN SIE DIE LINKE FERSE GEGEN DAS PERINEUM UND LEGEN SIE DEN RECHTEN FUSS AUF DEN LINKEN OBERSCHENKEL.

20

ATMEN SIE TIEF EIN UND SETZEN SIE JALANDHARA UND MULA BANDHA. HALTEN SIE DIE AUFMERKSAMKEIT UND DEN BLICK AUF AJNA CHAKRA GERICHTET.

21

HALTEN SIE DEN ATEM SO LANGE WIE MÖGLICH UND ATMEN SIE DANN LANGSAM AUS. WIEDERHOLEN SIE DIE ÜBUNG AUF DER ANDEREN SEITE.

22

MANCHE MEISTER SIND DER MEINUNG, DASS JALANDHARA BANDHA NICHT NOTWENDIG IST UND DASS ES AUSREICHT, DIE ZUNGE AN DIE VORDERZÄHNE ZU HALTEN.

23

DIESES MAHA BANDHA STOPPT DEN AUFWÄRTSFLUSS DES PRANA IN DEN NADIS UND VERLEIHT GROSSE SIDDHIS.

24

MAHA BANDHA VEREINIGT DIE NADIS IN AJNA CHAKRA UND BEFÄHIGT DEN GEIST, DEN HEILIGEN SITZ VON SHIVA, KEDARA, ZU ERREICHEN, UND BEFREIT DAHER VON DEN FESSELN DES TODES.

25

SO WIE DIE ANMUT UND DIE SCHÖNHEIT EINER FRAU IN DER ABWESENHEIT IHRES MANNES KEINEM ZWECKE DIENT, SO SIND MAHA MUDRA UND MAHA BANDHA NUTZLOS OHNE MAHA VEDHA MUDRA.

Diese drei, Maha Mudra, Maha Bandha und Maha Vedha, sind dazu gedacht, zusammen praktiziert zu werden, um Kundalini zu erwecken und sie in Sushumna aufsteigen zu lassen. Das ist der Zweck der Kundalini-Erweckung; dass sie aufsteigen kann, um sich mit ihrem Herrn, Shiva, zu vereinen.

Maha Vedha Mudra

26

ATMEN SIE IN MAHA BANDHA EIN, UND MIT KONZENTRIERTEM GEIST STOPPEN SIE DIE BEWEGUNG DES PRANAS, INDEM SIE JALANDHARA BANDHA SETZEN.

27

SETZEN SIE DIE HANDFLÄCHEN AUF DEM BODEN AUF, DRÜCKEN SIE DEN KÖRPER HOCH UND LASSEN DAS GESÄSS SANFT AUF DEM BODEN AUFPRALLEN, INDEM SIE AUF UND AB HÜPFEN. DAS BEWIRKT, DASS DAS PRANA DIE BEIDEN NADIS IDA UND PINGALA VERLÄSST UND IN DEN MITTLEREN, SUSHUMNA, EINTRITT.

28

DIESE VEREINIGUNG VON IDA UND PINGALA IN SUSHUMNA FÜHRT ZUR UNSTERBLICHKEIT. EIN TODESÄHNLICHER ZUSTAND WIRD ERLEBT; ATMEN SIE DANN LANGSAM AUS.

29

DIESES MAHA VEDHA, DAS GROSSE SIDDHIS VERLEIHT, WIRD VON DEN BESTEN YOGIS PRAKTIZIERT UND VERHINDERT FALTEN, GRAUES HAAR UND DAS ZITTERN DES ALTERS.

Sitzen Sie in Padmasana und machen Sie Bhastrika Pranayama. Setzen Sie während der Phase des Atemhaltens die Handflächen auf den Boden und drücken Sie den Körper hoch. Lassen Sie Ihr Gesäß einige Male auf dem Boden aufprallen. Wie in dem Sloka beschrieben, bewirkt das, dass das Prana Ida und Pingala verlässt und in Sushumna eintritt. Der Körper wird mit Prana aufgeladen. Kundalini erwacht und man verspürt einen Zustand der körperlichen Leichtigkeit, der es einem möglich macht, höher und höher zu springen.

Wenn Sie bereits graues Haar usw. haben, können Sie den Alterungsprozess immer noch verlangsamen.

30

DIESE DREI SIND DIE GROSSEN GEHEIMNISSE, DIE ALTERUNG UND TOD ZERSTÖREN, DIE VERDAUUNG ANREGEN UND SIDDHIS WIE ANIMA USW. VERLEIHEN.

Noch einmal wird hier die Jugendlichkeit betont. All diese Praktiken führen zu guter Gesundheit, verlangsamen die Alterungsprozess und verleihen Maha Siddhis.

31

MIT RICHTIGEN ANWEISUNGEN SOLLTEN SIE AUFMERKSAM ACHTMAL TÄGLICH IM JEWEILIGEN ABSTAND VON DREI STUNDEN PRAKTIZIERT WERDEN. SIE VERLEIHEN TUGENDEN UND ZERSTÖREN LASTER.

Diese Anweisungen richten sich nicht an jeden, sondern vielmehr an denjenigen, der sich in seine Einsiedelei zurückgezogen hat, dessen Geist vollständig von der Welt abgewendet ist und der 24 Stunden täglich praktiziert. Er hat keine Ängste und keine Sorgen. Sie richten sich an den, der seine weltlichen Pflichten erfüllt hat.

Khechari Mudra

32

ROLLEN SIE DIE ZUNGE NACH HINTEN BIS IN DIE HÖHLE DES SCHÄDELS UND RICHTEN SIE IHREN BLICK AUF AJNA CHAKRA. DAS IST KHECHARI MUDRA.

33

DAS WIRD DADURCH ERREICHT, DASS DAS ZUNGENBÄNDCHEN NACH UND NACH DURCHTRENNT UND DIE ZUNGE GEMOLKEN WIRD, UM SIE LÄNGER ZU MACHEN, BIS SIE DAS AUGENBRAUENZENTRUM BERÜHRT.

Wenn Sie jemanden dieses tun sehen, würden Sie wahrscheinlich über ihn lachen. Darum denken Menschen, dass Yogis verrückt sind. Sie können nicht über den körperlichen Aspekt hinausblicken. Warum erscheint diese Praxis so bizarr, wo es Leute gibt, die sich ihre Zunge piercen lassen? Wenn sie etwas Derartiges auf sich nehmen können, sollte es sie nicht abschrecken, das Zungenbändchen zu durchtrennen. Doch selbst wenn diese Menschen Khechari wie hier beschrieben praktizierten, würden sich die positiven Wirkungen von Khechari nicht einstellen, wenn sie noch nicht die nötige Bewusstseinsstufe erreicht haben.

34

SCHNEIDEN SIE DAS ZUNGENBÄNDCHEN MIT EINER SCHARFEN, STERILEN KLINGE JEDES MAL UM HAARESBREITE WEITER EIN.

35

REIBEN SIE EINE MISCHUNG AUS PULVERISIERTEM STEINSALZ UND KURKUMA EIN. SCHNEIDEN SIE NACH SIEBEN TAGEN UM EINE WEITERE HAARESBREITE EIN.

Heutzutage gibt es Chirurgen, die das Zungenbändchen mit einem Mal durchtrennen können, so dass Sie die Tortur des Schneidens nicht so oft auf sich nehmen müssen. Der Grund, jedes Mal nur um Haaresbreite zu schneiden, ist jedoch, den Geist zu disziplinieren.

Diese Praxis führt dazu, dass sich der Geist zurückzieht. Die Praxis, das Zungenbändchen zu durchtrennen, ist also wirklich zur Entwicklung von Disziplin gedacht, nicht nur, um die Zunge so weit herauszukriegen, dass sie das Augenbrauenzentrum erreicht.

Kurkuma ist ein Antiseptikum; daher werden Sie angewiesen, die Schnittwunde damit einzureiben.

36

MACHEN SIE DAS ÜBER SECHS MONATE HINWEG, BIS DAS BÄNDCHEN VOLLSTÄNDIG DURCHTRENNT IST.

Das ist eine Form von Tapas, damit Sie die nötige Disziplin entwickeln. Es ist einfach ein weiterer Prozess, dem Sie sich in der Yogapraxis unterziehen.

37

ROLLEN SIE IHRE ZUNGE IN DEN WEG DER DREI ZURÜCK. DAS IST KHECHARI MUDRA UND WIRD VYOMACHAKRA GENANNT.

Der Weg der drei meint Ida, Pingala und Sushumna.

38

DER YOGI, DER NUR EINE HALBE SEKUNDE IN KHECHARI MUDRA BLEIBT, IST VON GIFT, ALTERUNG UND TOD BEFREIT.

An dem Punkt in Kechari, an dem der Geist völlig zur Ruhe kommt, selbst wenn es nur für den Bruchteil einer Sekunde ist, erfahren Sie Ihre wahre Natur. Die Vedanta-Philosophie verwendet das Bild von Seil und Schlange, um das zu verdeutlichen. Im Zwielicht tritt ein Mann auf ein Seil und spring vor Schreck zurück, weil er es irrtümlich für eine giftige Schlange hält. Später stellt er fest, dass die Schlange nichts als ein Seil gewesen ist, und seine Angst schwindet. Wenn Sie ein Seil für eine Schlange halten, schreien Sie in Todesangst auf. Wie viel müssen Sie von dem Seil sehen, um zu wissen, dass es sich nicht um eine Schlange handelt? Eine einzige Faser – dann wissen Sie, dass es ein Seil ist. Dann haben Sie keine Angst mehr. In dem Augenblick, in dem Sie einen Blick auf Ihre wahre Natur, von dem, was Sie in Wirklichkeit sind, vom unendlichen Selbst erhaschen können, sind Sie von Tod, Alterung und Krankheit befreit. Das bedeutet, dass Sie sich nicht mehr mit dem Körper identifizieren. Alles, was Sie benötigen, ist ein kurzer Blick, eine halbe Sekunde. Höchstwahrscheinlich können Dinge wie Krankheit und Gift dem Körper von Menschen, die diesen Bewusstseinsstand erreicht haben, nichts anhaben, weil der Körper eine Erweiterung des Geistes ist und dieser gereinigt worden ist.

39

DEM YOGI, DER KHECHARI GEMEISTERT HAT, KÖNNEN KRANKHEIT, TOD, MÜDIGKEIT, SCHLAF, HUNGER, DURST UND BEWUSSTLOSIGKEIT NICHTS ANHABEN.

40

DER MEISTER VON KHECHARI IST KRANKHEIT, KARMA UND TOD NICHT UNTERWORFEN.

Die Praxis von Khechari kann den Yogi zu Samadhi führen, den Zustand des Höchsten Bewusstseins jenseits von Dualität und Karma.

41

DIE SIDDHAS HABEN DIESES MUDRA KHECHARI GENANNT, WEIL DER GEIST IN DIE LEERE EINTRITT WIE DIE ZUNGE IN DIE HÖHLE.

42

IN KHECHARI WIRD DER SAMEN NICHT AUSGESTOSSEN, SELBST WENN DER YOGI VON EINER LEIDENSCHAFTLICHEN FRAU UMARMT WIRD.

43

SOGAR DANN, WENN DER SAMEN IN DEN PENIS EINTRITT, WIRD ER VON YONI MUDRA ERGRIFFEN UND AUFWÄRTS GEFÜHRT.

44

MIT NACH OBEN GEROLLTER ZUNGE TRINKT DER YOGI DEN NEKTAR, DER VOM MOND HERABFLIESST, UND BESIEGT INNERHALB VON 15 TAGEN DEN KÖRPERLICHEN TOD.

45

DER YOGI, DER TÄGLICH DEN VOM MOND HERABFLIESSENDEN NEKTAR TRINKT, WIRD SELBST DANN NICHT VERGIFTET, WENN ER VOM KÖNIG DER SCHLANGEN GEBISSEN WIRD.

46

WIE FEUER NICHT ERLISCHT, WENN NOCH BRENNSTOFF VORHANDEN IST UND DIE FLAMME DEN DOCHT NICHT VERLÄSST, DER IN ÖL GETRÄNKT IST, VERLÄSST AUCH DIE SEELE DEN KÖRPER NICHT, DER MIT VOM MOND HERABFLIESSENDEM NEKTAR ANGEFÜLLT IST.

47

DER, DER TÄGLICH DAS FLEISCH DER KUH ISST UND DIE UNSTERBLICHE FLÜSSIGKEIT TRINKT, WIRD ALS VON HOHER ABSTAMMUNG ANGESEHEN. ANDERE SIND EINE SCHANDE FÜR IHRE LINIE.

48

„KUH“ BEDEUTET HIER „ZUNGE“, UND WENN DIESE IN DEN OBEREN GAUMEN EINTRITT, IST DIES DAS „ESSEN DES KUHFLEISCHS“. DAS ZERSTÖRT SCHWERE SÜNDEN.

49

UNSTERBLICHE FLÜSSIGKEIT IST DER NEKTAR, DER VOM MOND HERABFLIESST. WENN DIE ZUNGE IN DIE HÖHLE GEFÜHRT WIRD, ENTSTEHT HITZE, DIE BEWIRKT, DASS DER NEKTAR ZU FLIESSEN BEGINNT.

50

WENN DIE ZUNGENSPITZE SICH STÄNDIG IN DER HÖHLE BEFINDET, HAT DER FLIESSENDE NEKTAR EINEN SALZIGEN, SCHARFEN, BITTEREN UND SAUREN GESCHMACK. ER HAT DIE KONSISTENZ VON MILCH, HONIG UND GHEE. KRANKHEIT, ALTERUNG, TOD UND ANGRIFFE TÖDLICHER WAFFEN WERDEN ABGEWEHRT. DER YOGI ERLANGT DIE ACHT SIDDHIS, UNSTERBLICHKEIT UND ZIEHT VOLLKOMMENE FRAUEN AN.

51

MIT DER ZUNGE IN DER HÖHLE UND DEM KOPF IM NACKEN FLIESST DER NEKTAR IN DAS VISHUDDI CHAKRA. DADURCH, DASS ER DEN NEKTARSTROM TRINKT UND ÜBER DIE HÖCHSTE SHAKTI MEDITIERT, WIRD DER YOGI VON KRANKHEIT BEFREIT UND LEBT EIN LANGES LEBEN MIT EINEM KÖRPER, DER SO SCHÖN UND WEICH IST WIE EINE LOTUSBLÜTE.

52

DIE URSACHE DES TODES IST, DASS DER NEKTAR, DER VON MERU, DEM URSPRUNG DER NADIS, HERABFLIESST, VOM

FEUER VERZEHRT WIRD. DER WEISE, DER DAS VERSTEHT, PRAKTIZIERT KHECHARI. ANDERENFALLS WIRD KEINE VOLLKOMMENHEIT DES KÖRPERS ERLANGT.

53

IN JENER HÖHLE, WELCHE DIE QUELLE DES WISSENS IST, LAUFEN DIE FÜNF NADIS ZUSAMMEN. IN DIESER LEERE SOLLTE KHECHARI MUDRA GEHALTEN WERDEN.

54

ES GIBT NUR EINEN URSPRUNG DER SCHÖPFUNG; NUR EIN MUDRA, KHECHARI; EINEN GOTT, DER VON ALLEM UNABHÄNGIG IST; UND EINEN ZUSTAND, MANONMANI.

Wenn diese Slokas vom „Nektar, der vom Mond herabfließt" und vom „Nektar der Unsterblichkeit" reden, beziehen sie sich auf den Nektar, der aus Bindu Visarga strömt, dem psychischen Zentrum im oberen Teil der Schädelhöhle. Diese Praktiken sind sehr mystisch und können nicht ohne Führung und Anweisungen eines Gurus verstanden werden.

Diese Slokas beschreiben, dass in dem normalen Prozess der Nektar der Unsterblichkeit ständig vom Bindu Visarga, der Residenz des Mondes, strömt und vom Feuer, der Sonne, die sich im Solarplexus befindet, verzehrt wird. Deshalb erfährt man Alterung und Tod. Wenn man Khechari praktiziert, wird der Nektar nicht vom Feuer verschlungen und man ist von Alterung, Tod usw. befreit.

Wenn die Zunge in Khechari zurückgerollt wird und den Vereinigungspunkt der drei Nadis Ida, Pingala und Sushumna berührt, kann der Yogi den Nektar trinken. In Khechari wird der Körper mit diesem Nektar angefüllt und man wird mit vielen wunderbaren Gaben wie Unsterblichkeit, Freiheit von Krankheit, Kontrolle über Fortpflanzungssäfte, Jugendlichkeit, strahlender Gesundheit und einem schönen, weichen Körper belohnt. Das ist die Theorie, die der Praxis von Khechari zugrunde liegt.

Auch wenn es sich bei Khechari um eine mystische Praxis handelt, hat es positive körperliche Auswirkungen; auch wenn sich Bindu, Ida, Pingala und Sushumna im Astralkörper befinden, haben sie ihre Gegenstücke im physischen Körper. Bindu entspricht der Zirbeldrüse im Großhirn im oberen Teil der Schädelhöhle. Die Nadis haben ihre Entsprechungen im Nervensystem. Daher ist der physische Körper eine Manifestation des Astralkörpers. Auf der physischen Ebene beeinflusst Khechari die endokrinen Drüsen, die Hormonproduktion, die Fortpflanzungssekrete, die Gehirnfunktionen, die unwillkürliche Atmung, die Herzfrequenz, die Emotionen, Hunger, Durst, das zentrale Nervensystem, die biologische Uhr des Körpers und die Schlafmuster.

Sloka 48 sagt aus, dass ‚Kuh‘ hier ‚Zunge‘ bedeutet, und wenn diese in den oberen Gaumen gelangt, ist dies das ‚Essen des Kuhfleischs‘. Das zerstört schwere Sünden. Die Erwähnung des Verzehrs von Kuhfleisch und unsterblicher Flüssigkeit ist insbesondere im tantrischen Yoga zutiefst missverstanden worden. Die Leute denken, tantrisches Yoga bestünde daraus, im Fleischverzehr zu schwelgen, Wein zu trinken und Sex zu haben. Das ist Lästerung gegen die Schriften und weist auf einen niedrigen Bewusstseinsstand hin. „Kuh“ bedeutet hier „Zunge“. „Die Kuh zu essen“ bedeutet demnach, die Zunge zu verschlucken. „Die Flüssigkeit oder den Wein zu trinken“ bezieht sich auf den Nektar, der vom Mond herabfließt.

Uddiyana Bandha

55

UDDIYANA BANDHA WIRD SO GENANNT, WEIL PRANA DURCH DIESE PRAXIS IN EINEM PUNKT GESAMMELT UND DAZU GEBRACHT WIRD, DURCH SUSHUMNA ZU FLIESSEN.

56

DAS BANDHA, DAS IM FOLGENDEN BESCHRIEBEN WIRD, WIRD UDDIYANA GENANNT, WEIL ES DEN GROSSEN VOGEL PRANA MIT LEICHTIGKEIT AUFWÄRTS FLIEGEN LÄSST.

57

ZIEHEN SIE DEN BAUCH EIN UND DEN NABEL HOCH. DAS WIRD UDDIYANA BANDHA GENANNT. DAS IST DER LÖWE, DER DEN ELEFANTEN, DEN TOD, BEZWINGT.

58

REGELMÄSSIGE PRAXIS VON UDDIYANA BANDHA, WIE VOM GURU ANGEWIESEN, LÄSST SELBST EINEN ALTEN MENSCHEN JUNG ERSCHEINEN.

59

DER BAUCH ÜBER UND UNTER DEM NABEL SOLLTE NACH HINTEN IN RICHTUNG WIRBELSÄULE GEZOGEN WERDEN. DURCH DIE REGELMÄSSIGE PRAXIS BEZWINGT DER YOGI INNERHALB VON SECHS MONATEN DEN TOD.

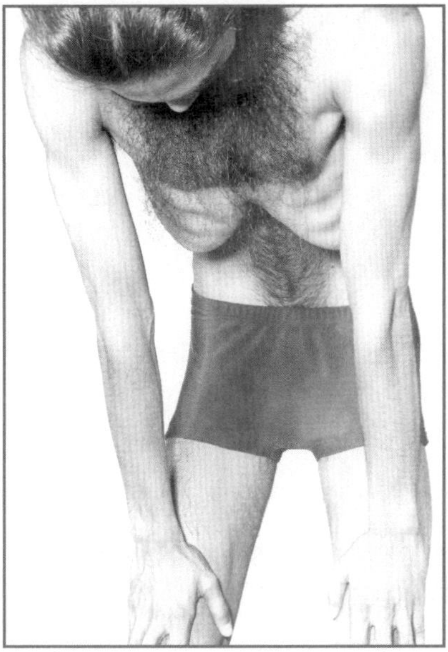

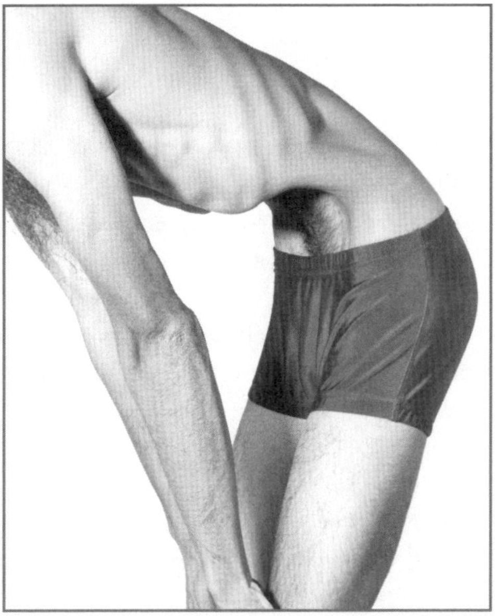

Wie bei allen diesen Mudras wird gesagt, dass Sie damit den Tod bezwingen. Wie oft wollen Sie den Tod bezwingen? Das Ziel ist es, Samadhi zu erreichen, den Zustand des Höchsten Bewusstseins, die Befreiung.

60

DURCH DAS MEISTERN VON UDDIYANA KOMMT DIE BEFREIUNG VON SELBST, WEIL ES DAS BESTE ALLER BANDHAS IST.

Mula Bandha

61

DRÜCKEN SIE DAS PERINEUM MIT DER FERSE. SPANNEN SIE DEN ANUS AN UND ZIEHEN SIE APANA AUFWÄRTS. DAS IST MULA BANDHA.

Spannen Sie während des Atemhaltens die Muskulatur des Perineums und dann die des Bauches an. Das schließt Apana ein, verhindert, dass es aus dem Unterleib entkommt, und lenkt es aufwärts, so dass es sich mit Prana vereinigt.

62

DIE NATÜRLICHE NEIGUNG VON APANA IST ES, ABWÄRTS ZU FLIESSEN. DURCH DAS ANSPANNEN DES PERINEUMS WIRD ES DAZU GEZWUNGEN, SICH AUFWÄRTS ZU BEWEGEN. DAS WIRD MULA BANDHA GENANNT.

Prana bewegt sich normalerweise aufwärts und Apana abwärts. Durch die Praxis von Mula Bandha unterstützen Sie die Umkehrung des Apanaflusses.

63

DRÜCKEN SIE DEN ANUS FEST MIT DER FERSE. SPANNEN SIE DAS PERINEUM KRÄFTIG UND WIEDERHOLT AN, BIS DIE LEBENSENERGIE AUFSTEIGT.

64

YOGA ODER VOLLKOMMENHEIT WIRD DURCH DIE VEREINIGUNG VON PRANA UND APANA, NADA UND BINDU MIT HILFE DER PRAXIS VON MULA BANDHA ERLANGT. DARAN BESTEHT KEIN ZWEIFEL.

65

DURCH DIE REGELMÄSSIGE PRAXIS VON MULA BANDHA WERDEN URIN UND STUHL WENIGER UND SELBST DIE ALTEN WERDEN JUNG.

66

WENN SICH APANA IN DIE REGION DES FEUERS BEWEGT, FACHT ES DIE FLAMME AN.

67

WENN SICH APANA UND PRANA IM FEUERZENTRUM VEREINEN, STEIGT DIE HITZE IM KÖRPER AN.

68

AUFGRUND DIESER INTENSIVEN HITZE STRECKT SICH DIE SCHLAFENDE KUNDALINI SHAKTI UND ZISCHT WIE EINE SCHLANGE, DIE MIT EINEM STOCK GESCHLAGEN WURDE.

69

DANN TRITT SIE IN BRAHMA NADI EIN, SO WIE EINE SCHLANGE IN IHR LOCH SCHLÜPFT. DARUM SOLLTE MULA BANDHA JEDEN TAG PRAKTIZIERT WERDEN.

Jalandhara Bandha

70

KONTRAHIEREN SIE DEN HALS, INDEM SIE DAS KINN IN RICHTUNG BRUSTKORB BRINGEN. DAS IST JALANDHARA BANDHA. ES ZERSTÖRT ALTERUNG UND TOD.

71

DIESES JALANDHARA BANDHA FÄNGT DEN NEKTARFLUSS IM HALS AUF UND ZERSTÖRT ALLE HALSLEIDEN.

72

JALANDHARA BANDHA VERHINDERT, DASS DER NEKTAR INS FEUER FÄLLT, UND FÜHRT ZU RUHE UND FESTIGKEIT DES PRANAS.

73

DURCH JALANDHARA BANDHA WERDEN DIE BEIDEN NADIS INAKTIV GEMACHT, UND DIE 16 ADHARAS IM MITTLEREN CHAKRA WERDEN UNTER KONTROLLE GEBRACHT.

Vishuddi Chakra befindet sich in der Sushumna auf Höhe des unteren Halses. Es hat 16 Blütenblätter oder Adharas und ist von rauchig purpurner Farbe. Die 16 Adharas beziehen sich auf die 16 Formen von Shakti oder Energie, die von diesem Chakra ausgehen. Jedes Blütenblatt wird durch ein Bija-Mantra vertreten: Am, Aam, Im, Iim, Um, Oum, Rim, Riim, Lrim, Lriim, Em, Aim, Om, Aum, Ah und Amh. Jedes Bija-Mantra bezieht sich auf verschiedene Körperfunktionen und geistige und psychische Zentren. Die Praxis von Jalandhara Bandha verhindert, dass der Nektar von Bindu an Vishuddi vorbei fließt und vom Feuer des Solarplexus, Manipura Chakra, verzehrt wird. Das geschieht, weil Jalandhara Bandha den Fluss der Shakti in Ida und Pingala Nadi wirksam stoppt und sie damit zwingt, durch Sushumna zu fließen und sich in Vishuddi Chakra zu sammeln.

74

DURCH MULA BANDHA, UDDIYANA BANDHA UND JALANDHARA BANDHA WERDEN IDA UND PINGALA VERSCHLOSSEN UND SUSHUMNA WIRD AKTIV.

75

DURCH DIESE PRAXIS WIRD DER ATEM GEHALTEN UND PRANA WIRD RUHIG UND FEST. TOD, ALTERUNG UND KRANKHEIT WERDEN ÜBERWUNDEN.

76

DIESE DREI BANDHAS WERDEN VON DEN GROSSEN SIDDHAS ALS DAS BESTE SADHANA ANGESEHEN. SIE FÜHREN ZU ERFOLG IN DER HATHA YOGA-PRAXIS.

77

WENN DER NEKTAR DER UNSTERBLICHKEIT PERMANENT VON DER SONNE VERZEHRT WIRD, SIND ALTERUNG UND TOD UNABWENDBAR.

78

ES GIBT EINEN WIRKUNGSVOLLEN WEG, DEN NEKTAR DARAN ZU HINDERN, IN DIE SONNE ZU FALLEN UND VON IHR VERZEHRT ZU WERDEN. DIESER KANN NUR VON EINEM GURU UND NICHT VON HUNDERTEN VON SHASTRAS GELERNT WERDEN.

Diese drei Bandhas, Mula Bandha, Uddiyana Bandha und Jalandhara Bandha, sollten schon praktiziert werden, bevor Sie diesen Punkt erreicht haben. Binden Sie diese in Ihre Praxis von Anuloma Viloma zur Reinigung der Nadis ein, wie in Kapitel Zwei, Verse 7–10, beschrieben.

Nochmals wird hier beschrieben, dass Jalandhara Bandha eine Methode ist, den Nektar daran zu hindern, von der Sonne verzehrt zu werden. Da dieses Ziel durch Jalandhara Bandha erreicht wird, brauchen Sie nicht alle Techniken auszuprobieren und miteinander zu kombinieren, die in der *Hatha Yoga Pradipika* beschrieben sind, wie z. B. das Schneiden der Zunge, Vajroli Mudra, Amaroli Mudra usw. Jede von ihnen führt zum selben Ergebnis.

Viparita Karani Mudra

79

VIPARITA KARANI IST DER UMKEHRPROZESS, BEI DEM SICH DIE NABELGEGEND OBEN UND DER GAUMEN UNTEN BEFINDET, DIE SONNE OBEN UND DER MOND UNTEN. WENN DIESE ANWEISUNG VOM GURU ERTEILT WIRD, FÜHRT SIE ZUM ERFOLG.

80

DURCH REGELMÄSSIGE PRAXIS WIRD DAS VERDAUUNGSFEUER VERSTÄRKT. DAHER SOLLTE DER PRAKTIZIERENDE AUSREICHEND NAHRUNG ZUR VERFÜGUNG HABEN, SONST WIRD ER VERZEHRT.

Diese Anweisung richtet sich nicht an jeden und bedeutet sicherlich nicht, dass Sie den Kühlschrank leer essen sollen. Sie ist für Menschen gedacht, die die Stufe erreicht haben, auf der ihr Verdauungsfeuer so stark geworden ist, dass sie mehr Nahrung brauchen, um ihren Körper und ihre Energie zu erhalten.

81

MIT DEN FÜSSEN OBEN UND DEM KOPF UNTEN SOLLTE MAN AM ERSTEN TAG FÜR KURZE ZEIT VERHARREN UND DIE DAUER JEDEN TAG ALLMÄHLICH STEIGERN.

82

FALTEN UND GRAUES HAAR VERSCHWINDEN NACH SECHS MONATEN PRAXIS. WENN MAN DREI STUNDEN TÄGLICH PRAKTIZIERT, WIRD DER TOD ÜBERWUNDEN.

Hier wird erneut auf die Umkehr des Alterungsprozesses und die Bezwingung des Todes durch die Umkehrstellungen erwähnt. Warum erzielen Leute, die Umkehrstellungen praktizieren, nicht diese positiven Effekte? Das Geheimnis ist, dass bei der Praxis von Schulterstand und Kopfstand stets etwas Anstrengung nötig ist, um oben zu bleiben. Viparita Karani ist eine entspanntere, natürlichere Form von Umkehrstellung. Wenn Sie ohne jede Anstrengung in Viparita Karani oder im Kopfstand stehen können, so, als stünden Sie ganz normal auf Ihren Füßen, dann gelangt der Körpermechanismus in einen Zustand, in dem es kein Bewusstsein mehr dafür gibt, dass Sie umgekehrt stehen. Dann wird der Nektar nicht verzehrt, sondern in den Körperkreislauf aufgenommen. Wenn Anstrengung im Spiel ist, weiß der Körper, dass er umgekehrt steht, und dann verzehrt die Sonne den Nektar dennoch.

Wieder wird deutlich, dass es sich nicht bloß um etwas Körperliches handelt. Die schlichte Tatsache, dass Sie kopfüber stehen, bewirkt nicht, dass dieser Nektar nicht verzehrt wird. Es geht um den Bewusstseinszustand. Ob Sie auf dem Kopf oder auf den Füßen stehen – in beiden Fällen pumpt das Herz Blut, der Körper scheidet Giftstoffe aus, nimmt Nährstoffe auf usw. Das Wesen und die Intelligenz des Körpers ist es, zu altern und zu wachsen. Wenn dieser Mechanismus jedoch ausgetrickst wird, wie z. B. in Viparita Karani, dann geht der Nektar nicht durch den üblichen Prozess, in welchem er von der Sonne, d.h. von Ihrer Anstrengung, verzehrt wird. Dann bleiben Sie in einem jugendlichen Zustand.

Vajroli Mudra

83

JEMAND, DER VAJROLI RICHTIG PRAKTIZIERT, WIRD SELBST DANN EIN SIDDHA, WENN ER NICHT DEN REGELN UND VORSCHRIFTEN DES YOGA FOLGT.

Auf den ersten Blick scheint es sich hierbei um einen Widerspruch zu handeln, doch um Vajroli richtig praktizieren zu können, müssen Sie eine Stufe der Disziplin erreicht haben, auf der Sie Geist und Körper unter Kontrolle haben, mit anderen Worten, ein sehr hoher Zustand. Wenn Sie diese Stufe in Ihrem Sadhana erlangt haben, einen Zustand der Geisteskontrolle, dann benötigen Sie keine Regeln und Vorschriften mehr. Diese haben dann in Ihrem Leben keinen Sinn mehr. Gewöhnliche Menschen beurteilen Ihre Handlungen und Ihre Lebensweise anhand ihres eigenen Bewusstseinsstandes. Sie leben auf einem völlig anderen Bewusstseinsstand, der nicht mit den Regeln und Vorschriften konform geht, die gewöhnliche Menschen zugunsten ihrer eigenen Entwicklung zu befolgen haben. Deren Beziehung zu Sexualität und Sinnlichkeit, die von Ausschweifung geprägt ist und den Geist und die Sinne schwächt, unterscheidet sich dann erheblich von der Ihren.

84

FÜR ERFOLG IN DIESER PRAXIS SIND ZWEI SACHEN NÖTIG, DIE SCHWER ZU ERLANGEN SIND: ERSTENS MILCH UND ZWEITENS EINE FRAU, DIE NACH IHREM WILLEN HANDELT.

Die Erwähnung der Milch darf nicht aus dem Zusammenhang gerissen werden. In jenen Tagen war Milch recht schwierig zu beschaffen und wurde als wertvolles Gut betrachtet. Die Slokas sind voll von Bezügen auf Dinge, die nur auf jene Zeit und jene Lebensumstände zutreffen. Wenn Sie diese heutzutage wörtlich nehmen, machen sie keinen Sinn mehr. Dieser Sloka ist ein gutes Beispiel dafür. Heutzutage ist Milch in den meisten Ländern nicht mehr schwer zu beschaffen, auch wenn es immer noch bestimmte Gebiete auf der Erde gibt, in denen sie rar ist. In diesem Land sind andere Sachen schwieriger zu beschaffen als Milch.

Der Hinweis, eine Frau zu finden, die Ihrem Willen gemäß handelt, bedeutet, dass Sie sich selbst viele emotionale, gesellschaftliche und andere Probleme schaffen, wenn Sie mit jemandem Vajroli praktizieren, der nicht auf derselben Bewusstseins- oder Entwicklungsstufe steht wie Sie.

Wenn Sie verheiratet sind und Ihre Frau Sadhana macht, ist sie die am besten geeignete Person, mit der Sie Vajroli Mudra praktizieren können. In diesem Falle gibt es keine sozialen Verwicklungen. Es ist jedoch notwendig, dass sie dieselbe Art Sadhana praktiziert wie Sie, weil es sonst zu Problemen und Konflikten kommt. Deshalb ist diese Konstellation sehr selten anzutreffen. Um Vajroli Mudra zu praktizieren, muss man einen gewissen Bewusstseinsstand erreicht haben, denn sonst wird es als weitere Ausrede verwendet, in sexueller Aktivität zu schwelgen und das auch noch Yoga zu nennen. Es sollte ohne Anhaftung geschehen, so wie Sie auch andere Mudras oder Kriyas praktizieren. Vajroli Mudra muss in diesem Zusammenhang mit dieser Art der Aufmerksamkeit und auf hoher Bewusstseinsstufe ausgeübt werden. Wenn es anders praktiziert wird, kann es den Geist der Menschen tatsächlich verdrehen und alle möglichen Täuschungen und Probleme erzeugen. Es müssen die nötige Klarheit und Reife und der nötige Entwicklungs- und Bewusstseinsstand herrschen. Wenn Sie nicht diese ganzen Eigenschaften aufweisen, lassen Sie es einfach bleiben. Sie brauchen nicht in all diese Mudras verwickelt zu sein.

Wenn Sie ein verheirateter spiritueller Suchender sind, sollte Ihre sexuelle Aktivität entsprechend Ihrem Zustand und Ihrem Lebensabschnitt moderat sein. Es ist wie beim Essen; essen Sie mäßig und vermeiden Sie es, zu viel zu essen. Wenn Sie sexueller aktiv sein möchten, dann tun Sie das auf liebevolle, schöne Weise, anstatt unmäßig darin zu schwelgen. Betrügen Sie sich nicht selbst, indem Sie sich einreden, dass Sie Vajroli Mudra praktizieren. Diese Slokas hier beschreiben Techniken. Wo bleibt die Liebe dabei? Liebe gehört nicht dazu. Es ist ein reiner Akt. Wenn Sie Ihre Zunge reinigen und Neti machen, tun Sie das nicht mit Liebe, sondern als Teil eines Prozesses. Auch wenn Liebe für den Körper und Liebe für gute Gesundheit vorhanden ist, betrachten wir es nicht auf diese Weise. Wenn es jedoch um Ihre Beziehung zu Ihrem Partner geht, ist es ein Ausdruck der Liebe. Wenn jemand mit diesem Bewusstsein in Sexualität verwickelt ist, wird ihm dies dabei behilflich sein, sich zu entwickeln und zu wachsen. Letztlich erreichen Sie, wenn Sie in eine systematische Hatha-Yoga-Praxis involviert sind, ganz natürlich den Punkt, an dem Sexualität auf die beschriebene Art und Weise ausgeübt werden kann.

85

DURCH DAS ALLMÄHLICHE ÜBEN, BINDU WÄHREND DES AUSSTOSSES IM GESCHLECHTSAKT HOCHZUZIEHEN, WIRD DER MANN ODER DIE FRAU ERFOLG IN VAJROLI HABEN.

86

ZIEHEN SIE ALLMÄHLICH LUFT DURCH EIN IN DIE HARNRÖHRE DES PENIS EINGEFÜHRTES RÖHRCHEN.

Diese Praxis ist eine weitere Übung, die Sie durchführen können, doch müssen Sie sehr vorsichtig dabei sein. In jenen Tagen wurden bestimmte Dinge wie goldene, silberne oder kupferne Röhrchen benutzt. Heutzutage können Sie einen mit Mandelöl oder Ghee benetzten Katheter verwenden. Sie müssen schon ein hohes Maß an Gleichmut besitzen, wenn Sie diese Praxis durchführen möchten. Es gehört genauso viel Aufwand und Ausdauer dazu, ein Röhrchen in die Harnröhre einzuführen, wie einen Katheter durch die Nase zu schieben.

Warum sollte man so etwas tun wollen? Es ist eine sehr komplizierte und riskante Praxis. Nachdem Sie das Röhrchen eingeführt haben, ziehen Sie Luft, dann Wasser, Milch, Honig, Quecksilber usw. hoch. Ich bin der Meinung, dass Sie entweder ziemlich masochistisch oder sehr entschlossen sein müssen, um das zu versuchen und eine Blaseninfektion, Verletzung der Harnröhrenwand und andere Infekte zu riskieren. Wenn Sie wirklich zu dieser Art von Beschäftigung neigen, seien Sie sehr vorsichtig, dass Sie es hinkriegen können. Wenn Sie sich in diesen Prozess vertiefen und Erfolg haben, können Sie Bindu hochziehen.

Trotz allem – warum sollten Sie den Bindu erst ausstoßen und dann wieder hochziehen? Das ist ein Widerspruch. Die nackte Tatsache, dass Sie sexuell aktiv sind oder sexuelle Gedanken hegen, weist darauf hin, dass Sie diese Energieform aufrühren. Warum wollen Sie diese aufrühren und ausstoßen, nur um sie dann wieder einzuziehen und zu speichern? Das ist unpraktisch und birgt einen Widerspruch in sich. Stattdessen ist der yogische, sattvige Weg, die Energie wirklich zu sublimieren. Sublimierung bedeutet, dass Sie in Sadhana verwickelt sind, reine, göttliche Gedanken denken, inspirierende Bücher lesen, richtige Gesellschaft haben und sich richtig ernähren. Das alles sublimiert diese Energie ganz natürlich.

Wenn Sie Ihren Geist in sexueller Aktivität schwelgen lassen, indem Sie daran denken, erwecken Sie diese Energie. Selbst eine Erektion ist nicht möglich, solange sich der Geist nicht im entsprechenden Zustand befindet und sexuelle Gedanken denkt. Es gleicht also einem Spiel mit dem Feuer. Warum ein Feuer entfachen und dann versuchen, es wieder zu löschen? Es ist eine gefährliche Praxis. Sie gelangen an einen Punkt, an dem Sie sich fragen, wie hoch das Feuer brennen kann, während es weiter und weiter wächst, und wie viele Gardinen es verschlingen kann, bis Sie versuchen, es zu löschen. In dem Prozess, dieses Feuer zu löschen, erschaffen Sie mehr Probleme und Schäden. Anstatt dessen sollten Sie als erstes Vorsichtsmaßnahmen ergreifen, um das Feuer gar nicht erst zu entfachen.

Mein Rat ist: Lassen Sie die Finger von dieser Praxis und behandeln Sie die Sexualität als eben solche. Wenn Sie sich auf dem Bewusstseinsstand befinden, wo Sie sexuell aktiv sein müssen, dann seien Sie dies auf einer sattvigen, dharmischen Ebene, auf der Sie Liebe so ausdrücken, wie es geschehen soll. Das hilft Ihnen dabei, zu wachsen, Liebe, Mitgefühl, Wärme, Nähe und ähnliche Gefühle für jemanden zu entwickeln.

Wenn jemand den Zustand erreicht, seine Sinne und seinen Geist unter Kontrolle zu haben und somit Vajroli und Amaroli praktizieren kann, fragen Sie sich vielleicht, warum er auch nur das Bedürfnis haben sollte, diese Praktiken auszuüben. Auf dieser Stufe der Entwicklung sind sie bloße Unterhaltung wie Eisessen. Es herrscht wirklich keine tiefere Beziehung dazu. Selbst die Götter wollen von Zeit zu Zeit etwas Spaß haben und kommen dann auf die Erde hinunter. Wenn Sie jedoch etwas Spaß haben wollen, dann haben Sie immer noch Sehnsüchte und sind folglich nicht erfüllt.

87

ÜBEN SIE, BINDU HOCHZUZIEHEN, WENN ER IM BEGRIFF IST, ZU FALLEN, UND WENN ER DAS TUT, SOLLTE ER ZUSAMMEN MIT DER FLÜSSIGKEIT DER FRAU HOCHGEZOGEN WERDEN.

88

DER YOGI, DER SEIN BINDU SPEICHERN KANN, BEZWINGT DEN TOD. DER AUSSTOSS VON BINDU FÜHRT ZUM TOD, WÄHREND SEINE SPEICHERUNG DAS LEBEN ERHÄLT.

Die Anweisung, Bindu zu speichern, bedeutet nicht, dass Sie Sperma ejakulieren und anschließend versuchen, es wieder einzusaugen. Wenn das so wäre, wäre das so wie zu essen, sich zu erbrechen und dann zu versuchen, das Erbrochene wieder zu schlucken. Warum wiederkäuen? Sollten wir nicht stattdessen versuchen, die Nahrungsmittel zu assimilieren? Es hat keinen Sinn; es ist eine äußerst unvernünftige Praxis. Genauso kann das Bindu, die sexuelle Energie oder Shukra Dhatu, durch Ihr Sadhana assimiliert und in Ojas Shakti, Tejas und Prana umgewandelt werden.

Die Produktion des Bindus, Shukra Dhatus oder der sexuelle Energie ist eine natürliche Funktion des Körpers und kann nicht unterbunden werden. Alles, was Sie über Ihre Sinne zu sich nehmen, wird dazu benutzt, diese Energie aufzubauen. Das schließt Gedanken, die Bücher, die Sie lesen, was Sie hören, die Art der Gesellschaft, die Sie pflegen usw. ein. Das alles ist Nahrung, die dazu verwendet wird, die verschiedenen Dhatus, die verschiedenen Zellen zu bilden: Plasma-, Muskel-, Fett-, Knochen-, Mark-, Nerven- und Keimgewebe. Shukra Dhatu, die Keimzellen, sind die Essenz aller aufgenommenen Nahrung. Entsprechend dem normalen, natürlichen Prozess, Rhythmus und Zyklus des Körpers erwachen Ihre sexuellen Impulse etwa alle 13 Tage, weil das das Mittel der Natur ist, sich bemerkbar zu machen, um die Fortpflanzung und Erhaltung der Spezies sicherzustellen. Yogis wissen jedoch, dass das nicht zwangsläufig das Endprodukt des Nahrungszyklus sein muss. Mit Hilfe ihres Verständnisses und Wissens über diesen Prozess können sie Shukra Dhatu nicht durch Unterdrückung, sondern vielmehr durch Sadhana und die Kunst der rechten Lebensführung umwandeln. Tatsächlich wird davon abgeraten, sich zu Beginn des Sadhanas in Gesellschaft des anderen Geschlechts zu begeben, weil Sie Ihren Geist nicht in einen Zustand bringen sollten, in dem sexuelle Impulse angeregt und erweckt werden. Stattdessen wird diese Energie in Ojas Shakti, mentale Energie, in ein Strahlen, das man im Gesicht desjenigen sehen kann, umgewandelt. Er wird vor Prana leuchten.

Hier im Westen reduzieren viele Leute diese äußerst heilige Praxis des Vajroli auf Geschlechtsverkehr und nennen das dann Tantra Yoga. Sie schaffen sich dadurch selbst zahlreiche Probleme und sind sich dessen wegen Ihrer Täuschung und Unwissenheit nicht bewusst. Anstatt einen Zustand der Klarheit zu erzeugen, indem sie den Schriften folgen, verausgaben sie schlichtweg ihr gesamtes Prana. Sie erzielen die entgegengesetzten Ergebnisse; zerstören ihre Sinne und ihr Nervensystem und zerstreuen ihren Geist. Viele von ihnen, selbst die, die sich Meister nennen, sind häufig in Täuschungen verwickelt und verloren. Sie verausgaben ihr Prana und ihre Energie, indem sie sich ausschließlich darauf konzentrieren, ihre Ejakulation so lange wie möglich zurückzuhalten. Dadurch ruinieren sie ihr Nervensystem und entfernen sich mehr und mehr vom Ziel des Yoga. Öffnen Sie Ihre Augen und sehen Sie die Wahrheit. Gebrauchen Sie Ihr Urteilsvermögen. Fallen Sie nicht auf Propaganda und Täuschung herein.

Geschlechtsverkehr ist eine sehr oberflächliche Beziehung zu Vajroli Mudra. Tantrisches Yoga ist ein sehr umfangreiches Gebiet mit allen möglichen Ritualen, die Ihnen dabei behilflich sind, Ihren Geist zurückzuziehen und Ihr Bewusstsein auf eine sehr hohe Stufe zu erheben. Die sexuelle Energie kann umgewandelt werden, so dass Sie nicht auf diese Weise mit ihr umgehen müssen.

89

DER KÖRPER DES YOGIS HAT EINEN ANGENEHMEN, SÜSSEN GERUCH, WENN DER BINDU ERHALTEN WIRD. WARUM SOLLTE MAN ANGST VOR DEM TOD HABEN, WENN DER BINDU ERHALTEN WIRD?

90

GEIST UND SAMEN SOLLTEN GESCHÜTZT WERDEN, WEIL LEBEN VOM SAMEN ABHÄNGT UND SAMEN VOM GEIST KONTROLLIERT WIRD.

91

DER YOGI, DER IN DIESER PRAXIS GEFESTIGT IST, KANN SOWOHL SEINEN ALS AUCH DEN BINDU DER FRAU ERHALTEN, INDEM ER HOCHGEZOGEN WIRD.

Sahajoli Mudra

92

SAHAJOLI UND AMAROLI SIND VARIATIONEN VON VAJROLI. DIE ASCHE VERBRANNTEN KUHDUNGS WIRD MIT WASSER GEMISCHT.

93

NACH VAJROLI, IN EINEM ZUSTAND DER WONNE SITZEND, SOLLTEN DER YOGI UND DIE YOGINI BESTIMMTE TEILE IHRES KÖRPERS MIT ASCHE EINREIBEN.

Asche steht für Entsagung. Der Akt, Asche auf den Körper aufzutragen, ist daher ein Symbol für Loslösung und Entsagung.

94

DAS IST SAHAJOLI. DIE YOGIS HABEN UNERSCHÜTTERLICHES VERTRAUEN DARIN, WEIL ES ZU BEFREIUNG FÜHRT, OBWOHL ES MIT VERGNÜGEN VERBUNDEN IST.

95

DER YOGI, DER IN TUGEND GEFESTIGT UND VON DER NIEDEREN NATUR BEFREIT IST, WIRD ERFOLGREICH IN DIESEM YOGA SEIN, WÄHREND ANDERE VERSAGEN WERDEN.

Der Sloka stellt eindeutig fest, dass allein der Yogi, der in Tugend gefestigt und von der niederen Natur befreit ist, in dieser Praxis erfolgreich sein wird. Bis Sie den Zustand der Vollkommenheit erreicht haben bzw. in den Tugenden von Yama und Niyama gefestigt sind, wenn Ihr Geist also gereinigt ist und Sie von der niederen Natur von Sehnsüchten, Lust, Gier usw. befreit sind, werden Sie keinen Erfolg in Sahajoli haben. Stattdessen werden Sie sich tiefer und tiefer in Täuschung und Ausschweifung begeben.

Amaroli Mudra

96

EINE DER PRAKTIKEN DER KAPALIKA-SEKTE IST AMAROLI, WAS BEDEUTET, DEN MITTELSTRAHL DES URINS ZU TRINKEN. DER ERSTE UND DER LETZTE TEIL WIRD WEGGELASSEN, WEIL DER ERSTE ZU VIEL GALLE ENTHÄLT UND DER LETZTE TEIL UNBRAUCHBAR IST.

Meine Meinung zu diesem Thema ist: „Jedem das Seine." Sie müssen nicht alles machen. Amaroli ist Urintherapie. Wenn Sie nicht krank sind, warum dann versuchen, zu reparieren, was nicht kaputt ist? Es besteht die Meinung, dass Urin viele wundervolle Substanzen, Nährstoffe usw. enthält. Die bloße Tatsache, dass es ausgeschieden wurde, bedeutet, dass Sie zuviel davon im Körper haben. Ihr Körper verwendet, was er benötigt, und scheidet den Rest aus. Warum sich also darum sorgen? Wenn Sie sich erschöpft oder krank fühlen und meinen, Sie bräuchten diese Art Therapie, dann legen Sie los. Doch brauchen Sie Amaroli nicht jeden Tag oder ständig zu praktizieren. Das erweitert Ihr spirituelles Bewusstsein nicht; Sie werden vielmehr davon besessen werden. Ich habe Menschen getroffen, die angeblich Experten auf dem Gebiet der Urintherapie waren. Aus jeder Pore ihres Körpers sickerte Urin. Sie stanken wie wandelnde Nachttöpfe, weil sie jeden Tropfen Urin als Nektar betrachteten und nicht bloß wie von den Schriften angewiesen, den Mittelstrahl tranken. Anstatt dessen tranken sie alles. Das ist verrückt.

97

VON DEM YOGI, DER AMARI DURCH DIE NASE TRINKT UND VAJROLI ÜBT, WIRD GESAGT, DASS ER AMAROLI PRAKTIZIERT.

98

DER YOGI, DER SEINEN OBERKÖRPER MIT EINER MISCHUNG AUS SAMEN UND ASCHE VON VERBRANNTEM KUHDUNG EINREIBT, ERLANGT GÖTTLICHE SICHT.

99

EINE FRAU IST EINE YOGINI, WENN SIE VAJROLI ÜBT, INDEM SIE DEN BINDU DES MANNES HINAUFZIEHT, WÄHREND SIE IHREN BEHÄLT.

100

AUF DIESE WEISE VERKOMMT NICHTS UND NADA UND BINDU WERDEN EINS IM KÖRPER.

101

SO WIRD DIE VOLLKOMMENHEIT DURCH DIE VEREINIGUNG VON NADA UND BINDU MITTELS DER PRAXIS VON VAJROLI ERLANGT.

102

DIE YOGINI, DIE IN VAJROLI ERFOLGREICH IST, KENNT VERGANGENHEIT, GEGENWART UND ZUKUNFT UND WIRD IM HÖHEREN BEWUSSTSEIN GEFESTIGT.

103

DIE VOLLKOMMENHEIT DES KÖRPERS IST EINE WIRKUNG VON VAJROLI UND MIT VERGNÜGEN KANN DIE BEFREIUNG ERLANGT WERDEN.

Durch die tantrische Praxis von Vajroli wird die Befreiung erreicht. Der Sloka hier sagt aus, dass Befreiung durch Vergnügen und sinnliche Erfahrung erreicht werden kann. Das hängt allerdings von Ihrer Beziehung zu Ihren Sinnen ab. Sie entwickeln Achtung für Ihre Sinne, wenn Sie wissen, dass sie Devatas oder Götter sind, die Ihnen dienen. Sexuelle Energie ist eine andere Verkörperung der Göttlichen Shakti, und wenn ihr mit diesem Verständnis und dieser Achtung begegnet wird, dann führt Sie die Praxis von Vajroli, Amaroli und Sahajoli zu höherem Bewusstsein. Wenn nicht, verwenden Sie diese Praktiken als Ausrede, um die Sinne zu missbrauchen, die Devatas zu verärgern und den Atman zu beleidigen, was als Sünde bezeichnet wird.

Das Ziel ist es, Kundalini Shakti im Muladhara Chakra zu erwecken und diese Shakti bis Sahasrara Chakra aufsteigen zu lassen, wo sie sich mit dem höchsten Bewusstsein vereint, um die tatsächliche Wirklichkeit zu erfahren. Das Ziel ist die Vereinigung der gegensätzlichen Pole, der Energie, Shakti, mit dem Bewusstsein, Shiva.

104

KUTILINGI, KUNDALINI, SHAKTI, ISHWARI, KUNDALI UND ARUNDHATI BEZEICHNEN ALLE DAS GLEICHE.

105

SO WIE JEMAND EINE TÜR MIT EINEM SCHLÜSSEL ÖFFNET, ÖFFNET DER YOGI DIE TÜR ZUR BEFREIUNG MIT KUNDALINI.

106

KUNDALINI SCHLÄFT UND VERSCHLIESST DABEI MIT IHREM MAUL DIE TÜR, DIE ZUR WOHNSTATT BRAHMANS FÜHRT, DEM ORT JENSEITS DES LEIDENS.

107

DER KENNER DES YOGA WEISS, DASS KUNDALINI SHAKTI, DIE ÜBER KANDA SCHLÄFT, FÜR DEN YOGI DAS MITTEL ZUR BEFREIUNG UND FÜR DEN UNWISSENDEN DAS MITTEL ZUR GEFANGENSCHAFT IST.

Der Yogi, der klar versteht, dass sein Hauptziel und der Sinn seines Lebens ist, Befreiung zu erreichen, verwendet die Kraft von Kundalini Shakti für diesen Zweck. Wenn Befreiung jedoch nicht das Hauptziel ist, wird diese Kraft dazu benutzt, andere auszubeuten, was zu stärkerem Gebundensein führt.

108

KUNDALINI IST GEWUNDEN WIE EINE SCHLANGE. DER YOGI, DER BEWIRKT, DASS SICH DIESE SHAKTI BEWEGT, WIRD ZWEIFELLOS BEFREIUNG ERREICHEN.

109

DIE JUNGE WITWE, DIE ZWISCHEN GANGES UND YAMUNA TAPAS PRAKTIZIERT, MUSS KRAFTVOLL GEPACKT WERDEN, UM DIE HÖCHSTE WOHNSTATT VON VISHNU ZU ERREICHEN.

110

DER HEILIGE GANGES IST IDA UND PINGALA IST DER HEILIGE FLUSS YAMUNA. IN DER MITTE BEFINDET SICH DIE JUNGE WITWE KUNDALINI.

Der Sloka hier verwendet die Analogie von Kundalini als Witwe, weil sie von ihrem geliebten Gatten Shiva getrennt ist.

111

PACKEN SIE DEN SCHWANZ DER SCHLAFENDEN SCHLANGE KUNDALINI, DIE ERWACHEN UND BEGINNEN WIRD, SICH NACH OBEN ZU BEWEGEN.

Shakti Chalana Mudra

112

ATMEN SIE DURCH DAS RECHTE NASENLOCH EIN, PACKEN SIE DIE SCHLANGE DURCH KUMBHAKA UND DREHEN SIE DIESE TÄGLICH ANDERTHALB STUNDEN MORGENS UND ABENDS.

Hierbei handelt es sich in Wirklichkeit um einen mentalen Prozess. An diesem Punkt in Ihrer Praxis sollte Ihr Geist äußerst konzentriert sein. Wenn Sie einatmen und Ihrem Atem anhalten, richten Sie Ihre Aufmerksamkeit auf Kundalini Shakti, die Schlange. Sie zu „drehen“ bedeutet, dass Sie über die Bewegung von Kundalini Shakti meditieren und diese erfahren. Das ist eine fortschreitende Praxis, und Sie müssen eine Menge Sadhana machen. Es ist nicht etwas, was auf einmal geschieht. Stellen Sie sich vor, dass Sie starke Bauchmuskeln haben möchten; Sie können diese Muskeln nicht dadurch ausbilden, ein einziges Mal Ihre Beine zu heben. Sie müssen dazu viel üben und Disziplin haben. Genauso verhält es sich mit diesen Praktiken und den Kumbhakas. Sie brauchen Zeit und Disziplin. Sie müssen Schritt für Schritt vorgehen.

Das Gleiche gilt für Meditation und Konzentration Ihres Geistes. Es gibt beispielsweise verschiedene Meditationsformen für die Chakras, von denen jedes seine eigene innewohnende Gottheit besitzt. Wenn Sie über ein Chakra meditieren, visualisieren Sie die verschiedenen Blütenblätter, während Sie geistig das Bija, den Klang des jeweiligen Blütenblatts wie z. B. ham, yam, ram, tam, lam usw. wiederholen. Es ist eine sehr komplizierte Praxis.

Wenn dieser Sloka Sie also anweist, Shakti Chalana Mudra anderthalb Stunden morgens und abends zu praktizieren, dann wird das Ihre Meditation. Ihr Fokus ändert sich, wenn Sie in Ihrem Sadhana voranschreiten. Anfangs richten Sie Ihren Fokus auf die Reinigung der Nadis. Als Nächstes gehen Sie zu den Kumbhakas über. Dann konzentrieren Sie sich auf die Mudras und erwecken Kundalini.

Haben Sie diese erst einmal erweckt, müssen Sie sich auf eine andere Stufe in Ihrem Sadhana begeben, um Kundalini Shakti zu lenken. Wenn sie nicht richtig gelenkt wird, kann das weitere Problemen nach sich ziehen. Daher muss Sushumna gereinigt und die Granthis durchstoßen werden, damit Kundalini durch diesen mittleren Kanal aufsteigt. Das sind die verschiedenen aufeinander folgenden Phasen, die man durchlaufen muss.

113

DER KANDA LIEGT ZWÖLF FINGER ÜBER DEM ANUS UND IST VIER FINGER BREIT. ER IST WEICH UND WEISS UND SIEHT WIE EIN GEFALTETES TUCH AUS.

114

SITZEN SIE IN VAJRASANA, UMFASSEN SIE IHRE FÜSSE NAH AN DEN FUSSGELENKEN UND DRÜCKEN SIE DEN KANDA.

115

IN VAJRASANA SITZEND PRAKTIZIEREN SIE BHASTRIKA, UM KUNDALINI ZU ERWECKEN.

116

KONTRAHIEREN SIE SONNE IN MANIPURA UND BEWEGEN SIE KUNDALINI. SELBST IN DER NÄHE DES TODES GIBT ES KEINEN GRUND ZUR FURCHT.

117

BEWEGEN SIE KUNDALINI FURCHTLOS ETWA ANDERTHALB STUNDEN UND ZIEHEN SIE SIE EIN WENIG IN SUSHUMNA HOCH.

118

DURCH DIESE PRAXIS VERLÄSST KUNDALINI DEN MUND VON SUSHUMNA. DAS ERMÖGLICHT ES PRANA, GANZ NATÜRLICH DURCH SUSHUMNA HINAUF ZU FLIESSEN.

119

ALLEIN DADURCH, KUNDALINI JEDEN TAG AUF DIESE WEISE ZU BEWEGEN, WIRD DER YOGI VON KRANKHEIT BEFREIT.

120

DER YOGI, DER DIE SHAKTI REGELMÄSSIG BEWEGT, ERFREUT SICH DER VOLLKOMMENHEIT UND BEZWINGT SPIELEND DEN TOD. WAS GIBT ES MEHR ZU SAGEN?

121

DER YOGI, DER SICH AN BRAHMACHARYA ERFREUT, SICH MODERAT UND SATTVIG ERNÄHRT UND DIE ERWECKUNG VON KUNDALINI PRAKTIZIERT, ERREICHT VOLLKOMMENHEIT IN 40 TAGEN.

122

BHASTRIKA KUMBHAKA IST ÄUSSERST WIRKSAM, UM KUNDALINI ZU AKTIVIEREN. WO BLEIBT FÜR DEN YOGI, DER JEDEN TAG AUF DIESE WEISE PRAKTIZIERT, DIE ANGST VOR DEM TOD?

123

WELCHE ANDEREN MITTEL GIBT ES, ALLE UNREINHEITEN IN DEN 72 000 NADIS FORTZUSPÜLEN, ALS DIE PRAXIS DER KUNDALINIERWECKUNG?

124

SUSHUMNA, DER MITTLERE NADI, STRECKT SICH DURCH DIE REGELMÄSSIGE PRAXIS VON ASANA, PRANAYAMA, MUDRA UND KONZENTRATION.

125

DER YOGI, DER WACHSAM IST UND DESSEN GEIST EINPÜNKTIG IN SAMADHI IST, STELLT FEST, DASS RUDRANI ODER SHAMBHAVI MUDRA ÄUSSERST WIRKSAM IST, UM SIDDHIS ZU ERLANGEN.

126

ASANAS, PRANAYAMA, MUDRAS UND DIESE WELT WERDEN BEDEUTUNGSLOS, WENN MAN NICHT VOLLKOMMENHEIT ERREICHT.

Mit anderen Worten sollte Ihre Praxis dazu dienen, Sie stets auf eine höhere Stufe zu heben, bis Vollkommenheit erreicht ist. Keine Stufe in Ihrer Praxis sollte als das Ziel angesehen werden. Wenn Leute also in der Praxis von Asanas stecken bleiben und es keinem höheren Zweck dient, verschwenden sie ihr Leben.

127

DER YOGI SOLLTE PRANAYAMA MIT KONZENTRIERTEM GEIST PRAKTIZIEREN UND DIESEN NICHT UMHERSCHWEIFEN LASSEN.

128

SO WURDEN DIE ZEHN MUDRAS VON ADINATH, SHAMBHU, GELEHRT, UND JEDES VON IHNEN KANN DEM YOGI VOLLKOMMENHEIT SCHENKEN.

Es ist sehr wichtig, das im Geiste zu behalten. Es ist nicht nötig, dass Sie all diese Mudras praktizieren. Wählen Sie eins aus, das Sie anspricht, und verwenden Sie es, bis das Ziel der Vollkommenheit erreicht ist. Um ein Haus zu betreten, brauchen Sie nur durch *eine* Tür zu gehen.

129

DER ALLEIN IST EIN WAHRER GURU UND WIRD ALS ISHVARA SELBST BETRACHTET, DER DIE TRADITIONELLE LEHRE DER MUDRAS AN SEINE SPIRITUELLEN SCHÜLER WEITERREICHT.

130

DER YOGI, DER VERTRAUENSVOLL MUDRAS NACH DEN ANWEISUNGEN SEINES GURUS PRAKTIZIERT, WIRD ALLE SIDDHIS WIE Z. B. ANIMA ERLANGEN UND DEN TOD BEZWINGEN.

Kapitel IV
SAMADHI

1

GEGRÜSST SEI DER GURU SHIVA, DER SEINEM WESEN NACH NADA, BINDU UND KALA IST. DER YOGI, DER SICH IHM GANZ HINGIBT, ERREICHT DEN HÖCHSTEN ZUSTAND DER WONNE.

Shiva ist „seinem Wesen nach" Nada, Bindu und Kala, so wie Brahman seinem Wesen nach Satchitananda ist. Nada ist der Urgrund der Schöpfung, Bindu ist der Ursprungspunkt und Kala ist das, was ausstrahlt. Auch wenn viele Kommentatoren lange Ausführungen hierüber geschrieben haben, ist es schwierig, diese Begriffe in gewöhnliche Begriffe zu fassen, die der Geist begreifen kann. Man muss sie erfahren, um sie vollständig zu verstehen.

2

ICH WERDE NUN DIE BESTE METHODE ERLÄUTERN, DEN HÖCHSTEN ZUSTAND DES SAMADHI ZU ERREICHEN, DER ZU IMMERWÄHRENDEM FRIEDEN UND DAUERHAFTER WONNE FÜHRT.

3 – 4

RAJA YOGA, SAMADHI, UNMANI, MANONMANI, AMARATWA, LAYA, SAHAJA, TATTVA, SHUNYASHUNYA, PARAMPADAM, AMANASKAM, ADVAITAM, NIRALAMBA, NIRANJANA, JIVANMUKTI UND TURIYA SIND ALLES GLEICHBEDEUTENDE BEGRIFFE.

Wenn Sie diese beiden Slokas lesen, wird völlig klar, dass die Verwendung des Begriffes Raja Yoga das höchste Erleben der Einheit bedeutet. Sie stellen eindeutig fest, dass Raja Yoga dasselbe wie Samadhi, Unmani, Manonmani usw. bedeutet. Und trotzdem bleiben Kommentatoren felsenfest dabei, dass Hatha Yoga bloß eine Vorbereitung für das System des Raja Yoga ist. Der Begriff Raja Yoga wird hier nicht verwendet, um ein System zu beschreiben, sondern vielmehr einen Bewusstseinszustand. Es ist einfach erstaunlich, wie darüber bei der Klarheit der Slokas Verwirrung herrschen kann.

5

SO, WIE SICH SALZ IN WASSER AUFLÖST UND EINS MIT IHM WIRD, SO VERSCHMILZT DER GEIST MIT DEM SELBST. DAS WIRD SAMADHI GENANNT.

Wenn Sie wissen wollen, was Samadhi ist, dann müssen Sie es erfahren. Diese Beschreibung soll Ihnen nur eine Vorstellung von Samadhi geben. Die Slokas fahren damit fort, weitere Vergleiche für den Zustand der Verschmelzung zu machen.

6

WENN PRANA OHNE ERREGUNG IST, WIRD DER GEIST RUHIG. DAS IST SAMADHI.

Die Slokas versuchen, Samadhi auf verschiedene Weisen zu beschreiben. Die ganzen Bilder, Metaphern und Vorstellungen geben Ihnen nur einen Hinweis davon, was Samadhi ist, doch in Wirklichkeit ist es nichts von alledem. Das System des Raja Yoga vermittelt grundsätzlich den gleichen Gedanken. Wenn der Geist ruhig, ohne Erregung ist, erreichen Sie Samadhi, weil Sie sich nur dann mit dem identifizieren, was Sie wirklich sind. Es spielt keine Rolle, welches System Sie lernen und praktizieren. Jedes von ihnen sollte den Geist in einen Zustand der Ruhe und Festigkeit führen, da das Ihr Ziel ist. Je weniger Prozesse im Geist vorhanden sind, um so stärker erfahren Sie, wer Sie sind, bis Sie letztlich den Zustand erreichen, in dem es keine Gedanken und keine Unruhe mehr gibt und Sie in Ihrer wahren Natur ruhen. Jeder geringere oder andere Zustand als diese völlige Ruhe und Festigkeit des Geistes bedeutet, dass Sie sich mit Gedanken, Vorstellungen, Ansichten und Prozessen identifizieren und nicht mit Ihrer wahren Natur.

7

WENN DER YOGI DIE EINHEIT DER INDIVIDUELLEN SEELE MIT DER HÖCHSTEN SEELE ERFÄHRT, VERSCHWINDEN ALLE GEDANKEN. DAS WIRD SAMADHI GENANNT.

Das ist wie die Frage: „Was war zuerst da, das Huhn oder das Ei?" Verschwinden alle Gedanken, wenn Sie Ihr Göttliches Selbst erfahren? Oder müssen Sie zuerst alle Gedanken auslöschen, um Ihr Einssein mit der Höchsten Seele zu erfahren? In Wirklichkeit spielt es keine Rolle, wie Sie es sehen oder ausdrücken. Der Punkt ist, dass Samadhi ein gedankenloser Zustand ist, in dem sich keine Veränderungen und keine Vorstellungen im Geist befinden.

8

ALLEIN DURCH DIE GNADE UND FÜHRUNG DES GURUS KANN DER YOGI RAJA YOGA, ERLEUCHTUNG, BEFREIUNG ODER VOLLKOMMENHEIT ERREICHEN.

9

ENTSAGUNG, SELBSTERKENNTNIS UND SAMADHI SIND OHNE DAS MITGEFÜHL DES GURUS NICHT MÖGLICH.

Entsagung, Selbsterkenntnis und Samadhi sind äußerst subtile Erfahrungen, von denen jede auf einer anderen Stufe der eigenen Entwicklung auftaucht. Was ist Entsagung? Es ist die Praxis, Besitz aufzugeben und loszulassen. Wir behandeln Dinge als Besitz, gleich, ob es sich um materielle Gegenstände oder Beziehungen handelt: „Mein Auto, meine Arbeit, meine Frau, mein Mann, mein Freund…" Das bestimmt also, wie Sie zu allen Dingen und Menschen stehen, die sich Ihnen in dieser Welt präsentieren.

Sind Sie also mit Ihren Freunden, Gefährten und Kollegen in der Welt beschäftigt, ist an Entsagung nicht zu denken. Das sind alles Errungenschaften, die Sie horten und an denen Sie festhalten. Sie entwickeln Anhaftung an sie, bis Sie das Zeitliche segnen und das Wertvollste für das opfern, was Sie bindet. Sie verlieren jedes Urteilsvermögen, was weitere Unwissenheit und weiteres Gebundensein verursacht. Je mehr Sie an etwas oder jemandem anhaften, um so mehr Unruhe entsteht in Ihrem Geist, was Sie wiederum weiter und weiter vom Ziel der Befreiung entfernt.

Praktisch gesehen können Sie nicht alles aufgeben, weil der Geist nicht in einem Vakuum leben kann. Daher müssen Sie Dinge ersetzen. Opfern und geben Sie das auf, was Sie versklavt, für das, was Sie frei macht. Die gesamte

Welt basiert auf dem Gesetz des Opferns; eine Sache muss für eine andere aufgegeben werden. Wenn Sie frei sein möchten, müssen Sie die Fesseln loslassen. Die Welt lehrt Sie permanent, doch sind Sie blind aufgrund von Unwissenheit und können diese Lehren nicht sehen. Stattdessen kämpfen Sie Leben für Leben dagegen an und entwickeln Störungen im Geist, die auf der Vorstellung beruhen, dass Sie um so mehr Glück erfahren, je stärker Sie dieser Welt verhaftet sind. Sie fahren in diesem Prozess Hals über Kopf fort, bis Sie jemandem mit Wissen, Weisheit und rechtem Urteilsvermögen begegnen, der Sie wachrüttelt und Ihnen sagt, dass Sie sich in die falsche Richtung begeben.

Wie also umkehren? – Wenn Sie beispielsweise im Auto mit 130 km/h nach Norden fahren und eigentlich nach Süden müssen, wie ändern Sie dann Ihre Richtung? Zunächst müssen Sie überzeugt sein, dass Sie in die falsche Richtung fahren. Jemand sagt es Ihnen oder Sie sehen ein Schild. Als Nächstes müssen Sie die Geschwindigkeit reduzieren. Dann können Sie anhalten und wenden. Sie können den Wagen nicht plötzlich herumreißen. Doch selbst, wenn Sie sicher sind, dass sie sich in die falsche Richtung bewegen, fahren Sie manchmal weiter, weil ein Teil von Ihnen immer noch meint, dass Sie auf dem richtigen Weg sind. An diesem Punkt kommt der Guru ins Spiel.

Ein Guru besitzt Mitgefühl, Bewusstsein und Gnade. Er überzeugt Sie davon, dass Sie in die falsche Richtung fahren. Für einen spirituellen Aspiranten ist genau das am schwierigsten anzunehmen und zu verinnerlichen. Akzeptiert der Aspirant das erst einmal, fängt er an, abzubremsen und zu wenden. Manche Menschen weigern sich, diese Hilfe anzunehmen; sie sagen: „Ich bin schon so weit gekommen, ich kann nicht umkehren. Ich habe den Punkt erreicht, von dem aus es kein Zurück mehr gibt." Doch es ist nie zu spät umzukehren.

Diese Entsagung ereignet sich dank des Mitgefühls des Gurus, der sich traut, Ihnen mitzuteilen, dass Sie sich auf der falschen Bahn befinden und dass Sie das ändern müssen, was Sie tun. Er begegnet Ihnen dort, wo Sie sich gerade befinden. Erwarten Sie nicht, dass Sie eines Tages aufwachen und die ganze Welt aufgeben. Entsagung geschieht Schritt für Schritt.

Der Zustand der Entsagung tritt ein, wenn Wissen, Verständnis und Gleichmut vorhanden sind. Sie müssen permanent Gleichmut entwickeln. Gleichmut entsteht, wenn Sie die Unvollkommenheit von etwas sehen. Sie entdecken, dass es nicht wirklich das ist, was es zu sein scheint. Es ist unwirklich und gleicht einer Fata Morgana. Sie stellen fest, dass Sie sich getäuscht haben. Wenn Sie begreifen, dass Sie übers Ohr gehauen worden sind, dass Sie nicht das rechte Verständnis hatten und dass das nicht die Wirklichkeit oder die Wahrheit ist, dann wollen Sie es aufgeben. Womöglich stellen Sie fest, dass Sie von Ihrem Geist, der Gesellschaft, der Werbung usw. an der Nase herumgeführt werden, dass die Wirklichkeit eines und Ihre Verstellungen und Erwartungen an sie etwas anderes ist. Sie erwarten, glücklich und erfüllt zu sein, doch finden Sie keine Erfüllung in den Dingen, denen Sie hinterherjagen.

Wenn Sie etwas kaufen und es enttäuscht Ihre Erwartungen, was tun Sie dann? Sie tauschen es um. Wenn Sie feststellen, dass Ihr Geist Sie zum Narren hält, was tun Sie dann? Bitten Sie dann Gott, Ihnen einen anderen Geist zu geben, weil Sie den, den Sie haben, nicht wollen? Wo finden Sie Gott? Warum können Sie Gott nirgends finden, um Ihren Geist umzutauschen? Sie suchen und suchen, doch finden Sie Gott nicht. Das ist so, weil Sie identisch mit Ihm sind. Sie sind Gott. Wer wird Ihnen Ihren Geist also umtauschen? Sie, Sie selbst. Weil Sie Das sind. Alles vermittelt Ihnen diese grundlegende Wahrheit. Sie haben Ihren Geist erschaffen. Sie sind derjenige, der ihn Ihnen gegeben hat. Sie sind derjenige, der ihn wieder richten muss. Sie können nicht zu jemandem gehen und sagen: „Bitte ändere meinen Geist."

Entsagung, Selbsterkenntnis und Samadhi sind nicht ohne das Mitgefühl eines Gurus möglich. Selbsterkenntnis und Samadhi sind nicht möglich, bis Sie entsagt haben, d.h. bis Sie falsche Vorstellungen, falsches Denken, falsche Identifikation und Unwirklichkeit aufgegeben haben. Sie können nicht beides haben. Sie können nicht sagen: „Ich bin weise" und weiterhin zum Narren gehalten werden.

10

DURCH DIE PRAXIS VERSCHIEDENER ASANAS, KUMBHAKAS UND MUDRAS WIRD KUNDALINI SHAKTI ERWECKT UND PRANA TRITT IN SUSHUMNA EIN.

11

DER YOGI, DESSEN SHAKTI ERWECKT IST UND DER IN ENTSAGUNG GEFESTIGT IST, ERLANGT SAMADHI.

Hier können Sie erkennen, dass es einen Prozess gibt, den man durchlaufen muss, um Samadhi zu erlangen. Sie bereiten sich darauf vor, indem Sie sich diesen ganzen Disziplinen wie Asanas, Kumbhakas, Mudras und Entsagung unterziehen. Sie müssen Ihre Sinne und Ihren Geist disziplinieren. Dafür müssen Sie bei den Grundlagen anfangen. Da es leicht ist, eine gute Verbindung zum Körper herzustellen, fangen Sie mit ihm an zu arbeiten. Fangen Sie nicht mit Samadhi an, weil Sie es unmöglich verstehen könnten. Wenn Sie ein Buch schreiben möchten, können Sie nicht damit beginnen, es zu veröffentlichen. Sie müssen es erst schreiben. Es ist ein schrittweiser Prozess. Viele Menschen möchten ein Buch schreiben, haben jedoch keine Vorstellung davon, wie man das anstellen soll. Tatsächlich haben die Leute nicht einmal irgendwelche Ideen. Wenn Sie sie fragen: „Worüber schreiben Sie denn ein Buch?“, dann ist die Antwort: „Keine Ahnung, aber ich werde ein Buch schreiben.“ Wie viele Kinder kennen das ABC noch nicht und sind dennoch überzeugt davon, dass sie lesen, wenn sie ein Buch aufschlagen?

Mit Samadhi ist es das Gleiche. Zunächst müssen Sie mit verschiedenen Praktiken beginnen. Der Yogi führt verschiedene Asanas, Kumbhakas und Mudras aus. Dann erwacht die Shakti und Prana tritt in Sushumna ein. Der Yogi, dessen Shakti erweckt ist und der in Entsagung gefestigt ist, erlangt Samadhi. Sie müssen den Prozess durchlaufen, der Ihre Identifikation mit der Unwirklichkeit mehr und mehr verringert und Sie durch Entsagung immer näher an einem Zustand der Freiheit führt.

12

WENN PRANA DURCH SUSHUMNA FLIESST UND DER GEIST SICH IM ZUSTAND VON SHUNYA BEFINDET, IST DER YOGI VON DEN WIRKUNGEN DES KARMAS BEFREIT.

Karma bedeutet Handlung. Jede Handlung (Aktion) ruft eine Wirkung (Reaktion) hervor. Das gesamte Universum baut auf diesem Gesetz von Ursache und Wirkung auf. Wie Jesus sagte, „sollst du ernten, was du gesät hast“. Wie ist es dann möglich, dass der Yogi von den Wirkungen des Karmas befreit wird? – Diese Welt von Zeit, Raum und Kausalität wird vom Individuum in den drei Zuständen Wachen, Schlafen und Tiefschlaf erfahren. In diesen Seinszuständen ist es dem Gesetz des Karmas unterworfen, weil es sich mit der Welt des Wandels mit Körper, Geist und Intellekt identifiziert. Vom absoluten Standpunkt aus betrachtet ist diese sich verändernde Welt jedoch nicht die Wirklichkeit. Karma ist also im Grunde falsche Identifikation. Wenn Sie die Handlung sich selbst zuschreiben, dann müssen Sie auch die Früchte Ihrer Handlung ernten. Das Selbst, die Seele, der Atman handelt nicht. In Wirklichkeit sind es die drei Gunas, die handeln. Das Selbst ist lediglich dasjenige, das erlebt, und Geist, Körper und Intellekt sind die Werkzeuge, die die Handlung ausführen. Im Zustand von Shunya erfährt der Yogi sein Einssein mit der Höheren Wirklichkeit und erkennt, dass er das Selbst, die Seele, der Atman ist. Daher ist er von den Wirkungen des Karmas befreit. Das ist der Zustand der Erleuchtung.

13

SEI GEGRÜSST, O UNSTERBLICHER, DER DU DIE ZEIT GEMEISTERT HAST UND VON DESSEN KIEFERN DAS BELEBTE UND DAS UNBELEBTE VERSCHLUNGEN WORDEN SIND.

Der Yogi wird unsterblich und ist der Huldigung und Hochachtung wert, weil er die Zeit gemeistert hat. Er hat den relativen Zustand von Verstehen und Identifikation, von Dualität, Raum und Zeit hinter sich gelassen.

14

WENN AMAROLI, VAJROLI UND SAHAJOLI GEMEISTERT SIND, TRITT PRANA IN SUSHUMNA EIN UND DER GEIST WIRD RUHIG.

15

SELBSTERKENNTNIS UND BEFREIUNG SIND NICHT MÖGLICH, SOLANGE GEIST UND PRANA SCHWANKEN.

Diese Slokas wiederholen im Grunde das Gleiche. Befreiung und Selbsterkenntnis sind andere Begriffe, um das Ziel von Yoga zu beschreiben. Dieses Ziel kann nicht erreicht werden, solange sich Prana oder Geist bewegen. Geist und Prana sind miteinander verknüpft und daher bewegt sich das eine, wenn sich das andere bewegt. Selbsterkenntnis und Befreiung sind Auswirkungen bzw. ein Zustand, der erreicht wird, wenn Geist und Prana ruhig und fest sind.

16

SICH IN DER RICHTIGEN UMGEBUNG ZU BEFINDEN UND GELERNT ZU HABEN, SUSHUMNA ZU ÖFFNEN, LÄSST DAS PRANA FLIESSEN UND IN DIESEM ZENTRUM DES HÖHEREN BEWUSSTSEINS VERWEILEN.

17

TAG UND NACHT SIND MIT SONNE UND MOND VERKNÜPFT. DAS GROSSE GEHEIMNIS IST, DASS SUSHUMNA DIE ZEIT VERSCHLINGT.

Wenn das Bewusstsein durch Sushumna fließt, verschwindet die Dualität für den Yogi.

18

ES GIBT 72 000 NADIS IM KÖRPER. VON IHNEN IST SUSHUMNA DER WICHTIGSTE.

All diese Nadis oder Nebenflüsse münden in den einen Strom, der Sushumna genannt wird und der wichtigste ist.

19

WENN KUNDALINI ERWACHT IST, KÖNNEN SOWOHL PRANA ALS AUCH KUNDALINI UNGEHINDERT IN SUSHUMNA EINTRETEN.

20

DER ZUSTAND VON MANONMANI WIRD ERREICHT, WENN PRANA DURCH SUSHUMNA FLIESST. ANDERENFALLS SIND ALLE ANDEREN PRAKTIKEN NUTZLOS.

Manonmani bezeichnet den Zustand ohne Geist. Er ist dann erreicht, wenn Prana durch Sushumna fließt. Die Phrase „anderenfalls sind alle anderen Praktiken nutzlos" bedeutet, dass Ihre Praxis nicht nützlich und konstruktiv ist, wenn sie Sie nicht dahin führt, dass Sushumna gereinigt wird und Prana ungehindert fließen kann. Ihre Praxis sollte zu Fokus, Konzentration und Reinheit des Geistes führen.

21

DURCH DIE KONTROLLE VON PRANA WIRD DER GEIST KONTROLLIERT, UND DER YOGI, DER DEN GEIST KONTROLLIERT, BEHERRSCHT AUCH DAS PRANA.

22

GEIST IST DIE WIRKUNG VON VASANAS UND PRANA. WENN DAS EINE KONTROLLIERT IST, IST DAS ANDERE EBENFALLS KONTROLLIERT.

Was ist der Geist? Er ist nicht anderes als Prozesse von Prana und Vasanas, Gedanken also. Der Geist kann als Gedankenbündel definiert werden. Wo keine Gedanken sind, ist auch kein Geist. Der Geist ist eine Folge der Bewegung von Vasanas und Prana. Wenn Sie eines kontrollieren, kontrollieren Sie auch das andere. Wenn Sie den Geist unter Kontrolle haben, dann kontrollieren Sie auch Prana und umgekehrt.

23

WENN DER ATEM UNTER KONTROLLE IST, HÖRT DER GEIST AUF, UND WENN DER GEIST UNTER KONTROLLE IST, HÖRT DER ATEM AUF.

Das erklärt sich selbst. Diese Sutras sind so geschrieben, dass sie keiner Erläuterung bedürfen.

24

DIESE ENGE BEZIEHUNG ZWISCHEN GEIST UND PRANA IST WIE EINE MISCHUNG AUS MILCH UND WASSER. WENN DER GEIST AKTIV IST, IST AUCH PRANA AKTIV UND UMGEKEHRT.

Wie können Sie eins vom anderen trennen? Sie können Milch nicht von Wasser trennen. Sie sind eng miteinander verbunden. Sie sind ein und dasselbe.

25

DAHER HÖRT DAS EINE AUF, WENN DAS ANDERE AUFHÖRT, UND WENN DAS EINE AKTIVIERT WIRD, WIRD DAS ANDERE EBENFALLS AKTIV, UND ALLE SINNE ERWACHEN ZUM LEBEN. MOKSHA ODER BEFREIUNG WIRD ERREICHT, WENN SIE UNTER KONTROLLE GEBRACHT WERDEN.

Wenn das Prana aktiv ist, stellen Sie fest, dass all Ihre Sinne lebendig sind. Wenn das der Fall ist, ist der Geist nach außen gerichtet und schwankt und ist unruhig, so dass Sie nicht die letzte Wahrheit erleben. Sie entfernen sich weiter von der Wirklichkeit. Wenn Sie Prana und Geist kontrollieren, dann richten Sie sich nach innen. Durch Übung führt dieses Nach-innen-Richten zu Pratyahara, was es Ihnen ermöglicht, zur Quelle zurückzukehren.

26

QUECKSILBER UND GEIST SIND VON NATUR AUS UNSTETIG. WAS GIBT ES AUF ERDEN, WAS NICHT ERREICHT WERDEN KANN, WENN MAN KONTROLLE ÜBER SIE GEWINNEN KANN?

Quecksilber ist etwas Fassbares, zu dem Sie einen Bezug haben. Es ist von Natur aus unstetig, doch ist es möglich, es ruhig und fest zu machen. Wenn Sie begreifen, wie Sie den Geist fest und ruhig machen können, wie Sie Quecksilber ruhig machen können, dann gibt es nichts in dieser Welt, was Sie nicht erreichen können.

27

OH PARVATI, WENN QUECKSILBER UND ATEM BERUHIGT WERDEN, WERDEN ALLE KRANKHEITEN BESEITIGT, DER TOTE WIRD LEBENDIG UND MAN BEWEGT SICH IM RAUM.

Manche Menschen lesen diesen Sloka und malen sich dann aus, dass sie durch die Luft fliegen können, wenn sie Quecksilber kontrollieren können. Sie beschäftigen sich mit Hexerei, Voodoo, Alchemie und allen möglichen törichten Praktiken, ohne zu begreifen, dass es in diesem Sloka in Wirklichkeit um den Geist geht. Dieses Missverständnis führt zu allem möglichen Aberglauben. Beispielsweise glauben Menschen, dass ein bestimmter Talisman, Ring oder Kristall, den sie bei sich tragen, bestimmte Kräfte auf sie überträgt und es ihnen ermöglicht, gewisse übernatürliche Taten zu vollbringen. Doch wird dadurch der Geist stärker nach außen anstatt nach innen gerichtet. Eine Auswirkung davon ist, dass der Geist von äußeren Kräften abhängig wird. Warum sich also anfällig machen, wo Menschen diese Schwäche gerne ausnutzen?

28

WENN DER GEIST FEST UND RUHIG IST, KOMMEN ATEM UND BINDU ZUR RUHE. DIE RUHE VON BINDU FÜHRT ZU EINEM SATTVIGEN UND STABILEN KÖRPER.

Bindu drückt sich als kreative Kraft oder Samen aus. Er hat die Tendenz, sich nach außen zu bewegen, um sich auszudrücken und sich mit seinem Gegenstück zu vereinigen, so wie das Spermium danach strebt, sich mit der Eizelle zu vereinigen, damit etwas Neues daraus hervorgehen kann. Diese inneren Tendenzen sind dazu da, Sie ständig gefesselt zu halten. Sie halten Ihren Geist in einem Zustand der Erregung. Wenn Sie die Filme untersuchen, die die Menschen heutzutage ansehen, stellen Sie fest, dass sie ein primitives Bewusstsein widerspiegeln und die sexuelle Energie und Gewalt aufrühren. Das ist die akzeptierte Norm, die das Leben der meisten Menschen von heute reflektiert. Sie haben keine höheren Ziele, weil sie keine solchen kennen. Sie haben keinen Guru, der sie führt. Für die meisten Menschen sind die Eltern das, was einem Guru am nächsten kommt, sie wiederum sind selbst verwirrt und verdorben, weil falsche Konditionierung mangels rechten Verständnisses und rechten Wissens von Generation zu Generation weitergereicht worden ist. Einer der größten Segen im Leben ist es, einen Guru zu haben, der einen leiten kann.

Wenn Atem und Bindu fest und ruhig sind, führt das zu einem sattvigen und stabilen Körper. Sie wollen also, dass der Bindu ruhig und fest wird. Weshalb also versuchen, ihn zu erregen, ihn aufzurühren?

29

DER GEIST IST DER MEISTER DER SINNE UND PRANA IST DER MEISTER DES GEISTES. LAYA IST DER LORD DES PRANAS UND LAYA HÄNGT VON NADA AB.

Dieser Sloka zeigt die Beziehung zwischen diesen Kräften. Hieraus können Sie ersehen, dass Sie die Sinne durch den Geist kontrollieren können und der Geist wiederum mittels Prana unter Kontrolle gebracht werden kann. Der Zustand von Laya wird erreicht, wenn sowohl Geist als auch Prana ruhig und fest sind. In dieser Ruhe wird Nada erfahren, welcher zu noch größerer bzw. tieferer Ruhe führt.

30

DAS WIRD MOKSHA GENANNT, DOCH ANDERE MÖGEN ANDERER MEINUNG SEIN. DENNOCH WIRD UNBESCHREIBLICHE WONNE ERFAHREN, WENN SICH GEIST UND PRANA IN LAYA BEFINDEN.

31

DER YOGI BEFINDET SICH IN EINEM ZUSTAND VON LAYA ODER ABSORPTION, WENN ER SEINEN GEIST UND SEINE SINNE UNTER KONTROLLE HAT.

32

WENN ALLE GEDANKEN UND HANDLUNGEN VERSCHWINDEN, FÜHRT DAS ZU LAYA, WAS ALLEIN VON EINEM SELBST ERKANNT WIRD UND WAS JENSEITS VON WORTEN IST.

Was diese höheren Seinszustände betrifft, so ist es schwer, sie jemandem zu erklären. Selbst wenn Sie diese intellektualisieren und über sie philosophieren können, liegt noch keine wirkliche Erfahrung vor. Wenn Sie z. B. etwas über die Glühbirne und Elektrizität lernen möchten, könnte ich Ihnen alle Theorien und Gesetze der Elektrizität erklären, doch werden Sie diese nur durch das Licht selbst erfahren. Was bedeutet es für Sie, wenn ich Ihnen erklärt habe, dass Sie einen elektrischen Schlag kriegen können? Sie werden „elektrisches Yoga" praktizieren müssen und Ihren Finger in die Steckdose stecken, um ihn zu erfahren. So wie der elektrische Schlag ist auch Laya „jenseits von Worten".

33

DER GEIST VERSCHMILZT MIT DEM OBJEKT DER KONZENTRATION. ELEMENTE, SINNE UND PRANA EXISTIEREN EWIG IN ALLEN LEBENDIGEN WESEN UND SIND ABSORBIERT IN BRAHMAN.

Sie müssen durch den Prozess von Pratyahara (Zurückziehen der Sinne), Dharana (Konzentration) und Dhyana (Meditation) gehen, bis er Sie in diesen Zustand der Transzendenz führt.

34

WAS BEDEUTET LAYA, LAYA? LAYA IST DAS NICHTERKENNEN VON OBJEKTEN, WENN VASANAS VERSCHWINDEN.

Objekte scheinen aufgrund von Störungen bzw. Modifikationen des Geistes das eine oder andere zu sein. Wenn die Vasanas verschwinden und sich das Prana beruhigt, kommt es zur Absorption bzw. zur Wahrnehmung der Wirklichkeit. Objekte werden dann nicht mehr wahrgenommen. Das wird als Laya bezeichnet.

Shambhavi Mudra

35

DIE VEDAS, SHASTRAS UND PURANAS SIND WIE GEWÖHNLICHE FRAUEN, DOCH SHAMBHAVI IST ZURÜCKHALTEND WIE EINE FRAU VON VORNEHMER KULTUR.

36

WENN DER GEIST NACH INNEN GERICHTET UND KONZENTRIERT UND DER ÄUSSERE BLICK OHNE BLINZELN IST, WIRD DAS SHAMBHAVI MUDRA GENANNT. SO STEHT ES IN DEN VEDEN UND SHASTRAS.

37

WENN GEIST UND PRANA IM SELBST ABSORBIERT SIND UND DER BLICK REGUNGSLOS IST, WIRD DAS SHAMBHAVI MUDRA GENANNT. WENN ES DURCH DIE GNADE DES GURUS GEGEBEN WIRD, KOMMT DER ZUSTAND VON SHUNYASHUNYA. DIES IST DER WAHRE ZUSTAND SHIVAS.

38

SELBST WENN SICH DIE KONZENTRATIONSPUNKTE UND EINFLÜSSE VON SRI SHAMBHAVI UND KHECHARI UNTERSCHEIDEN, FÜHREN BEIDE ZU CHIT SUKHA, WONNEVOLLEM SEIN.

In Khechari konzentrieren Sie sich auf den Punkt, an dem die drei Flüsse Ida, Pingala und Sushumna zusammenfließen, indem Sie die Zunge zurücknehmen. In Shambhavi konzentrieren Sie sich auf den Punkt zwischen den Augenbrauen. Das Resultat von beiden Mudras ist dasselbe: Chit Sukha, wonnevolles Sein.

Unmani

39

MIT DER AUFMERKSAMKEIT AUF DAS LICHT ZWISCHEN DEN AUGENBRAUEN GERICHTET, WÄHREND MAN DIE AUGENBRAUEN ETWAS HOCHZIEHT WIE IN DER VORIGEN PRAXIS, ERREICHT DER YOGI BALD DEN ZUSTAND VON UNMANI.

Wenn Sie Shambhavi Mudra praktizieren und die Aufmerksamkeit auf den Punkt zwischen den Augenbrauen gerichtet halten, erscheint ein Licht. Wenn Sie sich fortwährend auf dieses Licht konzentrieren, gelangen Sie in den Zustand von Unmani.

40

MANCHE FOLGEN DEN AGAMAS, ANDERE VERLIEREN SICH IN DEN NIGAMAS UND DER LOGIK, DOCH KEINER VON IHNEN KENNT DEN WEG ZUR BEFREIUNG.

Alle Schriften, die Agamas und Nigamas, beruhen auf logischer Argumentation. Die Menschen verlieren sich in den Feinheiten der logischen Schlussfolgerungen, doch in Wirklichkeit wissen sie nicht, was Befreiung ist. Diese befindet sich jenseits all dessen. Auch wenn die Schriften einen auf den Weg führen, muss man ihn doch selber gehen, was Vertrauen und Mut erfordert. Unerschütterliches Vertrauen in den Guru erleichtert dies.

41

DER YOGI, DER BEWEGUNGSLOS DASITZT UND MIT HALB GESCHLOSSENEN AUGEN AUF SEINE NASENSPITZE STARRT, ERFÄHRT DADURCH, DASS ER DER BEWEGUNG IN IDA UND

PINGALA EINHALT GEBIETET, DIESES LICHT, DAS ENDLOS, VOLLSTÄNDIG, STRAHLEND UND ÜBERRAGEND IST. WAS BLEIBT NOCH ZU SAGEN?

42

DER ATMAN WIRD WEDER AM TAG NOCH IN DER NACHT VEREHRT. ALLEIN DADURCH, DASS IDA UND PINGALA ZUR RUHE GEBRACHT WERDEN, WIRD DER ATMAN VEREHRT.

Der Zustand, den Atman, das Selbst zu erfahren, ist kein relativer Zustand. Wenn Prana durch Ida und Pingala (Nacht und Tag) fließt, befinden Sie sich im Zustand der Dualität, und dann ist es nicht der Atman, der verehrt wird, sondern vielmehr Ihre eigene Phantasie und Vorstellung über die Wirklichkeit. Sie glauben, dass Gott so und so ist, und das projizieren Sie auf Ihre Erfahrung. Der Ausdruck „der Atman wird weder am Tag noch in der Nacht verehrt" bedeutet, dass er sich jenseits unserer Vorstellungs- und Auffassungsgabe befindet. Er ist jenseits von Beschreibung und Erklärung. Er kann allein durch den völligen Stillstand von Ida und Pingala oder das Transzendieren der Dualität verehrt werden, d. h., dass Sie dann in ständigem Gewahrsein des Selbst sind.

Khechari Mudra

43

KHECHARI MUDRA IST ERFOLGREICH, WENN DAS PRANA IDA UND PINGALA VERLÄSST UND DURCH SUSHUMNA FLIESST.

44

DER YOGI WIRD IN KHECHARI MUDRA GEFESTIGT, WENN DAS PRANA IN SUSHUMNA EINTRITT UND BEWEGUNGSLOS WIRD.

45

DAS MUDRA, DAS ALS KHECHARI BEKANNT IST, WIRD IN DEM UNGESTÜTZTEN RAUM ZWISCHEN IDA UND PINGALA AUSGEFÜHRT, DER VYOMA CHAKRA GENANNT WIRD.

46

DIE ÖFFNUNG DER GÖTTLICHEN SUSHUMNA IST VON HINTEN MIT DEM NEKTAR GEFÜLLT, DER VON CHANDRA, DER GELIEBTEN SHIVAS, HERABFLIESST.

47

IST SUSHUMNA VOLLSTÄNDIG GEFÜLLT, FÜHRT ES ZU UNMANI.

48

DER PUNKT ZWISCHEN DEN AUGENBRAUEN IST DER SITZ VON SHIVA. WENN DER GEIST DORT ABSORBIERT WIRD, WIRD DER ZEITLOSE ZUSTAND TURIYA ERFAHREN.

Hier wird dieselbe Wahrheit wiederholt. Der Zustand von Khechari wird nicht allein dadurch erreicht, dass die Zunge geschnitten und herausgezogen wird. Das sind Praktiken, die zu dem Zweck entworfen wurden, Sie zu dem Punkt zu bringen, wo Prana in Sushumna eintritt und der Geist völlig zur Ruhe kommt. Ebenso lässt sich sagen, dass es sich bei Pranayama nicht bloß um Atemübungen handelt; vielmehr erlangen Sie durch diese Übungen die Kontrolle über das Prana.

49

FÜR DEN YOGI, DER KHECHARI PRAKTIZIERT, BIS YOGA NIDRA ERREICHT IST, EXISTIERT DIE ZEIT NICHT.

Yoga Nidra ist yogischer Schlaf, was bedeutet, dass Sie sich dann nicht länger mit den Schwankungen des Geistes identifizieren. Wenn Sie in den Zustand von Yoga Nidra eintreten, ist Zeit ebenso wie im Tiefschlaf nicht existent. Es gibt keine Zeit in Yoga Nidra und Samadhi.

50

DER YOGI, DER OHNE EINEN GEDANKEN SITZT, GLEICHT EINEM LEEREN TOPF, DER INNEN UND AUSSEN VON RAUM UMGEBEN IST.

Was ist Samadhi? Es ist ein Zustand ohne Gedanken, erfüllt von Stille. Dieser Sloka zieht einen weiteren Vergleich. Egal, wohin Sie einen leeren Topf bewegen, er ist stets von Raum durchdrungen. Genauso wird der Yogi nur dann das Höchste Bewusstsein erfahren, wenn er ohne Gedanken ist. Dann ruht er in seiner wahren Natur von Sat-Chit-Ananda. Sind dagegen Gedanken vorhanden, identifiziert er sich mit den Gedankenwellen.

51

WENN PRANA UND GEIST AUFHÖREN, HÖRT DER ÄUSSERE ATEM EBENFALLS AUF.

Das ist Nada Kumbhaka. Mein Guru, Swami Nada-Brahmananda, war in der Lage, das 37 Minuten lang durchzuführen. Die Leute dachten irrtümlicherweise, dass er seinen Atem anhält; tatsächlich jedoch hörte sein Atem einfach auf. Nada Kumbhaka ist eine Auswirkung davon, dass Prana und Geist stillstehen. Es ist nicht etwas, was Sie tun, sondern vielmehr ein Zustand, den Sie erreichen. Wenn Sie versuchen, Ihren Atem für 37 Minuten anzuhalten, wird es Ihnen misslingen.

52

DURCH REGELMÄSSIGE PRAXIS WERDEN PRANA UND GEIST UNTER KONTROLLE GEBRACHT.

Prana und Geist werden durch regelmäßige Übung unter Kontrolle gebracht und nicht einfach durch Shaktipat, wenn der Guru Sie an der Stirn berührt, oder durch eine geheime Formel oder ein Mantra.

53

WENN DER GESAMTE KÖRPER DES YOGIS VOM KOPF BIS ZU DEN FÜSSEN MIT NEKTAR ERFÜLLT IST, BESITZT ER EINEN ÜBERLEGENEN KÖRPER MIT AUSSERGEWÖHNLICHER KRAFT UND TAPFERKEIT.

54

TAUCHEN SIE DEN GEIST IN KUNDALINI UND KUNDALINI IN DEN GEIST UND BEOBACHTEN SIE SO DEN GEIST MIT DEM GEIST UND VERSENKEN SIE SICH IN DIE HÖHERE WIRKLICHKEIT.

55

VERSCHMELZEN SIE ATMAN MIT BRAHMAN UND BRAHMAN MIT ATMAN, ERFAHREN SIE BRAHMAN ÜBERALL UND VERWEILEN SIE IN JENEM ZUSTAND OHNE GEDANKEN.

56

DER YOGI ERFÄHRT BRAHMAN INNERHALB UND AUSSERHALB, SO WIE EIN LEERER TOPF IM MEER.

Analog zu dem Vergleich mit dem leeren Topf im Raum wird hier der Vergleich mit dem leeren Topf im Meer gegeben. Wenn das Individuum von Ego, falscher Identifikation mit Körper, Geist usw. entleert ist, erfährt es den alles durchdringenden Charakter von Brahman wie der leere Topf im Meer.

57

DER YOGI, DER ALLE GEDANKEN ABLEGT, BLEIBT IN DIESEM ZUSTAND.

58

O RAMA, DAS GESAMTE UNIVERSUM IST NICHTS ALS EINE PROJEKTION DES GEISTES UND DER GEIST IST NICHTS ALS GEDANKEN. WENN DIE GEDANKEN VERGEHEN, ERFÄHRT DER YOGI FRIEDEN.

Dieser Sloka deutet darauf hin, dass sich Swatmarama auf die Lehren verschiedener Meister bezieht, wie z. B. die Abhandlung *Yoga Vasistha* des Weisen Vasistha, die an Rama gerichtet war, um die Erfahrung von Samadhi oder Erleuchtung zu beschreiben.

59

DER GEIST LÖST SICH IN SAMADHI AUF, SO WIE KAMPFER IM FEUER VERSCHWINDET UND SALZ SICH IN WASSER AUFLÖST.

60

DUALITÄT VERSCHWINDET, WENN WISSENDER, WISSEN UND DAS GEWUSSTE EINS WERDEN.

61

DIE GESAMTE BELEBTE UND UNBELEBTE WELT IST NICHTS ANDERES ALS EINE MODIFIKATION DES GEISTES. IM ZUSTAND VON UNMANI GIBT ES KEINE DUALITÄT.

62

DER ZUSTAND VON KAIVALYA WIRD ERREICHT, WENN DER GEIST KEINE MODIFIKATIONEN AUFWEIST.

63

SO HABEN DIE ALTEN MEISTER, DIE DIREKTE ERFAHRUNG DER HÖHEREN REALITÄT BESASSEN, DIE VERSCHIEDENEN METHODEN BESCHRIEBEN, DIESE ZU ERREICHEN.

Es gibt verschiedene Methoden, die höhere Realität zu erreichen, die von den alten Meistern beschrieben wurden. Sie schließen Kumbhakas, Mudras usw. ein. Sie stammen von verschiedenen Meistern, die diese Methoden verwendet haben, um das Selbst zu verwirklichen. Darum praktiziert jemand, der tantrisches Yoga verfolgt, vielleicht Vajroli Mudra, und ein anderer Khechari. Es spielt keine Rolle, welchen Weg Sie einschlagen, solange er Sie sicher zum höchsten Ziel führt.

64

GEGRÜSST SEIET IHR, O SUSHUMNA, KUNDALINI, MANONMANI, NEKTAR, DER VOM MOND HERABFLIESST, GROSSE SHAKTI UND ATMAN.

Die verschiedenen Namen, die den Zustand von Samadhi beschreiben, stammen vermutlich von verschiedenen Meistern, die dasselbe ausdrücken. In Sloka 58 finden Sie den Ausruf „O Rama", der aus dem *Yoga Vasistha* stammt, in dem Rama und sein Guru Vasistha die Natur der Wirklichkeit anhand der Analogie des Topfes diskutieren. All diese Analogien sind Projektionen des Geistes. Von diesen verschiedenen Geistern stammen die ganzen verschiedenen Ausdrücke für Samadhi. Die eigentliche Erfahrung von Samadhi, der Höheren Wirklichkeit in jenem transzendentalen Zustand, ist jedoch dieselbe.

Nada Yoga

65

IM FOLGENDEN WERDE ICH DIE PRAXIS DES NADA YOGA BESCHREIBEN, WIE SIE VON GORAKSHANATH DARGELEGT WURDE. SIE IST SELBST UNGEBILDETEN ZUGÄNGLICH, DIE NICHT IN DER LAGE SIND, DIE PHILOSOPHIE DER HÖHEREN REALITÄT ZU BEGREIFEN.

Nada Yoga hat seine Wurzeln in den Veden. Es ist die Wissenschaft der Göttlichen Schwingung, die uns von den Mystikern, Heiligen und Yogis übermittelt wurde, die sie verwendet haben, um die Selbstverwirklichung, das Erleben des Einsseins mit Brahman, dem Höchsten Bewusstsein, zu erreichen. Im Nada Yoga beschäftigt man sich damit, sich in subtilere Schwingungen, die eigene, innere Musik und die eigenen, inneren Klänge einzustimmen, bis man letztlich einen Zustand erreicht, wo vollkommene Stille und Frieden herrschen, und zurückkehrt zur Quelle der Schöpfung, zu Gott. Dieser Zustand ist für ein Individuum erreichbar, das durch sein Sadhana einen hohen Grad an Reinheit erreicht hat.

Auch wenn schon oft versucht worden ist, Nada Yoga zu analysieren, handelt es sich hierbei weniger um ein intellektuelles Unterfangen, sondern um ein Erleben. Deshalb taucht der Nada Yogi in die Praxis, ohne sie vollständig verstanden zu haben, und strebt den Zustand an, der ihn in vollständige Absorption und Erfahrung führt.

Das Transportmittel von Nada Yoga ist indische klassische Musik in Form von Ragas, Talas, Slokas, Mantras, Chanting, Kirtan und Bhajans. Man braucht kein versierter Nada Yogi oder studierter Vedanta-Philosoph zu sein, um Nada Yoga praktizieren zu können. Jeder, gebildet oder ungebildet, kann Nada Yoga üben, solange er den Namen Gottes mit Liebe und Hingabe singt. Diese Praxis reinigt Körper, Geist, Emotionen und Intellekt und führt zu Transformation, so dass man sich auf feinere innere Schwingungen einstimmen kann.

66

AUCH WENN ADINATH MEHR ALS EINEINVIERTEL CRORES METHODEN GELEHRT HAT, LAYA ZU ERREICHEN, HALTE ICH DIE ERFORSCHUNG DES ANAHATA NADA FÜR DIE BESTE.

Die Wendung „eineinviertel Crores" bedeutet wörtlich 12.500.000. Ihre Erwähnung weist auf die unzähligen Wege hin, Laya oder Samadhi zu erreichen, die Adinath, auch Shiva oder Gott genannt, dargelegt hat. Gleich, welche Methode verfolgt wird, das Individuum muss sich einer intensiven Reinigung von Körper, Geist, Sinnen, Intellekt und Ego unterziehen. Von all diesen verschiedenen Methoden hält Yogi Swatmarama Anahata Nada für die beste.

Natürlich stellt sich die Frage: Warum ist es die beste? Das Ziel von allem Yoga ist es, die gesamte Persönlichkeit zu verfeinern, damit das Licht des Göttlichen Selbst in seiner ganzen Pracht hindurchscheinen kann. Letztlich gipfelt jede Form von Yoga, ob es sich nun um Hatha, Raja, Karma, Bhakti oder Jnana Yoga handelt, in Nada Yoga, der Erfahrung des Anahata Nadam, wenn sie ernstlich und mit zielstrebiger Disziplin praktiziert wird. Die verschiedenen Yogawege sind dazu da, unterschiedlichen Persönlichkeiten gerecht zu werden. Während die beste Yogapraxis die ist, welche die verschiedenen Wege einschließt, wie das bei Sampoorna Yoga der Fall ist, neigt jemand, der von Natur aus einen Sinn für Musik hat, dazu, den Aspekt des Nada Yoga stärker zu betonen. Trotzdem ist Nada Yoga nicht nur etwas für musikalisch Versierte. Nada Yoga verwendet göttliche Musik, um von grob differenzierten Schwingungen zum subtilsten Zustand und letztlich zur Quelle zu gelangen. Es verzaubert und beruhigt den Geist, so dass dieser völlig in der göttlichen Schwingung aufgeht, die die Essenz darstellt, die der gesamten Schöpfung zugrunde liegt.

Zudem können die Praktiken von Asana, Pranayama, Kriyas, richtiger Ernährung und positivem Denken als Bestandteile von Nada Yoga verwendet werden, weil sie alle mit Energie und Schwingungen zu tun haben. Jede Praxis trägt ihren Teil dazu bei, das Instrument der Wahrnehmung zu stimmen und zu verfeinern, bis das Ziel erreicht ist. Ein Kranker kann nicht singen, weil sein Instrument, sein Körper, nicht richtig gestimmt ist. Um singen zu können, muss man frei von Verstopfung sein und richtig atmen können, was selbstredend die Umstellung der Ernährung und die Vermeidung von Lebensmitteln einschließt, die im System übermäßig viel Schleim verursachen. Asana, Pranayama und Kriyas zu praktizieren und sich rein zu ernähren kräftigt alle Systeme und verstärkt den Reinigungs- und Verfeinerungsprozess, was letztlich zum Erleben des Anahata Nada führt.

Was meint Swatmarama nun mit „Erforschung des Anahata Nada"? Zunächst ist es hilfreich zu wissen, was es mit göttlicher Schwingung auf sich hat. Die Bibel stellt fest: „Im Anfang war das Wort, und das Wort war bei Gott, und Gott war das Wort. Dasselbe war im Anfang bei Gott. Alle Dinge sind durch dasselbe gemacht, und ohne dasselbe ist nichts gemacht, was gemacht ist." (Johannes 1.1–3) Das besagt, dass das Universum nicht anderes als ein Ausdruck, eine Manifestation des Göttlichen ist. Gott befindet sich nicht innerhalb des Universums, sondern vielmehr ist das Universum Gott. Ob etwas in der physischen, astralen oder kausalen Welt manifest, ob es belebt oder unbelebt, ob es gesehen oder ungesehen oder wahrgenommen oder nicht wahrgenommen ist, ist es Brahman in Form von Schwingung.

Den Veden zufolge verkörpert sich Brahman, das Eine ohne ein Zweites, als dieses Universum in Form von Schwingung; moderne Wissenschaftler bezeichnen das als „Urknall". Die erste Manifestation des Absoluten wird „Om", Pranava oder Nada Brahman genannt. Das ist der Para-Zustand, die subtilste undifferenzierte Schwingung, die unwandelbare Essenz, die der gesamten Schöpfung zugrunde liegt. Da dieses Konzept für unseren Intellekt schwer fassbar ist, kann uns die Vedanta- und Samkhya-Philosophie einen Einblick gewähren.

Wenn sich die schöpferische Komponente von Brahman aufspaltet, manifestiert sich sein energetischer Aspekt im Universum, der in der Vedanta- und Samkhya-Philosophie Prakriti und in der tantrischen Tradition Shakti genannt wird. Prakriti oder Shakti ist die Natur, die Göttliche Mutter, die vom Subtilsten bis zum Groben in diese Schöpfung hinabsteigt. Ausgehend vom Para-Zustand wird diese ursprüngliche Energie, die mit Purusha, dem reinen Bewusstsein, wechselwirkt, differenzierter und manifestiert sich als die drei Gunas, die drei untrennbaren Kräfte, die sich in der gesamten Schöpfung ausdrücken. Diese sind Sattva, der Zustand des Gleichgewichts; Rajas, der Zustand der Aktivität und Bewegung und Tamas, der Zustand der Trägheit und Dunkelheit. Diese Ebene der Manifestation ist immer noch subtil und wird Pashyanti-Zustand genannt. Die drei Gunas in ihrem subtilen Zustand befinden sich im transzendentalen Reich, welches sich jenseits dessen befindet, was Geist und Intellekt erfassen können. Daher kann man es nur im transzendentalen Zustand durch Meditation erfahren. Wenn diese Gunas anfangen, sich untereinander zu verbinden, wird der Zustand der geistigen Schwingung geschaffen, der Madhyama-Zustand genannt wird. Man kann diese Schwingungsebene als allgemeine Vorstellungen auffassen. Der Gedanke an Wasser beispielsweise ist unabhängig von Ihrer Sprache, Kultur und dem Ort, an dem Sie sich befinden. Das geistige Konzept von Wasser, der Flüssigkeit, die Ihren Durst stillt, ist stets dasselbe, gleich, in welchen Worten oder Klängen Sie es ausdrücken. Als Letztes kommt der Vaikhari-Zustand, in dem die Welt der Objekte und Musik, die Welt der Namen und Formen mittels der Sinne wahrgenommen werden kann und natürlich vom Geist interpretiert wird.

Alles im Universum ist also aus einer Schwingung entstanden und ist letztlich selbst Schwingung bzw. Energie. Es gibt sehr unterschiedliche Schwingungen und Klänge, die vom Gröbsten bis zum Allersubtilsten reichen. Selbst unser physischer Körper, unser Astralkörper (der aus der energetischen, der geistigen und der intellektuellen Hülle besteht) und unser Kausalkörper (der aus der Wonnehülle besteht) sind nichts anderes als Schwingungen. Das Energiesystem z. B., das Pranamaya Kosha genannt wird, setzt sich aus dem Nadi- und dem Chakrasystem zusammen, und Chakras sind Schwingungsempfänger, die äußerst stark von Klangschwingungen beeinflusst werden. Deshalb hat Musik einen so großen Einfluss auf uns. Wenn Sie das wissen, begreifen Sie, warum es so wichtig ist, sich göttlichen Schwingungen auszusetzen; ein Mensch von rechtem Urteilsvermögen möchte lieber positiv als negativ beeinflusst werden.

Da jeder Aspekt unseres Wesens so stark von Klangschwingungen beeinflusst wird, haben die alten Meister zum Zwecke der Reinigung und Selbstverwirklichung das System des Nada Yoga formuliert, das auf der hörbaren (Vaikari-) Ebene beginnt, zu der wir den leichtesten Zugang haben. Nada Yoga ist eine sehr stark praktisch orientierte Wissenschaft, weil es unseren innersten Kern anspricht.

Nada Yoga verfeinert und stimmt mittels Klangschwingungen alle körperlichen Systeme, die Nadis (die subtilen Energiekanäle), den Geist und den Intellekt, wobei externe Musikinstrumente wie Vina, Sarangi, Sitar, Gitarre, Sarod, Harmonium oder Tabla verwendet werden. Körper und Stimme sind die wichtigsten Instrumente. Man lernt vielleicht die Noten, Talas und Ragas, doch dient das alles ausschließlich der Transformation und Selbstverwirklichung. Beim Singen oder Spielen eines Instruments entwickelt man Konzentration und Absorption. Ist die körperliche Ausrüstung (das physische, pranische, mentale, intellektuelle und Ego-System) verfeinert und gereinigt und wendet sich der Geist nach und nach einwärts, wird man auf höhere Ebenen des Gewahrseins und Bewusstseins geführt, bis das individuelle Bewusstsein schließlich sein Einssein mit dem Höchsten Bewusstsein erkennt und das Ziel von Yoga erreicht ist. Wenn der Geist ruhig und nach innen gerichtet ist, erfährt man den Nadam, die Schwingung, einschließlich der subtilen Bewegung des Pranas und des Anahata-Klangs, der eigenen inneren Musik, die ein Hilfsmittel ist, um den Zustand von Samadhi zu erreichen. Auf dieser Stufe werden externe Musikinstrumente überflüssig. Diese Verfeinerung und Reinigung der Persönlichkeit ist ein schrittweiser Prozess, und es bedarf viele Jahre intensiver Praxis, um diese fortgeschrittene Stufe zu erreichen.

Durch die Praxis von Nada Yoga findet eine vielschichtige Transformation aller Systeme und des Egos statt. Damit das jedoch geschehen kann, muss man voller Hingabe und Bescheidenheit sein, weil man sonst nicht in der Lage ist, irgend etwas Höheres oder Subtiles zu lernen. Ein Aspirant, der mit einem aufgeplusterten Ego vor einem Guru sitzt, lernt nichts, weil er bereits voll von sich selbst ist und seine Tasse erst leeren muss, damit sie wieder gefüllt werden kann. Jemand wie er kann höchstens einige Informationen und Techniken sammeln, die er anschließend dazu verwendet, sein Ego weiter zu vergrößern. In seiner Persönlichkeit kommt es jedoch zu keiner Verwandlung.

Ich habe 14 Jahre lang mit meinem Guru Swami Nada-Brahmananda studiert, der ein Meister des Nada Yoga war. Die meisten seiner Lehren waren praktischer Natur und betrafen die Erfahrung. Sie begannen auf unterster Ebene. Ich habe nicht unzählige Stunden damit verbracht, über Büchern zu brüten, bevor ich mich an die Praxis machte. In Wirklichkeit bestimmt nicht die Anzahl der gelesenen Bücher die Entwicklung eines Menschen. Ohne richtige Führung kann vieles Lesen sogar zu falscher Konditionierung führen und die Entwicklung behindern. Manche Menschen sammeln alle möglichen Informationen an, doch nur das, was in Praxis umgesetzt wird, ist von Nutzen. Die restlichen Informationen sind lediglich Ablenkungen für den Geist. Deshalb sagte Swami Sivananda: „Ein Gramm Praxis ist mehr wert als Tonnen Theorie."

Daher sollte man den Weg der Transformation verfolgen und fortfahren, sich durch Nada Yoga zu reinigen und zu verfeinern, so dass man letztlich den Anahata-Klang erlebt. Was ist der Anahata-Klang? Er unterscheidet sich vom Ahata Nada. Ahata Nada bezeichnet Klangschwingungen, die auf der Sinnesebene erfahren werden. Wenn jemand beispielsweise eine Trommel schlägt, setzt sich diese Schwingung durch die Luft fort, trifft auf den Hörmechanismus Ihres Körpers und Sie hören den Trommelschlag. Der Anahata Nada jedoch wird im Zustand der Meditation wahrgenommen. Er rührt von den subtilen Schwingungen des Pranas her. Ist der Geist nach innen gerichtet, kann man einen nicht angeschlagenen Klang hören. Mit anderen Worten braucht man kein externes Instrument, um den Anahata Nada wahrzunehmen.

Es gibt verschiedene Entfaltungsebenen im Erleben des Anahata Nada. Die unterschiedlichen Stufen sind: Zimbeln, Meeresrauschen, Muschelhorn, Kesselpauke, Trommel, Laute, Flöte, Harfe und Donnerschlag. Wenn die Granthis in der Praxis von Nada Yoga durchstoßen werden, werden verschiedene Klänge oder Schwingungen erfahren, die in den folgenden Slokas beschrieben werden. Bleiben Sie jedoch nicht dort stehen, weil diese Klänge nicht das letzte Ziel darstellen. Sie sind lediglich Stufen, die man in seiner spirituellen Entwicklung erreicht. Jede nächste Stufe ist ein Zeichen dafür, dass man sich immer tiefer nach innen richtet. Die Klänge verführen den Geist dazu, in immer tiefere Bewusstseinsebenen zu tauchen, bis man schließlich den letzen Schleier lüften kann und das Selbst ohne jede Konditionierung erfährt.

„Gunghata ke pata khool re toe hai piyaa mileenge."

Mit anderen Worten: „Lüfte den Schleier und erblicke Gott in allem." Gott oder Brahman ist allgegenwärtig, alles durchdringend. Die Schleier sind unsere Konditionierungen, die wir aufgrund von Geburt, Kultur, Umwelt, Zeit, Geschlecht, Alter, Erziehung, Intelligenz und Erfahrung haben. All diese Identifikationen sind Schleier genau wie Körper, Geist, Sinne, Intellekt und Gefühle. Die Höhere Wirklichkeit liegt hinter diesen Schleiern. Wenn der letzte Schleier zerstört ist, wird das Selbst in voller Pracht enthüllt. Dieser Zustand wird Samadhi, Turiya, vierter Bewusstseinszustand, Selbst- oder Gottverwirklichung, Raja Yoga, Unmani usw. genannt.

Indische klassische Musik ist deshalb das Gefährt für die Praxis von Nada Yoga, weil sie bereits perfektioniert ist; sie ist nicht entwickelt worden, sondern stattdessen durch den Geist reiner Wesen geflossen. Sie ist das Wissen des Universums, das Wissen der Veden. „Veda" heißt wörtlich „reines, vollkommenes Wissen". Das Wissen des Nada Yoga, das im Sama Veda enthalten ist, wurde als systematische Wissenschaft von Guru an Schüler weitergereicht. Da dieses Wissen bereits vollkommen ist, kann ihm nichts hinzugefügt werden.

Im Westen denken die Menschen oft, dass Yoga entwickelt werden muss. Viele meinen, dass sie das Wissen des Yoga erweitern, nur weil sie sich in eine bestimmte Stellung oder Dehnung begeben. Das ist jedoch ein Irrtum. Viele Leute bleiben im oberflächlichen Aspekt von Yoga stecken, ohne sein Ziel wirklich vor Augen zu haben. Deshalb sollte man, um die Befreiung zu erlangen, richtiges Wissen, gutes Verständnis und rechte Führung von einem Guru haben, der sicherstellt, dass man tatsächlich Yoga praktiziert, gleich, ob es sich um Hatha Yoga, Nada Yoga oder irgendeine andere spirituelle Disziplin zum Zwecke der Befreiung handelt. Nada Yoga ist eine systematische, schrittweise Wissenschaft genau wie Hatha Yoga oder jeder andere Yogaweg auch, der dieses Ziel verfolgt.

Gaana Vidya Badikatinahe Janeto Guru Charana Shisya Dhare. Tapa Vaave Mahaa Deva. Aadhi Devo Maha Deva. Vina Bhajan Tava. Tatabitata Baaje.

Übersetzt bedeutet dieser Bhajan: „Das Wissen der Musik ist sehr schwer zu erlernen. Du musst zu den Füßen des Gurus sitzen und Tapas machen, Sadhana praktizieren. Der erste Gott ist Maha Deva. Er ist derjenige, der die Vina spielt." Nach einer Legende hat Lord Shiva die Vina mit seinen Venen bespannt. Das symbolisiert, dass dieses Universum nichts anderes als der Körper des Herrn ist und diese Musik in Form von Schwingungen überall vorhanden ist. Kein Wunder also, dass Swatmarama die Erforschung des Anahata Nada als die beste Methode ansieht, Laya zu erreichen.

Das Wissen des Nada Yoga wurde von Guru zu Schüler weitergereicht. Sein Ursprung ist Gott, das Göttliche. Die Musik, die Menschen schaffen, ist Ausdruck ihres aktuellen Bewusstseinsstandes. Wenn der Geist verunreinigt und verdorben ist, spiegelt die Musik diese Unreinheit und Verdorbenheit wider. Wenn der Geist sich in einem niederen emotionalen Zustand befindet oder in Sinnlichkeit schwelgt, ist die Musik, die sich durch ihn ausdrückt, dementsprechend. In diesem Falle würde es sich nicht um Nada Yoga handeln, weil es nicht zu einem höheren Bewusstseinszustand führen würde. Tatsächlich würde solche Musik nichts als weitere Unruhe im Geist erzeugen. Es ist sehr wichtig, den grundsätzliche Unterschied zwischen Musik, die erhebt, und Musik, die einen in einem niederen Bewusstseinsstand hält, zu kennen.

Wenn Schwingung durch den harmonisierten Geist eines Yogis fließt, entsteht göttliche Musik. Diese Art von Musik wirkt heilend und erhebt das Bewusstsein aus einem Zustand der Ruhelosigkeit, Angst und Depression in einen Zustand der Ruhe, des Friedens und der Glückseligkeit. Mit diesem grundlegenden Verständnis geht man Musik mit einem anderen Bewusstsein an. Dann wird Musik heilig. Sie wird zu Yoga und unterstützt Menschen dabei, sich zu entwickeln, zu wachsen und sich zu verfeinern.

Es gibt viele klassische indische Musiker, die als sehr fähig angesehen werden, doch bedeutet das nicht zwangsläufig, dass sie Nada Yoga praktizieren. Wenn sie nur zum Zwecke der Unterhaltung spielen oder singen, plustern sie bloß ihr Ego auf und erzeugen damit einen noch dickeren Schleier. Nur wenn Musik praktiziert wird, um die Persönlichkeit in Richtung Verfeinerung und Bescheidenheit zu transformieren, kann das Nada Yoga genannt werden. Die Art von Musik, die man macht, sollte einen also in einen sattvigen Zustand, d. h. ins Gleichgewicht bringen, so dass man die eigene Göttlichkeit erfahren kann. Zu diesem Zwecke müssen Körper, Geist, Intellekt und Ego gereinigt sein. Ein sattviger Geist bringt sattvige Musik hervor, die den Geist erhebt und Freude, Frieden und Glückseligkeit herbeiführt. Chanting und Kirtan, von Yogis ausgeübt, sind Beispiele hierfür. Ein rajasiger Geist erzeugt rajasige Musik, die den Geist und die Sinne bloß beunruhigt, wie z. B. Disco- und Barmusik, und ein tamasiger Geist lässt tamasige Musik entstehen, die den Geist, die Sinne und die Persönlichkeit abstumpft, hinunterzieht und verunreinigt, wie z. B. klagende

Musik, die den Zuhörer depressiv stimmt. Alles, was man macht, sollte der positiven Transformation und der Verfeinerung der Persönlichkeit dienen.

Jede Form von Yoga strebt höhere Transformation an. Nada Yoga erreicht einen Punkt, an dem es so abstrakt wird, dass sich nur der Praktizierende oder der Yogi an ihm erfreut oder es versteht. Auf dieser Stufe richtet es sich nach innen und wird ganz persönlich, weil es die eigene Transformation betrifft. Je stärker der Yogi darin gefestigt wird und sich verfeinert, um so weniger können die Menschen mit seiner Musik anfangen, weil sie sehr abstrakt wird.

Zu einer Vorführung meines Gurus Swami Nada-Brahmananda beispielsweise, eines großen Meisters des Nada Yoga, erschienen nur einige wenige Leute als Zuhörer, und von diesen verließen sogar noch einige mitten in der Vorstellung den Saal, weil sie nicht begriffen, was da vor sich ging. Sie konnten keine Beziehung dazu herzustellen, weil sie sich auf einer niedrigeren Bewusstseinsebene befanden. Leider ist genau das der Zustand der heutigen Welt und des gegenwärtigen Bewusstseins. Spirituelle Entwicklung kann nicht an Popularität gemessen werden. Ein Musiker ist nur populär, wenn er sich auf das Bewusstsein der Massen einstellt. Infolgedessen wird Oberflächlichkeit oft für Größe gehalten.

Da ich den Glanz der göttlichen Gaben von Nada Yoga persönlich erfahren habe, kann ich Sie nur dazu ermutigen, diesen erleuchteten Weg zu erforschen. Einfach gesagt ist Nada Yoga Musik für die Seele.

Shambhavi Mudra

67

IN MUKTASANA SITZEND UND SHAMBHAVI MUDRA PRAKTIZIEREND SOLLTE DER YOGI AUFMERKSAM DEM NADA IM RECHTEN OHR LAUSCHEN.

Hier wird der Yogi dazu aufgefordert, Shambhavi Mudra zu praktizieren und zu lauschen. Jeder kann das machen, ob er nun ein intellektuelles Genie ist oder ein einfacher Bauer auf dem Feld. Ist der Reinigungsprozess erst einmal vollzogen, kann jeder ungeachtet seiner Stufe im Leben den subtilen Klängen des Nada lauschen. Tatsächlich ist ein unbelesener Mensch wahrscheinlich weniger unruhig und verwirrt als jemand, der als gebildet betrachtet wird. Die meisten Menschen im Westen sehen jeden Tag fern, hören sich den Unsinn, die Werbung, die Diskussionen und Filmbesprechungen an. Das spiegelt die Oberflächlichkeit der Gesellschaft wider. Es gibt nichts, worüber man reden oder womit sich der Geist beschäftigen könnte, auch wenn wir uns rühmen, intellektuell zu sein. Das Ergebnis ist die Zerstreuung des Geistes durch nutzlose Informationen.

68

SO WIRD MIT VERSCHLOSSENEN OHREN, VERSCHLOSSENER NASE UND VERSCHLOSSENEM MUND EIN KLARER, DEUTLICHER KLANG IN DER GEREINIGTEN SUSHUMNA VERNOMMEN.

Nicht jeder, der seine Ohren, Nase, Augen und seinen Mund verschließt, hört etwas. Tatsächlich hört der durchschnittliche Mensch, der das tut, nichts. Doch derjenige, dessen Sushumna gereinigt ist, hört einen klaren, deutlichen Ton.

69

ALLE YOGISCHEN PRAKTIKEN GEHEN DURCH VIER STUFEN: ARAMBHA, GHATA, PARICHAYA UND NISHPATTI.

In allen Praktiken tauchen die vier Stufen Arambha, Ghata, Parichaya und Nishpatti auf, wenn Sie sich in höhere Bewusstseinsstufen hinein entwickeln. Wenn Sie sich in die höheren Regionen und an die höheren Praktiken begeben möchten, werden Sie durch diese vier Stufen gehen.

Arambha Avastha

70

WENN BRAHMA GRANTHI DURCHSTOSSEN WIRD, ERFÄHRT DER YOGI GLÜCKSELIGKEIT UND DEN ANAHATA KLANG DES KLINGELNS.

71

IN DIESEM ARAMBHA-ZUSTAND ERSTRAHLT DER GEIST DES YOGIS; SEIN KÖRPER WIRD LEUCHTEND UND SENDET EINEN GÖTTLICHEN DUFT AUS.

Die Mehrheit der Praktizierenden hat nicht einmal diese erste Stufe erreicht. Menschen machen jahrelang Sadhana und ihr Körper und ihr Mund stinken noch immer. Das rührt daher, dass sie als Fleischesser aufgewachsen sind und es Jahre braucht, bis sich alle Zellen umgewandelt haben und der Körper sich auf zellularer Ebene selbst gereinigt hat. Zudem muss man emotional ausgeglichen sein, weil jede Gefühlswallung Gifte in die physischen Systeme ausschüttet. Lassen Sie sich nicht entmutigen. Halten Sie durch, und Sie werden einen leuchtenden Körper und einen brillanten, urteilsstarken und reinen Geist erhalten. Selbst wenn Sie sich einige Tage lang nicht waschen, behält Ihr Körper dann seinen süßen Duft bei.

Ghata Avastha

72

AUF DER ZWEITEN ODER GHATA-STUFE VEREINEN SICH PRANA UND APANA UND FLIESSEN DURCH SUSHUMNA. DER YOGI IST IN SEINER ASANA GEFESTIGT UND WIRD WEISE UND GOTTÄHNLICH.

73

AUF DIESER STUFE, WENN VISHNU GRANTHI DURCHSTOSSEN WIRD, ERFÄHRT DER YOGI DEN ANAHATA KLANG DER KESSELPAUKEN, WAS IHM HOHE GLÜCKSELIGKEIT SCHENKT.

Parichaya Avastha

74

AUF DER DRITTEN STUFE ERREICHT DAS PRANA AJNA CHAKRA, WELCHES DIE QUELLE ALLER SIDDHIS IST, UND DER ANAHATA KLANG DER MARKALA WIRD ERLEBT.

75

DIE HÖCHSTEN SINNLICHEN UND GEISTIGEN VERGNÜGEN ÜBERSTEIGEND WIRD DIE WONNE DES ATMAN ERFAHREN. UNAUSGEGLICHENHEITEN IN DEN DOSHAS, SCHMERZ, KRANKHEIT, ALTERN, HUNGER UND SCHLAF SIND ÜBERWUNDEN.

Diese Slokas umreißen die verschiedenen Stufen, die Sie durchlaufen. Wenn Brahma Granthi durchstoßen wird, treten Sie in die erste Stufe ein, die Arambha-Zustand genannt wird. Zu diesem Zeitpunkt erleben Sie Klänge und Zeichen, die allesamt einem bestimmten Bewusstseinszustand entsprechen. Als Nächstes kommt die Ghata-Stufe, die erscheint, wenn Vishnu Granthi durchstoßen wird. Zu diesem Zeitpunkt hören Sie den Klang von Kesselpauken. In Parichaya Avastha, der dritten Stufe, erreicht Prana Ajna Chakra, welches die Quelle aller Siddhis ist. Der Klang der Markala wird wahrgenommen (die Markala ist ein Musikinstrument). Jenseits der höchsten sinnlichen und geistigen Vergnügen werden Sie von Schmerz und Krankheit befreit, weil Sie Ihr niederes, Ihr körperliches Bewusstsein hinter sich gelassen haben. Sie identifizieren sich nun mit der höheren Wirklichkeit.

76

WENN RUDRA GRANTHI DURCHSTOSSEN WIRD, BEWEGT SICH DAS PRANA ZUM SITZ VON ISHVARA. DAS IST DIE STUFE VON NISHPATTI. DER ANAHATA KLANG EINER GUT GESTIMMTEN VINA UND FLÖTE WIRD ERLEBT.

77

DIESE VEREINIGUNG DES INDIVIDUELLEN UND HÖCHSTEN BEWUSSTSEINS WIRD RAJA YOGA GENANNT. DER YOGI ERHÄLT GLEICH EINEM GOTT DIE KRAFT ÜBER SCHÖPFUNG UND AUFLÖSUNG.

78

DIESER ZUSTAND VON RAJA YOGA STELLT UNUNTERBROCHENE WONNE DAR, FÜHRT JEDOCH NICHT UNBEDINGT ZUR BEFREIUNG.

79

HATHA YOGA ZU PRAKTIZIEREN UND DIE HÖCHSTE VEREINIGUNG, RAJA YOGA, ZU VERFEHLEN, WIRD FÜR EINE RIESIGE VERSCHWENDUNG GEHALTEN.

Dieser Sloka ermutigt Sie durchzuhalten, bis Sie das Ziel der Selbstverwirklichung erreicht haben. Es wäre eine große Verschwendung, wenn Sie das Ziel knapp verfehlen würden. Hatha Yoga kann Sie zu diesem höchsten Ziel – Raja Yoga – leiten. Es ist ein vollständiges System, das dazu geschaffen wurde, Sie zur Selbstverwirklichung zu führen.

80

DER ZUSTAND VON UNMANI WIRD LEICHT ERREICHT, INDEM MAN DEN GEIST AUF AJNA CHAKRA FOKUSSIERT. DURCH DIESE METHODE KANN SELBST DER UNGEBILDETE MENSCH DEN ZUSTAND VON RAJA YOGA ERREICHEN. LAYA DURCH NADA HERBEIGEFÜHRT SCHENKT SOFORTIGE WONNE.

Hier werden die Begriffe Laya, Raja Yoga und Unmani synonym verwendet.

81

DER NADA YOGI, DER SAMADHI DURCH DIE ERFORSCHUNG DES ANAHATA NADA ERREICHT, ERFÄHRT UNBESCHREIBLICHE GLÜCKSELIGKEIT.

82

DER YOGI SOLLTE SEINEN GEIST AUF DEN ANAHATA NADA KONZENTRIEREN, WÄHREND ER SEINE OHREN VERSCHLIESST, BIS DER GEIST DEN ZUSTAND VÖLLIGER STILLE ERREICHT.

83

DER YOGI VERLIERT DURCH DIESE PRAXIS INNERHALB VON 15 TAGEN DAS BEWUSSTSEIN FÜR ALLE ÄUSSEREN KLÄNGE UND ERFÄHRT GROSSES GLÜCK.

84

DER ANAHATA NADA, AUF DEN MAN SICH KONZENTRIERT, WIRD LAUTER. LETZTLICH WIRD DER YOGI DER SUBTILEREN KLÄNGE GEWAHR.

85

VERSCHIEDENE ANAHATA-KLÄNGE WERDEN AUF DEN UNTERSCHIEDLICHEN STUFEN DER PRAXIS VERNOMMEN. ANFANGS WIRD DER KLANG DES MEERES GEHÖRT, DANN WOLKEN, KESSELPAUKEN UND JHARJHARA-TROMMELN. AUF DER MITTLEREN STUFE WERDEN MUSCHELHORN, GONG UND HORN GEHÖRT.

86

AUF DER LETZTEN STUFE WERDEN KLINGELNDE GLOCKEN, FLÖTE, VINA UND BIENENSUMMEN GEHÖRT, ALS KÄMEN SIE AUS DEM INNEREN DES KÖRPERS.

87

FAHREN SIE AUF DIESE WEISE FORT, DASS SIE SICH VON DEN LAUTESTEN KLÄNGEN WIE DENEN DER KESSELPAUKEN UND DES DONNERS ZU SUBTILEREN KLÄNGEN BEWEGEN.

88

AUCH WENN DER GEIST SICH VIELLEICHT VOM LAUTEN ZUM SUBTILEN UND DANN WIEDER ZUM LAUTEN BEWEGT, LASSEN SIE IHN NICHT ZU ETWAS ANDEREM ABSCHWEIFEN

89

GLEICH, AUF WELCHEN NADA SICH DER GEIST KONZENTRIERT, ER WIRD VON IHM ABSORBIERT.

90

WIE SICH EINE BIENE NICHT UM DEN DUFT EINER BLUME KÜMMERT, WENN SIE DEN HONIG TRINKT, VERLIERT DER GEIST JEGLICHES VERLANGEN NACH SINNLICHEN VERGNÜGUNGEN, WENN ER IM NADA VERSUNKEN IST.

91

WIE EIN UNRUHIGER ELEFANT MITTELS EINES SPITZEN STACHELSTOCKS IM ZAUM GEHALTEN WIRD, WIRD DER GEIST, DER ES GEWOHNT IST, IM GARTEN DER SINNLICHEN VERGNÜGUNGEN UMHERZUSTREIFEN, DURCH ANAHATA NADA KONTROLLIERT.

92

DER GEIST, DER VOM ANAHATA NADA GEFESSELT IST, VERLIERT SEINE RASTLOSE NATUR WIE EIN VOGEL, DESSEN FLÜGEL GESTUTZT WORDEN SIND.

93

DER YOGI, DER VÖLLIGE MEISTERSCHAFT DES YOGA ANSTREBT, SOLLTE SEINE GANZE AUFMERKSAMKEIT AUF DIE ERFORSCHUNG DES ANAHATA NADA RICHTEN.

Diese ganzen Analogien werden hier aufgeführt, um zu beschreiben, wie schal sinnliche Erfahrungen im Vergleich zum göttlichen, subtilen Erleben des Anahata Nada sind.

94

SO, WIE EIN JÄGER EIN REH MIT EINEM SPÖTTISCHEN LÄCHELN FÄNGT UND TÖTET, WIRD DER GEIST VOM ANAHATA NADA GEFANGEN UND GETÖTET.

95

DER YOGI SOLLTE REGELMÄSSIG ÜBER DEN NADA MEDITIEREN, DA DIESER DER RIEGEL IST, DER DAS RASTLOSE PFERD DES GEISTES EINSCHLIESST.

96

WIE FLÜSSIGES QUECKSILBER MIT SCHWEFEL FEST GEMACHT WIRD, SO WIRD DER GEIST FEST GEMACHT DURCH DEN NADA, UND ER STREIFT FREI DURCH DAS MEER VON BRAHMAN.

97

WIE EINE SCHLANGE VON MUSIK BETÖRT WIRD, SO WIRD DER GEIST VOM NADA RUHIG, FEST UND BEWEGUNGSLOS.

98

WIE FEUER ERLISCHT, WENN DAS HOLZ VERBRANNT IST, SO VERGEHT DER RUHELOSE GEIST IN DER KONZENTRATION AUF DEN NADA.

99

WIE EIN REH LEICHT VON EINEM GUTEN BOGENSCHÜTZEN GETÖTET WIRD, WENN ES VOM KLANG VON GLOCKEN ANGELOCKT WURDE, SO WIRD DER GEIST DES TALENTIERTEN NADA YOGI UNTER KONTROLLE GEBRACHT.

100

DER GEIST, DER IM ANAHATA NADA VERGEHT, ERREICHT DEN HÖCHSTEN ZUSTAND VON VISHNU.

101

DIE VORSTELLUNG VON RAUM UND DUALITÄT EXISTIERT, SOLANGE MAN SICH DER KLÄNGE BEWUSST IST. WENN DIESES BEWUSSTSEIN VERGEHT UND DER LAUTLOSE ZUSTAND ERREICHT WIRD, IST DAS DIE ERFAHRUNG VON BRAHMAN, DER HÖCHSTEN WIRKLICHKEIT.

102

WAS AUCH IMMER ALS ANAHATA NADA ERFAHREN WIRD, IST NICHTS ANDERES ALS DIE SUBTILE SCHWINGUNG DER SHAKTI. DIE ABSOLUTE WIRKLICHKEIT IST FORM- UND LAUTLOS.

103

WENN ER DURCH DIE PRAXIS VON HATHA YOGA DEN HÖCHSTEN ZUSTAND ERREICHT HAT, BESIEGT DER YOGI DEN TOD UND RUHT IM HÖCHSTEN ZUSTAND VON RAJA YOGA.

104

GEIST IST DER SAMEN, HATHA DIE ERDE UND GLEICHMUT DAS WASSER. AUS DIESEN DREIEN SPRIESST KALPA VRIKSHA ODER UNMANI AVASTHA HERVOR.

105

DURCH DIE REGELMÄSSIGE PRAXIS VON NADA YOGA WERDEN ALLE KARMAS VERBRANNT UND PRANA UND CHITTA VERSCHMELZEN IN BRAHMAN.

106

IN DIESEM UNMANI AVASTHA GLEICHT DER KÖRPER EINEM HOLZKLOTZ, UND NICHT EINMAL DIE ANAHATA KLÄNGE DES MUSCHELHORNS ODER DER TROMMELN WERDEN GEHÖRT.

107

DER YOGI, DER ALLE BEWUSSTSEINSZUSTÄNDE TRANSZENDIERT HAT UND FREI VON ALLEN GEDANKEN IST, WIRD ZWEIFELLOS BEFREIT UND ERSCHEINT WIE TOT.

108

DER YOGI IN SAMADHI ÜBERWINDET DIE ZEIT, BLEIBT UNBERÜHRT VON KARMA UND KANN VON NIEMANDEM UNTERWORFEN WERDEN.

109

DER YOGI IN SAMADHI VERLIERT DAS BEWUSSTSEIN FÜR GERUCH, GESCHMACK, BERÜHRUNG, KLANG, FORM, SEINEN KÖRPER UND DIE KÖRPER ANDERER.

110

DER YOGI, DER WEDER WACH IST NOCH SCHLÄFT, DER FREI VON ERINNERN UND VERGESSEN IST, DER WEDER AKTIV NOCH PASSIV IST, IST ZWEIFELSOHNE BEFREIT.

Erinnern, Vergessen, Handeln und Nichthandeln sind alles bloß Modifikationen des Geistes, Auswirkungen geistiger Prozesse.

111

DER BEFREITE YOGI IST VON DEN GEGENSATZPAAREN HITZE UND KÄLTE, VERGNÜGEN UND SCHMERZ, EHRE UND SCHMACH BEFREIT.

112

DERJENIGE, DER WACH IST, OBGLEICH ER ZU SCHLAFEN SCHEINT, DER NICHT ATMET UND TROTZDEM AM LEBEN BLEIBT, IST ZWEIFELLOS BEFREIT.

113

DER YOGI IN SAMADHI IST DURCH KEINE WAFFE VERWUNDBAR, KANN VON KEINEM WESEN VERLETZT WERDEN UND BEFINDET SICH JENSEITS DES EINFLUSSES VON MANTRAS ODER YANTRAS.

114

SOLANGE PRANA NICHT DURCH SUSHUMNA FLIESST, SOLANGE DER BINDU NICHT UNTER KONTROLLE IST, SOLANGE DER GEIST NICHT DAS REINE LICHT VON BRAHMAN WIDERSPIEGELT, SO LANGE BRINGT DERJENIGE, DER ÜBER SPIRITUELLES WISSEN SPRICHT, LEDIGLICH SEINE EIGENE VERBLENDUNG ZUR SPRACHE.

Dieser Sloka warnt davor, dass es in Wirklichkeit Verblendung aufrechterhält und das eigene Ego aufplustert, wenn man über spirituelles Wissen spricht, bevor der Geist das reine Licht der Seele widerspiegelt, weil der Betreffende die höhere Wirklichkeit durch seine eigene getönte Brille interpretiert. Was hier jedoch im Grunde gemeint ist, ist, wachsam gegenüber jemandem zu sein, der predigend auf einer Kanzel steht, ohne vorher durch sein eigenes Erwachen gegangen zu sein.

Die wirksamste Lehre ist die, die der direkten Erfahrung entspringt. Dennoch kann selbst ein vollständig erwachter Meister durch seine Schriften und Lehren nur einen Fingerzeig in Richtung Erleuchtung geben. Jeder Mensch, der mit diesen Lehren in Kontakt kommt, nimmt diese gemäß seinem eigenen Bewusstseinsstand und seiner eigenen Phantasie wahr.

Wenn man bedenkt, wie schwierig es bereits ist, jemandem mit Worten eine einfache Sinneserfahrung zu vermitteln, wird deutlich, dass es unmöglich ist, transzendentale Erlebnisse zu beschreiben. Jeder muss sie für sich selbst machen. Darum sagte Meister Sivananda: „Da Erleuchtung schrittweise vor sich geht, sollte ein Lehrer mit Bescheidenheit, doch ohne Zurückhaltung die Menschheit das lehren, was er als wahr und wohltätig erfahren hat, im Inneren seines Herzens wissend, dass Lehren und Lernen das Beste für spirituelles Wachstum ist."

Glossar

Adharas: Behälter; niedere Region.

Adhidevika: Leiden, das von der Natur verursacht wurde.

Adhyatmika: Leiden, das von einem selbst verursacht wurde.

Adibhautika: Leiden, das von anderen Wesen verursacht wurde.

Adinath: Wörtlich „erster Herr“; ursprünglicher Guru; Name von Lord Shiva.

Ahata Nada: Klang, der durch das Zusammenschlagen zweier Objekte entstanden ist.

Ahimsa: Eines der Yamas; Gewaltlosigkeit, Nicht-Verletzen.

Ama: Gifte oder Unreinheiten, die sich im Körper angesammelt haben.

Amaroli: Trinken des Mittelstrahls des Urins oder Einreiben des Körpers mit demselben als Mudra.

Anahata Nada: Die subtilen Schwingungen des Pranas, die von Yogis im Zustand der Meditation erfahren werden.

Annamaya Kosha: Nahrungshülle.

Anuloma Viloma: Wechselatmung.

Apana: Ab- oder Auswärtsfluss von Prana.

Arambha: Erste Stufe des Hörens des inneren Klangs oder Anahata Nada.

Asana: Eine stabile und bequeme Haltung.

Avatar: Hinabgestiegener oder Inkarnation des höchsten Bewusstseins als Gott wie z. B. Rama, Krishna usw.

Bandhas: Praktiken, die einen psychisch-muskulären energetischen Verschluss erzeugen, der den Energie- oder Pranafluss im Körper lenkt und in einer bestimmten Körperregion einschließt.

Bhadrasana: „Gütige Stellung“; eine Sitzhaltung.

Bhajan: Lied, das entweder philosophischer Natur ist oder Gott lobpreist und voller Hingabe vorgetragen wird.

Bhakti Yoga: Yoga der Hingabe und Liebe für Gott.

Bhasti: Reinigung des Dickdarms. Eine der Kriyas im Hatha Yoga.

Bhastrika: Blasebalg-Atem, bei dem Ein- und Ausatmung kraftvoll und gleich gewichtet ausgeführt werden, so, wie man einen Blasebalg betätigt.

Bhramari: Atemübung, bei der während der Ausatmung ein Summton wie der der schwarzen Biene erzeugt wird.

Bindu: Punkt oder Samen von potentieller Energie und Bewusstsein; Kern.

Brahma: Der Schöpfer.

Brahmachari: Jemand, der im Zölibat lebt; jemand, der ein Leben der Reinheit lebt und seine Energie auf das Lernen richtet.

Brahmacharya: Zölibat; Disziplinierung der Sinne; Leben im Gewahrsein Brahmans.

Brahman: Reines Bewusstsein; der Eine ohne ein Zweites.

Chakras: Pranische bzw. energetische Zentren im subtilen Körper.

Chitta: „Geist-Stoff"; unbewusster Geist.

Dana: Milde Gabe.

Deva: Göttliches Wesen; höhere Kraft oder Macht.

Dhanurasana: Stellung des Bogens.

Dharma: Rechtschaffene Lebensweise; einer der Purusharthas oder Schätze des Lebens.

Dhatus: Die verschiedenen Gewebe des physischen Körpers; insgesamt gibt es sieben Dhatus.

Dhauti: Reinigung des Magens.

Ghata: Zweite Stufe der Wahrnehmung des Anahata Nada.

Gomukhasana: Stellung des Kuhkopfes.

Gorakshasana: Eine Variation von Bhadrasana.

Grihastha: Familienvater bzw. -mutter; die zweite Stufe des Lebens.

Gunas: Qualität der Natur; dreifältige Eigenschaft der Manifestation von Shakti, Prakriti bzw. der Natur; die drei Gunas sind Tamas, Rajas und Sattva.

Guptasana: Anderer Name für Siddhasana.

Hatha Yoga: Eine schrittweise Wissenschaft des Yoga, die Sie vom ganz Elementaren (mit guter Gesundheit beginnend) bis zur Selbstverwirklichung führt.

Ida: Einer der Hauptnadis, der im linken Nasenloch endet und kühlend wirkt, da er Mondenergie leitet.

Ishta Devata: Persönliche Gottheit; gewähltes Ideal des Höchsten.

Jala Neti: Eines der Shatkriyas; Nasenreinigung mit Wasser.

Jalandhara Bandha: Kehlverschluss, der verhindert, dass Prana hinausfließt.

Japa: Fortlaufende Wiederholung Ihres Mantras.

Jnana Yoga: Yoga der Selbstbefragung.

Kaala: Zeit; Tod; Yama.

Kalaa: Das Strahlende.

Kalpa: Ein Tag Brahmas.

Kapalabhati: Eine der sechs Reinigungsübungen im Hatha Yoga; wird auch „reinigender Atem" genannt. Die Betonung liegt auf der Ausatmung, als ob Sie sich in schneller Folge die Nase putzen würden.

Kapha: Eine der drei ayurvedischen Konstitutionen oder Doshas; Phlegma, Schleim.

Karma Yoga: Yoga der selbstlosen Handlung.

Karma: Handlung; Gesetz von Ursache und Wirkung. Reinigungsübung.

Kevala Kumbhaka: Spontanes Aussetzen des Atems.

Khechari: Das, was den Himmel bewegt.

Kirtan: Singen der Namens und des Glanzes Gottes.

Klesha: Leiden, Schmerz.

Kriya: Reinigende Handlung; yogische Praxis.

Kukkutasana: Stellung des Hahnes.

Kumbhaka: Atemhalten.

Kundalini: Ursprüngliche kosmische Energie, die am unteren Ende der Wirbelsäule schläft.

Kurmasana: Stellung der Schildkröte.

Lakshmi: Göttin des Wohlstands; Gemahlin Vishnus.

Laya: Auflösung; Verschmelzung; Absorption des Geistes.

Madhyama: Geistige Schwingung.

Manas Prakriti: Konstitution des Geistes (Sattva, Rajas oder Tamas).

Manipura Chakra: Wörtlich „Stadt der Juwelen"; eines der sieben psychischen und pranischen Zentren; liegt in der Nabelgegend.

Manomaya Kosha: Die geistige Hülle, die sich im Astralkörper befindet.

Manonmani: Wörtlich: „Geist ohne Geist"; Zustand von Samadhi.

Mantra: Repräsentation einer bestimmten Manifestation Gottes in Form von Schwingungen.

Matsyendrasana: Stellung des Drehsitzes.

Mayurasana: Stellung des Pfaus.

Mudra: Wörtlich: „Geste"; physische, mentale und psychische Haltung, die kosmische Energie in Geist und Körper ausdrückt und lenkt.

Muktasana: Anderer Name für Siddhasana.

Mula Bandha: Kontraktion des Perineums. Lenkt Energie aufwärts und verhindert, dass Apana abwärts fließt.

Murccha: Wörtlich: „Ohnmächtig werden"; eines der Hauptkumbhakas im Hatha Yoga.

Nada Yoga: Wissenschaft der Klangschwingungen, die zum Ziel der Selbstverwirklichung führt.

Nadam: Klangschwingung.

Nauli: Bauchmassage; eines der Shatkriyas, bei dem die rectus-abdomini-Muskeln angespannt und vertikal isoliert werden.

Neti: Nasenreinigung entweder mit Wasser oder mit einem gewachsten Faden; eines der Shatkriyas.

Nishpatti: Vierte Stufe des Hörens des Anahata-Klangs.

Niyamas: Richtlinien, die helfen, die Gelübde der Yamas einzuhalten.

Ojas Shakti: Lebenskraft; sublimierte sexuelle Energie.

Padmasana: Stellung des Lotus.

Para: Das Höchste. Der höchste undifferenzierte Schwingungszustand.

Paschimottanasana: „Rückendehnungsstellung"; Stellung der Vorwärtsbeuge.

Pashyanti: Die zweite Stufe der Differenzierung von Nada Brahman als dieses Universum.

Pingala: Einer der Hauptnadis, der im rechten Nasenloch endet und erwärmend wirkt, da er Sonnenenergie leitet.

Pitta: Eine der drei ayurvedischen Konstitutionen oder Doshas; Galle.

Plavini: Verschluckender Atem, bei dem Luft in den Magen hinuntergeschluckt wird; eines der Hauptkumbhakas im Hatha Yoga.

Prakriti: Natur; manifestierte Shakti; Fahrzeug von Purusha.

Prana: Lebenskraft, die die gesamte Schöpfung erhält und durchzieht.

Pranamaya Kosha: Energiehülle; eine der fünf Hüllen des Individuums.

Pranayama: Fähigkeit, Prana zu kontrollieren und zu lenken; Technik des Atmens und Atemhaltens.

Puja: Verehrung; Rituale, die Hingabe und Anbetung Gottes zum Ausdruck bringen.

Purusha: Das höchste Wesen; anderer Ausdruck für Gott.

Raga: Bindende Anhaftung; Anziehung.

Raja Yoga: Yoga des Studiums und der Kontrolle des Geistes durch Konzentration und Meditation; achtstufiger Weg, Ashtanga Yoga genannt, wurde von Maharishi Patanjali formuliert; der höchste Geisteszustand.

Rajas: Eine der Eigenschaften der Natur und des Geistes, der sich durch Dynamik, Bewegung oder Erregung ausdrückt.

Rama: Inkarnation des erhaltenden Aspekts Gottes, der Vishnu genannt wird.

Rudra Granthi: Psychischer Knoten, der sich in Ajna Chakra befindet.

Sadhana: Bewusste eigene Anstrengung, sich zu verbessern und sein Bewusstsein zu erheben.

Sahajoli: Praxis von Vajroli von einer Frau.

Samadhi: Achte Stufe des Ashtanga Yoga, auf der der Yogi die Begrenzungen von Körper, Geist und Intellekt überschreitet, in den vierten Bewusstseinszustand erwacht und das Selbst als göttlich erfährt.

Samana: Prana, das in der mittleren Körperregion wirkt, um Nahrung zu verdauen.

Sampoorna Yoga: Yoga der Fülle; intelligenter Zusammenschluss der verschiedenen Aspekte von Yoga, um die eigene Entwicklung ausgewogen und harmonisch zu beschleunigen.

Samskara: Eindrücke, die aus Gedanken und Taten entstehen und sich Leben für Leben in Form von Persönlichkeitsmerkmalen manifestieren.

Sanyasin: Jemand, der entsagt hat; jemand, der ein Leben der Entsagung lebt, um Selbstverwirklichung zu erlangen.

Saraswati: Göttin des Lernens und der Künste; Gemahlin Brahmas.

Satchitananda: Absolutes Sein, absolutes Wissen und absolute Glückseligkeit.

Satsanga: Zusammensein mit Weisen, um Selbsterkenntnis zu suchen.

Sattva: Einer der drei Gunas, der sich durch Reinheit, Licht, Wissen usw. ausdrückt.

Savasana: Totenstellung.

Shakti: Kosmische Energie; schöpferische, potentielle Kraft.

Shaktipat: Übertragung von Shakti von Guru zu spirituellem Schüler.

Shambhavi Mudra: Konzentration des Geistes, während auf das Augenbrauenzentrum gestarrt wird.

Shastras: Maßgebliche Abhandlungen zu einem beliebigen Thema, insbesondere einem wissenschaftlichen oder religiösen.

Shatkriyas: Die sechs Reinigungstechniken im Hatha Yoga: Neti, Dhauti, Nauli, Bhasti, Trataka und Kapalabhati.

Shiva: Reines Bewusstsein; der Herr der Yogis.

Shukra Dhatu: Keimzellen.

Siddha: Adept; Meister.

Siddhasana: Perfekte Stellung.

Simhasana: Stellung des Löwen.

Sitkari: Eines der Hauptkumbhakas im Hatha Yoga.

Sloka: Vers des Lobes.

Suryabheda: „Die Lebenskraft anregender Atem“; eines der Hauptkumbhakas im Hatha Yoga.

Sushumna: Hauptnadi, der in der Mitte der Wirbelsäule verläuft.

Sutra Neti: Nasenreinigung mit einem Faden; eine der Shatkriyas im Hatha Yoga.

Sutra: Faden; Aphorismus; die kleinste Anzahl an Worten, die nötig ist, um eine Idee oder Wahrheit zu übermitteln.

Swastikasana: Günstige Stellung; Meditationshaltung ähnlich Siddhasana.

Tala: Rhythmischer Zyklus.

Tamas: Eine der Eigenschaften der Natur und des Geistes, der sich durch Faulheit, Trägheit und alles, was grob und dicht ist, ausdrückt.

Tantra Yoga: Yoga, das auf die Göttliche Shakti ausgerichtet ist.

Tapas: Sadhana oder eigene Anstrengung, um die Sinne zu disziplinieren und den Geist zu reinigen.

Tejas: Feuer, Leuchten, Strahlen.

Trataka: Eines der Shatkriyas; die Technik, fest und ruhig auf ein Objekt wie z. B. eine Kerzenflamme, ein Mandala oder Yantra zu starren.

Tridoshas: Die drei ayurvedischen Körperkonstitutionen: Vata, Pitta und Kapha.

Udana: Pranischer Luftstrom in Hals und Gesicht.

Uddiyana Bandha: Bauchverschluss; die Bauchdecke wird nach der Ausatmung aufwärts und in Richtung Wirbelsäule gezogen.

Ujjayi: Psychischer Atem, der durch Verengung der Stimmritze ausgeführt wird, wodurch ein feiner, sonorer Klang entsteht.

Unmani Avastha: Zustand der Freiheit im Geist.

Unmani: Wörtlich „kein Geist" oder „ohne Geist"; Zustand von Samadhi; Bewusstsein ohne begrenzten Geist.

Uttanakurmasana: Stellung der gestreckten Schildkröte.

Vaikhari: Die vierte und gröbste Manifestationsebene von Schwingungen, die von den Sinnen wahrgenommen werden kann.

Vajrasana: Stellung des Donnerkeils.

Vajroli Mudra: „Haltung des Donnerkeils". In diesem Mudra werden die Muskeln der männlichen Geschlechtsorgans und unteren Urinaltrakts angespannt, um die sexuelle Energie aufwärts zu lenken. Eine Praxis des Hatha Yoga.

Vanaprastha: Jemand, der die dritte Stufe des Lebens lebt.

Vasana: Ein tief verwurzelter Wunsch im unbewussten Geist.

Vasistha: Eines der sieben ewigen Wesen (Sapta Rishis); Autor vieler vedischer Hymnen; Familienguru der königlichen Raghu-Dynastie. Seine Lehren sind im Yoga Vasistha festgehalten, eine der bedeutendsten Abhandlungen des Jnana Yoga.

Vata: Eine der drei ayurvedischen Konstitutionen oder Doshas; wird aus den Elementen Luft und Äther gebildet.

Vedas: Ewige Gesetze, die durch den Geist gereinigter Wesen, Rishis genannt, geflossen sind und die jeden Aspekt des Lebens von der höchsten Wirklichkeit bis hin zu weltlichen Belangen erläutern und regeln.

Vijnanamaya Kosha: Intellektuelle Hülle.

Vina: Klassisches indisches Musikinstrument.

Viparita Karani: Eine der Mudras im Hatha Yoga, in dem der Körper kopfüber steht.

Virasana: Stellung des Helden.

Vishnu Granthi: Psychischer „Knoten“ im Anahata Chakra.

Vishnu Mudra: Zeige- und Mittelfinger der rechten Hand werden in Richtung Handfläche gebeugt. Dieses Mudra wird für Anuloma Viloma Pranayama verwendet.

Vishnu: Eine Gott der heiligen Trinität; der kosmische Erhalter.

Vishuddi Chakra: Psychisches Zentrum, das sich im Hals befindet.

Vritti: Geistiger Prozess.

Vyana: Sich diffus oder auswärts bewegende Luft.

Yajna: Feuerzeremonie, in der Opfergaben und Mantras in ein Opferfeuer gegeben werden.

Yamas: Selbstbeherrschung; erstes Glied des Raja Yoga.

Yantra: Exakt berechnetes geometrisches Symbol, das einen bestimmten Aspekt von Shakti repräsentiert.

Yogi: Ein Meister des Yoga, der das Ziel der Selbstverwirklichung erreicht hat.

Yogini: Eine Meisterin des Yoga, die das Ziel der Selbstverwirklichung erreicht hat.

Yoni Mudra: Wir auch Shanmukhi Mudra genannt; symbolisches Verschließen der sieben Wahrnehmungspforten im Kopf mit den Fingern beider Hände. Eine bestimmte Handhaltung, die die Göttliche Mutter symbolisiert. Wird auch während der Meditation verwendet.

Index

Bauchatmung 105, 112, 142, 161, 170
Bauch- und Brustkorbatmung 106
Adhidevika 28
Adhyatmika 28
Adibhautika 28
Advaitam 22, 212
Ahimsa (s. auch Yamas – Gewaltlosigkeit) 78
Ajna Chakra 107, 135 146, 157, 165, 176, 177, 180, 244, 246
Wechselatmung (s. auch Anuloma Viloma) 113, 114, 121, 142, 161, 170
Amanaskam 22, 212
Amaratwa 22, 212
Amaroli 192, 198, 202, 203, 204, 218
Anahata Chakra 120, 157
Anahata Nada (s. auch Anahata Klang) 84, 90, 163, 234, 235 ff.
Anahata Klang (s. auch Anahata Nada) 123, 163, 237, 238, 247, 250
Annamaya Kosha 92, 131
Anandamaya Kosha 132
Anuloma Viloma (s. auch Wechselatmung) 113, 114, 115, 192
Apana 75, 86, 110, 120, 144, 148, 149, 150, 169, 188, 189, 244
Arambha 243, 244
Asana 27, 35, 38, 44, 53, 62–90, 102, 104, 105, 107, 111–113, 124, 125, 132, 138, 142, 147, 209, 216, 235, 244
Atman 79, 80, 90, 91, 92, 146, 204, 218, 228, 231, 233
Ayurveda 94, 95, 97, 119, 120

Bandhas 63, 83, 88, 90, 102, 115, 121, 151, 157, 186, 187, 188, 190, 192
Bhadrasana 76, 89
Bhakti Yoga 75, 80, 163, 165, 234
Bhasti 125, 129, 131
Bhastrika119, 141, 147, 156, 157, 158, 179, 208
Bhramari 147, 159
Bindu 143, 144, 185, 186, 189, 190, 197–201, 203, 212, 222, 223, 257
Brahmachari 90, 91
Brahmacharya 48, 208
Brahman 92, 95, 204, 212, 224, 231, 233, 235, 249, 257
Brahma Granthi 157, 243, 244
Brahma Nadi (s. auch Sushumna) 148, 157, 189

Chit Sukha 224
Chandra 229

Dhanurasana 70
Dharana 224
Dhatus 50, 100, 131, 151, 164, 199
Dhauti 125, 127, 128, 129
Dhyana 224
Doshas (s. auch Kapha, Pitta, Vata) 119, 120, 123, 124, 125, 131, 140, 142, 244
Volle Yogaatmung 106

Gaja Karani 144, 145
Ghata 243, 244
Gorakshasana 89
Gomukhasana 65
Gorakshanath 26, 98, 233
Granthis (s. auch Brahma Granthi, Rudra Granthi, Vishnu Granthi) 157, 158, 168, 169, 207, 238
Gunas (s. auch Rajas, Sattva, Tamas) 95, 154, 236
Guptasana 78

Ida 111, 147, 152, 174, 177–179, 181, 185, 190, 205, 226–228

Jalandhara Bandha 77, 83, 84, 86, 121, 147, 148, 157, 160, 171, 173, 175, 177, 190–192
Japa 57, 113
Jivanmukti 22, 212
Jnana Yoga 75, 79, 80, 234

Kaivalya 232
Kala 212
Kanda 205
Kapalabhati 106, 107, 112, 125, 141, 142, 157, 170
Kapha 94, 119, 120, 124, 129, 131, 140
Karma 40, 81, 182, 217, 251
Karma Yoga 75, 80, 163, 234
Kedara 177
Kevala Kumbhaka 82, 84, 161, 162
Khechari 82, 171, 180–186, 226, 228, 229, 232
Kriyas (s. auch Shatkriyas) 123 ff.
Kumbhaka (s. auch Kevala Kumbhaka, Sahita Kumbhaka) 82, 84, 147 ff., 207
Kundalini 30, 71, 110, 117, 157, 162, 168, 170, 177, 179, 189, 204–208, 216, 231, 233
Kukkutasana 68
Kurmasana 67

Laya 22, 84, 212, 222, 223, 224, 234, 246

Maha Bandha 171, 176, 177
Maha Mudra 171, 173–177
Maha Patha 170
Maha Siddhis 171
Maha Vedha 171, 177, 178
Madhyama 164, 236
Madhya Marga 170
Manas Prakriti 94, 95
Manipura Chakra 165, 190, 207
Manomaya Kosha 131
Manonmani 22, 147, 185, 212, 219, 220, 233
Mantra 57, 137, 153, 161, 190, 230, 234
Matsyendranath 26, 27, 63, 71
Matsyendrasana 71
Mayurasana 73, 74
Moksha 31, 221, 223
Mudras 63, 83, 84, 90, 102, 167, 170, 171, 175, 185, 196, 209, 210, 216, 226, 232
Muktasana 78, 241

Mula Bandha 78, 83, 86, 121, 147, 148, 157, 170, 171, 176, 188, 189, 191, 192
Muladhara Chakra 110, 148, 157, 165, 168, 204
Murchha 147, 160

Nada 75, 189, 204, 212, 223, 241, 248, 249
Nada Kumbhaka 230
Nada Yoga 75, 80, 165, 233–241, 250
Nadam 164, 237
Nadis (s. auch Ida, Pingala, Sushumna) 79, 90, 96, 109, 110, 111, 112, 114, 117, 118, 121, 122, 130, 131, 146, 147, 151, 158, 163, 164, 170, 175, 176, 177, 185, 186, 190, 192, 206, 208, 209, 219, 236, 237
Nauli 125, 128, 130, 138, 139, 140
Neti 125, 133, 134, 135
Jala Neti 133–135
Sutra Neti 133, 134
Niralamba 22, 212
Niranjana 22, 212
Nishpatti 243, 244
Niyamas 47, 54, 55–62, 79, 102, 111–114, 170, 202
  Tapas 55
  Dana 55
  Zufriedenheit 56–57
  Glaube an Gott 57
  Verehrung von Gott 57
  Japa 57
  Hören und Studieren der Schriften 58
  Anstand 58
  ein kritischer Verstand 58
  Yajna 58–61

Ojas 50, 150, 164, 165, 199, 200

Padave 170
Padmasana 68, 69, 76, 84, 86, 113, 156, 179
Para 164, 235, 236
Parampadam 22, 212
Parichaya 243, 244
Parvati 26, 222
Paschimottanasana 72, 74
Pashyanti 164, 236
Pingala 111, 147, 151, 174, 177–179, 181, 185, 190, 205, 226–228
Pitta 94, 97, 119, 120, 124, 131, 140
Plavini 147, 160
Prakriti 26, 236
Prana 50, 75, 78, 82, 83, 93, 97–98, 104–105, 107–112, 117, 118, 120–122, 135, 146–150, 160, 161, 163, 164, 168–170, 177, 179, 186, 188, 200, 213, 216–221, 223, 228–230, 237, 238, 245, 250, 252
Pranamaya Kosha 131, 236
Pranayama 35, 53, 60, 74, 75, 83, 90, 102, 103–165, 170, 209, 235
Pratyahara 221, 224
Puja 57
Puraka 161

Raja Yoga 22, 47, 60, 74, 75, 80, 102, 154, 162, 163, 212, 234, 239, 245, 246
Rajas 94 – 96, 154, 236
Rechaka 161
Rudra Granthi 157, 245

Sadhana 30–32, 34, 37, 39, 41, 45, 46, 51, 53, 55, 61, 81, 83, 97, 99, 101, 108–110, 144, 165, 170, 192, 195, 196, 198–200, 206, 207, 233, 239, 243
Sahaja 22, 212
Sahajoli 201, 202, 204
Sahasrara Chakra 110, 168, 204
Sahita Kumbhaka 161
Samadhi 22, 75, 112, 123, 172, 182, 188, 212–214, 216, 218, 229, 231, 232, 234, 237, 239, 245, 246, 251, 252
Samana 110, 149
Sampoorna Yoga 22, 38, 75, 105, 108, 234
Samskara 36
Satsanga 52, 58
Sattva 54, 94–96, 99, 112, 154, 236, 240
Savasana 74, 76
Shakti 29, 50, 52, 86, 153, 154, 174, 184, 190, 204, 205, 208, 236, 250
Shakti Chalana Mudra 171, 206
Shaktipat 41, 230
Shambhavi 170, 225
Shambhavi Mudra 209, 225, 226, 241
Shamshan 170
Shatkriyas (s. auch Dhauti, Bhasti, Neti, Trataka, Nauli, Kapalabhati) 123 – 144
Shatkarmas: s. Shatkriyas
Shiva 22, 24, 26, 27, 52, 63, 76, 82, 171, 177, 204, 205, 212, 226, 229, 234, 239
Shukra Dhatu 50, 164, 165, 199, 200
Shunya 170, 217
Shunyashunya 22, 212, 226
Siddhasana 76 – 79, 82 – 84
Sitkari 147, 152–154
Simhasana 76, 87, 88
Sitali 147, 155
Srotas = Nadis
Suryabheda 147, 150, 152
Sushumna 78, 82, 110 – 112, 138, 146 – 148, 157, 162, 169, 170, 174, 175, 177–179, 181, 185, 186, 190, 207–209, 216 – 220, 226, 228, 229, 244, 252
Swadishthana Chakra 165
Swastikasana 64
Swatmarama 24, 25

Tamas 37, 94, 95, 154, 236
Tantra / tantrisches Yoga 50, 165, 186, 200, 204, 232
Tapas (s. auch Niyamas – Tapas) 28, 55, 80, 181, 205, 239
Tattva 22, 212
Tejas 50, 150, 165, 199, 200
Trataka 125, 136, 137
Tridoshas = Doshas
Turiya 22, 212, 229, 239

Udana 110, 149
Uddiyana Bandha 83, 121, 128, 130, 138, 139, 147, 148, 157, 171, 186–188, 191
Ujjaji 147, 151
Unmani 22, 82, 111, 169, 212, 226, 229, 232, 239, 245, 246, 251
Uttanakurmasana 69

Vaikhari 164, 236, 237

Vajrasana (s. auch Siddhasana) 78, 207
Vajroli 50, 171, 192, 195–198, 200, 201, 203, 204, 218, 232
Vasanas 220, 224
Vata 94, 97, 119, 120, 124, 131, 140, 150
Vijnanamaya Kosha 131
Viparita Karani 171, 193–195
Virasana 66
Vishnu 29, 53, 249
Vishnu Granthi 157, 244
Vishnu Mudra 114, 151
Vishuddi Chakra 120, 184, 190
Vrittis 163
Vyana 110, 149
Vyoma Chakra 181, 228

Yamas 47–55, 62, 78, 79, 102, 111–114, 170, 202
  Gewaltlosigkeit 47
  Wahrhaftigkeit 47
  Nichtstehlen 48
  Zurückhaltung 48–53
  Vergebung 53
  Ausdauer 53
  Mitgefühl 53
  Demut 54
  Maßvolle Ernährung 54
  Reinheit 54
Yantra 153, 251
Yoga Nidra 229
Yoginis 153
Yoni Mudra 183

Sri Yogi Hari

Sri Yogi Hari ist ein Meister des Hatha, Raja und Nada Yoga. Er ist auf der ganzen Welt als kompetenter und inspirierender Lehrer bekannt und respektiert. Sri Yogi Hari kommt von der Sivananda-Linie. Als er 1975 seine Gurus, Swami Vishnudevananda und den Musikmeister Swami Nada-Brahmananda, traf, zog er sich aus dem weltlichen Leben zurück und verbrachte sieben Jahre im Sivananda Ashram, wo er völlig in Yoga Sadhana eintauchte.

Sampoorna Yoga ist das Ergebnis von Sri Yogi Haris unermüdlichem Streben nach Vollkommenheit in seiner Praxis und seinen Lehren. Es ist das Yoga der Fülle, das durch intelligente Kombination von Hatha, Raja, Karma, Bhakti, Jnana und Nada Yoga alle Aspekte der menschlichen Persönlichkeit reinigt und harmonisiert, so dass das Licht der Seele in seiner ganzen Göttlichen Pracht erstrahlen kann. Sein Ansatz ist tief, einfach und praktisch, und er hilft Menschen jeden Hintergrunds, ein reicheres, glücklicheres Leben zu führen, das auf yogischen Werten beruht. Die Essenz seiner Lehren ist, dass sich Gesundheit, Frieden und Freude bereits in Ihnen befinden. Sampoorna Yoga kann Ihnen dabei helfen, das zu erkennen und die Schleier zu lüften, damit Sie in Ihrer wahren Natur ruhen können.

Sri Yogi Hari hat 32 Audiokassetten und 30 CDs mit Chanting, Bhajans, Kirtan, Mantras und Slokas produziert. Dazu hat er ein Buch zusammengestellt, das die Übersetzung und Bedeutung aller Lieder auf den Kassetten und CDs enthält. Yogi Haris Bhajans, Kirtans und Mantras versetzen die Herzen ihrer Hörer in Frieden und Freude. Die seelenbewegenden Philosophien der Lieder, in melodischen Ragas und Talas gesungen, beruhigen den Geist und erheben in einen erhabenen Zustand des Glücks.

Er hat darüber hinaus eine Serie „Nada Yoga at Home“ (Nada Yoga zu Hause) auf Video und DVD produziert. Die moderne audiovisuelle Technik hat es möglich gemacht, dieses uralte, mystische Wissen beinahe wie in der Gegenwart des Gurus zu vermitteln. Die Hatha Yoga Videos und DVDs wurden mit derselben Sorgfalt aufgenommen wie die Musikkassetten. Das Ergebnis ist eine Erfahrung von Gesundheit, Entspannung und Frieden von Geist, Körper und Seele.

Regelmäßige Yogastunden, Seminare, Sadhana-Wochen, Yogalehrerausbildungen und Satsangs werden von Yogi Hari in seinem Ashram in Miramar, Florida, abgehalten. Seine inspirierenden Lehren führen in all ihren verschiedenen Aspekten zum ultimativen Ziel, hier und jetzt das Göttliche Leben mit Hilfe eines gesunden Körpers, gesunden Geistes und einer hohen Zielsetzung zu leben.

Weitere Titel aus dem Verlag Via Nova:

Der Yoga der Bhagavad Gita

Indische Spiritualität für den Alltag

Shri Yogi Hari

Paperback, 224 Seiten, ISBN 978-3-86616-270-9

Wie es möglich ist, inmitten des weltlichen Trubels dem Weg zur Vereinigung mit der Höchsten Wirklichkeit zu folgen, ist eine Frage, die viele spirituell Suchende bewegt. Shri Yogi Haris Kommentar zur Bhagavad Gita gibt darauf überraschend klare Antworten und zeigt, wie mit den Übungen der drei bedeutenden Yogawege, der Wege der Erkenntnis, der Gottesliebe und des selbstlosen Tuns, die Alltagswelt sogar zum spirituellen Lehrmeister werden kann. In dem Meisterwerk, das in der Übersetzung „Gesang der Erhabenen" bedeutet, werden die unentwegten Kämpfe beschrieben, die im Menschen stattfinden zwischen den guten und den bösen Kräften, zwischen dem Ego und seiner höheren Natur. Konkrete Anweisungen und praxisnahe Anleitungen vermitteln, dass Spiritualität vor allem lebensnah und in jedem Moment unseres Daseins erfahrbar ist, ganz unabhängig von unserer aktuellen Lebenssituation. Dieses Buch ist ein Geschenk für alle Suchenden, die bereit sind, sich wahrhaft auf den Weg zu machen zu einem zufriedeneren, harmonischeren und erfüllten Leben.

Yoga-Philosophie-Atlas

Eckard Wolz-Gottwald

5. Auflage

Hardcover, 228 Seiten, 240 Abb. und Graphiken, ISBN 978-3-936486-04-9

Der „Yoga-Philosophie-Atlas" ist eine Enzyklopädie der Yoga-Philosophie. Er besteht aus Texten zu allen zentralen Themen der Yoga-Philosophie. Die den Text erläuternden Grafiken können die Grundstrukturen eines Gedankens treffend auf den Punkt bringen und ermöglichen so den Zugang zu den oft komplizierten Zusammenhängen der Yoga-Philosophie. Von der allgemein verständlichen Anschaulichkeit ist der Weg zu den Tiefen des yogischen Wissens gewiesen. Der „Yoga-Philosophie-Atlas" erläutert die einzelnen Wege und Schulen und setzt sie in den großen Zusammenhang der Philosophie des Yoga. Die Grundthemen der Yoga-Philosophie, die großen Text-Zeugnisse des religiösen Yoga, des klassisch-philosophischen Yoga und auch des körperorientierten Yoga der Gegenwart bilden besondere Schwerpunkte.

Kraftquelle Yoga

Das Praxisbuch des Viniyoga

Gary Kraftsow

3. Auflage

Paperback, 360 Seiten, Großformat, über 1000 Fotos, ISBN 978-3-86616-027-9

„Der Stern des Yoga geht auf." Mit diesen Worten beginnt ein Buch, dessen Lektüre für alle Yoga-Praktizierenden zu einer Sternstunde des Yoga werden kann. Im ersten Teil des Buches, das auf einzigartige Weise eine Vielzahl von Themen in großer Tiefe behandelt, erläutert der Autor die Grundlagen der Yoga-Praxis, zu denen körperliche Haltungen, der Atem und der richtige Aufbau einer Yoga-Stunde gehören, sowie die Biomechanik der Bewegung anhand einer Reihe praktischer, in sich abgeschlossener Übungsreihen. Der zweite Teil behandelt das enorm große Heilungspotenzial, das der Yoga-Therapie innewohnt. Für eine Vielzahl körperlicher und seelischer Erkrankungen zeigt der Autor – stets wissenschaftlich fundiert – eine Fülle von Übungsreihen und Haltungen, die in hohem Maße zu ihrer Heilung beitragen können. Einzigartig sind auch die exzellenten, über 1000 fotographischen Darstellungen und detaillierten Anleitungen zu den einzelnen Asanas. Dieses Buch ist eine Goldgrube praktischen Wissens, das den Leser immer wieder zu neuen Erkenntnissen führen wird.

Das Geheimnis der ewigen Jugend der Derwische

Einführung in die 7 höheren Arkanas
Ein Praxisbuch
Idris Lahore – Ennea Tess Griffith – Emma Thyloch

Hardcover, 208 Seiten, über 250 farbige Fotos, ISBN 978-3-86616-075-0

Die Kunst, die Philosophie und die Wissenschaft der Bewegungen der sieben höheren Arkanas werden von Derwischen in ihren geheimen Bruderschaften seit undenklichen Zeiten praktiziert. Die Kunst der Bewegungen des Samadeva steht sowohl dem Yoga als auch dem Tai Chi Chuan und dem Tanz nahe. In diesem Buch werden die sieben grundlegenden Arkanas, die von den Derwischen auch „Übungen der Verjüngung" genannt werden, dargestellt. Sie sind sehr einfach und dennoch außerordentlich belebend. Sie kräftigen den Körper und schenken ihm Gesundheit, Energie, Beweglichkeit und Entspannung. Sie bringen die Psyche ins Gleichgewicht, verlangsamen den Alterungsprozess, erneuern den Geist und lassen ihn klarer und lebendiger werden. Diese wirklich bemerkenswerten Übungen harmonisieren und stimulieren unsere körperlichen, emotionalen und mentalen Kräfte, und sie helfen uns, den Situationen des Alltags gelassener, fröhlicher und kreativer zu begegnen. Anhand zahlreicher Detailphotos werden die Übungen im vorliegenden Buch sowohl einfach als auch wirkungsvoll beschrieben.

Sein Bewusstsein auf eine höhere Seinsebene bringen

Geführte Meditationen
Werner Vogel

CD, Laufzeit: 70 Minuten, ISBN 978-3-86616-123-8

Die Grundübung aller spirituellen Wege ist die Meditation. Das Ziel der Meditation in allen spirituellen Traditionen ist die Erfahrung eines nicht-dualistischen Bewusstseinszustands. Um in den Zustand des Geistes in der bewussten Erfahrung des „ewigen Hier und Jetzt" zu kommen, bedarf es einer stufenweise aufgebauten Übungspraxis. Geführte Meditationen können helfen, den zerstreuten Geist zu sammeln und auszurichten. Dadurch kommt der Übende zur Ruhe und zur Erfahrung der inneren Stille. Der Geist beruhigt sich und wird klar wie die Oberfläche eines aufgewühlten Sees, auf dessen Grund man sehen kann. Schließlich tritt der Zustand der gesammelten inhaltslosen Wachheit im Geist ein und der Übende wird offen und frei für ein höheres Bewusstsein. In der CD werden 3 Meditationsübungen angeboten, teilweise unterlegt mit meditativer Musik.

Mit Yoga Nidra das Leben meistern

Das Energiepotenzial des Unbewussten erkennen und die Kreativität der Alpha-Ebene nutzen
Anna Röcker

2. Auflage

Hardcover, 192 Seiten, ISBN 978-3-86616-069-9

Leicht erlernbare „magische" Praktiken ermöglichen es auf verblüffend einfache Weise, die Fähigkeiten des Geistes optimal und zielgerichtet zu nutzen. Auf verschiedenen Stufen führt Yoga Nidra von einer ganzheitlichen, tiefen Entspannung bis hin zur Lösung von alten Mustern und Blockaden sowie Programmierungen aus der Kindheit. Davon frei zu werden eröffnet völlig neue Möglichkeiten, die innere Stimme zu hören und das eigene kreative Potenzial zu entwickeln und für die eigene Lebensgestaltung einzusetzen. Im besten Sinne führt Yoga Nidra nicht nur zur eigenen Weiterentwicklung und inneren Freiheit, sondern zur Mitgestaltung und Erhaltung der Schöpfung. Yoga Nidra ist für jeden Menschen geeignet, da es sich um ein in sich schlüssiges System handelt. Das uralte Yoga Nidra-Wissen wird damit zum Schlüssel für die „neue Zeit", von der die moderne Gehirnforschung spricht.

Yoga Philosophie Karten

Ein Grundkurs zur Philosophie des Yoga
Eckard Wolz-Gottwald

Kartenset, 84 Karten mit Begleitbuch (120 Seiten), ISBN 978-3-86616-460-4

Yoga-Philosophie-Karten sind ein praxisbezogener Grundkurs zur Erfahrung der Philosophie des Yoga. Zusammengestellt aus allen wichtigen Texten der fast 3000-jährigen Tradition des Yoga sind 84 Kerngedanken der Yoga-Philosophie mit 84 Karten auf den Punkt gebracht. Die Karten ermöglichen es, über die zentralen Gedanken der Philosophie des Yoga zu meditieren, um dann mit Hilfe der Erklärungen des Begleitbuches ein umfassendes Verständnis der Zusammenhänge zu gewinnen. Die traditionelle Methode der Vermittlung von Yoga-Philosophie in kurzen Merksätzen wird hier verbunden mit den Prinzipien modernen Lernens. Yoga-Übende können sich mit den Karten übend auf den Weg begeben, um so ihre eigene Praxis zu vertiefen. Der Kurs ist geeignet zum Selbststudium für Anfänger wie auch für Fortgeschrittene und bietet gleichzeitig auch ausgezeichnetes Material zur Verwendung im Yoga-Unterricht.

Die Yoga-Sutras im Alltag leben

Die philosophische Praxis des Patanjali
Eckard Wolz-Gottwald

3. Auflage

Taschenbuch, 192 Seiten, ISBN 978-3-86616-304-1

Dieses Buch ist ein ganz besonderer Schatz des Yogawissens, denn es erschließt den bedeutendsten Text der Yoga-Philosophie für die heutige Yogapraxis. Für den Übenden, ob Anfänger oder Fortgeschrittener, wird so die Essenz des Yoga in seiner ganzen Dimension unmittelbar und konkret erfahrbar. In 18 Lektionen verbindet sich die tiefe Weisheit der berühmten Yoga-Sutras, die in ihrer ganzen philosophisch-spirituellen Bedeutsamkeit fundiert erklärt werden, mit praktischen Übungen, die es ermöglichen, den tiefen Sinn der Texte selbst zu erfahren. Ein großartiges Lehrbuch für alle, die die wahre Essenz des Yogas als Schulung der Bewusstheit von Körper, Geist und Seele und als spirituelle Wegweisung für das Leben im Alltag entdecken möchten.

Yoga – Ein ganzheitlicher Heilungsweg

48 Karten zur Übung und Inspiration
Anna E. Röcker

Kartenset, Booklet 96 Seiten, ISBN 978-3-86616-476-5

Dieses Karten-Set ist ein kleiner Schatz wertvollen Yoga-Wissens! Es vermittelt die Anwendung und die heilsamen Wirkungen ausgesuchter praktischer Übungen (Asanas) für Körper und Psyche und verbindet dies mit liebevoll ausgesuchten Zitaten aus dem klassischen Yoga-Text des Patanjali. Ein gelungenes Zusammenspiel aus philosophischen Einstimmungen und Affirmationen und heilsamen Körperübungen - 48 praktische Yoga-Inspirationen als Wegbegleiter durch den Alltag, die nochmals farblich unterteilt sind, entsprechend ihrer Wirkung auf Körper, Seele und Geist. Im Begleitheft finden Sie viel Wissenswertes über die Yoga-Texte des Patanjali sowie allgemeine Informationen zu den Asanas und ihrer ganzheitlichen Heilwirkung.

Als ich verlor, was ich niemals war

Wie der Buddhismus mein Leben verändert hat

Matthias Dhammavaro Jordan

Klappenbroschur, 352 Seiten, 14 farbige Fotos, ISBN 978-3-86616-474-1

Viele Menschen beschäftigen sich heute mit Buddhismus, Meditation und Achtsamkeit, doch nur sehr wenige Westeuropäer haben den Buddhismus je an seiner Quelle studiert. Matthias Dhammavaro Jordan ist einer dieser wenigen. 12 Jahre lebte er als buddhistischer Mönch in der Theravada-Waldtradition. In dem autobiografischen Buch beschreibt er seinen Weg in einsam gelegenen Waldklöstern Nordthailands, zu berühmten buddhistischen Lehrern, seinen Umgang mit fremden Kulturen, dem asketisch-klösterlichen Leben sowie seine intensiven inneren Prozesse und Meditationserfahrungen. Ein mitreißendes Leseerlebnis, voll spannender Stationen in Thailand, Sri Lanka, Kanada und Europa und tiefer Einsichten, Erkenntnisse und zeitloser Wahrheiten, dabei immer authentisch, berührend, voller Lebendigkeit und erfrischend ehrlich!

Der Aufstieg der Seele

Meditationsübungen des Raja-Yoga

Swami Kriyananda

Paperback, 240 Seiten, ISBN 978-3-86616-298-3

Wer sich auf die Übungen dieses ungewöhnlichen Buches einlässt, ganz gleich ob Anfänger oder Fortgeschrittener, der kann mit dem hier erstmals vermittelten Wissen zu höchstem Bewusstsein gelangen. Die detaillierten, praxisnahen Beschreibungen sowie die sehr konkreten Meditationsanleitungen aus der Tradition des Raya-Yogas führen den Leser Schritt für Schritt zum Erwachen des Geistes. Auch die Auswirkungen auf die Physiologie sowie der Nutzen für das tägliche Leben werden sehr ausführlich beschrieben. Selten zuvor hat es solch klare Anweisungen für den Prozess der Erleuchtung gegeben wie in diesem Buch, das inspiriert ist von der großen Weisheit des berühmten Paramahamsa Yogananda, Autor des Weltbestsellers „Autobiografie eines Yogis".

Radikales Erwachen

Nimm dich im Alltag ganz an

Jeff Foster

2. Auflage

Hardcover, 256 Seiten, ISBN 978-3-86616-282-2

Jeder spirituell Suchende sehnt sich nach Einssein, Freiheit und bedingungsloser Liebe, „anzukommen" und im Hier und Jetzt vollständig aufzuwachen. Wer es liest, begegnet keinem neuen spirituellen Konzept, keiner Theorie, sondern der Einfachheit, Schönheit und Tiefe einer überwältigenden Erfahrung. Lebensnah, humorvoll, berührend und im besten Sinne radikal in seiner Direktheit zeigt Jeff Foster, wie die vollkommene Akzeptanz des Lebens und der Gefühle zur Freiheit führen und alles verwandeln kann. In jeder Zeile ist spürbar, dass er aus der eigenen lebendigen Erfahrung schöpft, und so geraten wir schon beim Lesen in den erfrischenden Sog der Freiheit.